U0093757

九州心影之

遊必有方

龔鵬程 著

【自序】

蹤跡大綱，情懷小樣

龔鵬程

《九州心影錄》系列的關鍵字，其實就一個「遊」字。遊，我是有理論也是有實踐的。

一九九六年曾作《遊的精神文化史論》，申明遊道，替國史研究另開戶牖。繼而逍遙以往，遊彼神州。自二○○四年時起，歷任南師大、南大、北大、北師大、清華、川大、聊城大、井岡山大、貴州大以及聯合國際學院諸校講席。不唯南北英彥，俱相講論，抑且深入里閈、遊走山林，訪耆舊而搜遺編，發潛德以探幽光。其間又往來港澳、回駐臺園，佚旅萍蹤，竟似桑海久慣了。

旅中隨筆，已陸續刊爲《北溟行記》、《自由的翅膀》、《孤獨的眼睛》等。這裡所輯的，則是與講學相關的部份。

遊居講學，最早的典範當然是孔子。但我不敢妄想攀附，自比聖人。聖人與世多忤，故行教時或絕糧或被困，人歎鳳兮之衰，自嘲如喪家之狗。我德業不高，與世俗的睽隔自然也就不如是之甚，故能苟全性命於亂世，聊浮世以遊居。小有感慨，大申議論，詩酒遨嬉，略可卒歲。

當然，君子無故不輕去父母之邦，也不應浪遊，遊必有方。現今我不遊於北美花旗王國或歐洲澳洲，而獨遊於禹域，善悟者自能體會此中是大有事在的。

昔孔子去魯，乃不得已而遊；今我到大陸，則是有所爲而往：一以兩岸隔閡太甚，非遍歷南北、周遊上下，不足以知社會之情僞。二以傳道授業者，莫不欲廣得天下英才而教之。三則以大陸國學漸熱、需求日殷，貞下起元，正當其時，文明剝復之機，不容錯過。而今世真能得國學精要者少，聖人之道，具在吾躬。我若不趁此行教，豈不有負此生，兼且愧對祖師？四，康有爲曾有一聯曰：「滄桑多變、陵谷多易、宗教多劫、國土多淪，亭閣看雞蟲得失，無一物當情。歷盡成住壞空，覺來栩栩」「天地不大、毫末不細、大椿不壽、朝菌不短，微塵世界何愛憎？歎我生自度！仍行慈悲喜捨，想入非非」。閱世滄桑，而生感歎；知世事之不可爲，而終不免想救度之，乃我輩讀書人不得已之情。既肆情妄想治國平天下，自然也就不能不來大陸。

幸而我目標高遠卻行事平夷：不求震曝之名、不逐世俗之利；起居閒雅，亦得以從容講讀。講讀生涯之大略，則具見於此書。

讀者在此，可以看到我對兩岸關係的思索、對大陸社會的分析、對歷史文化的探討、對相關活動的報導、對宏揚中華文化的努力，也可發現我對學術文化、政經社會的發展頗有主張。凡此觀察之然否、議論之是非，不敢自信，還請讀者諸君指正！

九州心影錄

遊必有方

目錄

目 錄

九州心影錄

遊必有方

流轉北大、南大、清華

（2005．01．19）

十五日由北京返台北。默念此半年行止，深覺有趣：

上半年在北大客座，兼往南京師大擔任講座教授，年後還要去清華。這三個地方串起來，竟默符民國以來文化發展之軌跡，實在太奇妙了。

民初五四運動的大本營在北京大學，這是不用再介紹的，其時在一九一五到一九二三年間。一九二〇年南京高等師範學校改制，成爲東南大學。即以南師及東南大學人馬，如梅光迪、胡先驌、柳詒徵、吳宓、劉伯明等，成立《學衡》雜誌，於一九二二年出版，成爲對新文化運動最主要的批評者。梁實秋讀清華時，因赴東南大學參訪，結識了吳宓等人，返校後即在《清華周刊》上撰文稱揚《學衡》。而隨即吳宓也轉到清華來任教，擔任國學研究院主任。東南大學一批學生，如陳寅恪的助手浦江青、王國維的助手趙萬里，也都轉到了清華。所以《學衡》後期的撰稿群，以清華與南師改制後的東南大學爲主。

這批學者，被稱爲文化保守主義，與北大《新青年》所代表的激進文化改革派壁壘彷彿互異，其實《學衡》作者中如陳寅恪、湯用彤、向達、賀麟、張蔭麟，都與胡適或北大關係密切。現在的北大，經過五十年代的院系調整，把原先在清華的馮友蘭等人都併入了北大，其間壁壘就更不分明了。

錢穆、馮友蘭在《學衡》時，胡適曾在日記中批評道：「張其昀與錢穆二君均爲從未出過國門的苦學者，馮友蘭雖曾出國門，而實無所見。他們的見解多帶反動意味」。可是不旋踵而錢穆入了北大，馮友蘭隨後亦成爲北大一塊招牌，故反動不反動，實在難說；北大、清華、南師這三地學人之交流轉輪，亦非保守激進等標籤所能涵括。而北大、清華、南師這三校恰好也是新文化運動以後整個文化發展的焦點。

我這趟赴大陸教書，亦如前輩學人般，流轉於這三校之間，感覺當然十分奇特。

兼融中西清華園

（2005．02．17）

由香港轉抵北京時，大雪甫過，滿地積雪猶未化也。驅車赴清華，稍事安頓，王小盾兄即來接待。縱酒傾談，踏雪而返。我準備在北京恢復「國際佛學研究中心」。小盾精研文學與音樂之關係，故略詢發展此一課題之可能性如何。

佛研中心，昔係由靈鷲山支持，發行國際佛學研究及國際佛學譯叢，且開設藏文巴利文班，如昭慧等皆曾在彼處聽課。於十六年前，在台灣，不啻於歐陽竟無之支那內學院。在我去陸委會任職時，該中心也未停辦，直到我應星雲之請，籌辦佛光大學時才不得不離開。當時心道法師還來我家，勸我勿去佛光山，仍替他辦佛研中心及宗教博物館。我沒答應，只幫他維持了一段時期的佛研中心，還推展了新興宗教研究等項目。如今回首，殆若夢然。

今年除夕，心道法師來電，邀去靈鷲山度歲。我於十四日上午與林明昌同去。明昌曩時亦曾任該中心副主任，但未去該山均已十餘年了。山上海霧天風，猶如昔日。

十七日生安鋒來，送了一冊他新出版的《霍米巴巴》。巴巴名氣甚大，但中文世界相關譯述卻極少，安鋒博士論文應儘早出版才是，此書僅小試牛刀耳。他又替我買了兩輛腳踏車，一同騎去熙春園午餐，王寧、高旭東、羅立勝都來了，聊起今年要辦紀念清華國學院八十年的活動，均有些感慨。

清華當然是洋派的學校，跟北大不同。北大原本是吳汝倫辦的，因此校內多桐城耆宿。後來一變而成激進派之大本營，痛批桐城謬種、選學妖孽，林紓、林損等人相繼離開，以留日學生，包括章太炎、錢玄同、魯迅等人之影響力較大。清華則多是留歐美的。但這些歐美留學生對中西文化之態度反不像激進者那麼決絕，大抵比較屬於兼通交融性質，對傳統文化反而比較抱持溫情。因此像《學衡》派，雖創辦於南方，其大本營實在清華。講白璧德人文主義的吳宓、梁實秋也都在清華。國學院辦在這個洋學堂中，亦可見其學風之一斑。當時幾大導師，除梁啓超外，都有西學的背景，王國維鑽研康德、叔本華，陳寅恪採西方社會科學方法治史，且深入西方漢學之語言方法傳統，趙元任更不用說了。國學院之外，如聞一多、陳夢家也一樣治國學，例如甲骨、金文、神話、易經、尚書等，均可見兼攝中西，乃彼時風氣。葉公超剛返國時，因只通西洋文學，國學根柢不夠好，還被譏笑了一陣。待他能談點中國學問了，眾人才覺得他也是「我輩中人」。

這種現象，其實甚怪。不太懂西方的人拚命說要西化；比較瞭解西方的，則主張「舊學商量加邃密，新知涵養轉深沈」（朱熹語），他們所認識的西方也不一樣。前者所知之西方，較像西方的東方主義者所謂的東方那樣，是個「想像的他者」。以這種想像來迫促中國改革，要求

中國走上或變成那樣的想像之西方時，碰到清華這批留學生回來大潑冷水，說西方並不是這個樣兒，竟兀自惱怒了起來，痛詬諸君「保守」，豈非笑話？可惜在五四及以後那幾十年裡，整體風氣便是如此。說起來，大概只能歸於氣數罷！

當然，出現這種結果也是必然的。因為根據想像來革命，遠比真正兼通中西容易得多，既便趨附，又能安頓急盼改革的熱情，比起冷靜地坐在書齋裡剖析中西、會通古今更能號召群眾，是無疑的。

可是在革命熱情燒退了以後，這種文化態度的價值就彰顯了。大陸這些年重新評價陳寅恪、梁實秋、吳宓等人，就有這個意味。我自己也比較認同這種態度。但我的情形又不一樣，我是由國粹派逐漸轉變的。

在我高中大學時期，為了把自己造就為一位國粹派，我可是耗盡了氣力，終於學會了做一名傳統文人、傳統經學家的全部技能，也養成了所有的脾性。我以此自豪，但爾後卻頗以此後悔。因為若我不那麼急著丟掉英文，我就可以瞭解更多西方的東西，觸類而長，對我的學問定能大有裨益。往事不堪回首，與王寧、生安鋒等談起來，感慨自然也就多了。高旭東還問我出身到底是中文系抑或外文系呢，真是的！

夜小雪。出去買點文具，衣上撲滿了，如一粒粒碎鑽，沾了一頭一臉。

重讀姚際恆

（2005.02.18）

雪後大寒。出往藍旗營購下周往南京之火車票，凍得齜牙咧嘴，還是回家閉門看書為妙。

書是彭林先生送來借我讀的《姚際恆著作集》六大冊。姚氏著作多不傳，民國初年，經顧頡剛等人之提倡，才逐漸被人搜輯出來，中研院文哲所將之點校集編成這套著作集，有功士林，自不待言。住在這兒，能讀到台灣友人編的這部書，感覺更是奇特。

姚氏之學，被顧頡剛等人看重，是他的辨偽。顧氏讀他書時，還是借來手抄的呢！其《古今偽書考》後來增補訂正者甚多，亦最為世所知。其實整個姚氏經學也都在辨偽，例如說《禮記》，謂〈明堂位〉為新莽時人作，〈喪服大傳〉為漢儒作，〈學記〉乃諸子書，〈樂記〉乃武帝時人湊集而成，〈祭法〉亦漢人作，〈祭義〉則秦人筆，〈哀公問〉為孔門弟子推演之詞，〈仲尼燕居〉〈孔子閒居〉〈禮運〉多老莊之徒偽託……。斥〈中庸〉為禪學，尤可見其辨偽之旨。論《春秋》則棄傳以存經，不信「例」，謂例之說起於杜預。這些說法，在打破聖

經賢傳的權威方面，頗具意義，但若評考其是非，則多可商榷。凡例之說，孫子兵法就有，出土郭店楚簡中亦可見此體制，非盡杜撰。先秦古書，皆經漢人隸定，據其文句以說真僞，實在也是困難重重。且以後代已定型的學派區分或觀念去看古人，古人古書不合我這個定型的看法，不思檢討自己的思想模套，反而說凡古人不合於我這個套子的就全是僞做，不是個大顛倒、大笑話嗎？

舉個例子。〈檀弓〉上篇：「公叔木有同母異父昆弟死，問於子游」，子游主張昭大功；「狄儀有同母異父之昆弟死，問於子夏」，子夏則說：「魯人則爲之齊衰」，建議採齊衰服制。這是女人在死了丈夫後改嫁才有的情況，談同母異父兄弟間如何穿喪服。可是姚際恆認爲女人改嫁，「今世委巷間有之，若士大夫家自無此」。故改嫁以後發生的禮儀問題，均是失禮之禮，「失禮之禮何足爲問」，孔門弟子居然還去討論它，他覺得甚怪。據子夏的說法看，魯俗對此已有限制，則是改嫁者甚是普遍，他覺得更怪。這不是少見多怪嗎？女人不改嫁爲貴，乃明清風氣，執後世之俗，詫古人之風，豈不謬哉？

《古今僞書考》顧實說它曾「大爲流行，各大學各高中學，咸油印發布，莘莘學子，幾於人手一編」。其實亦疏略。姚氏之目錄學本來大成問題，故其間多不可究詰。如以《痲衣正易心法》《孔子家語》入經部，《葬禮》《神異經》《十洲記》《杜律虞注》等入子部，都像顧頡剛說他把《忠經》列入經部，《天祿閣外史》列入史部一樣，是只憑書名去判斷，並沒仔細看過原書。如此辨僞，怎麼辨呢？

可是姚際恆自己並不覺悟他不懂目錄學，他反而喜治目錄學，今存《好古堂書目》《好古堂藏書畫記》《續收書畫奇物記》均是。柳詒徵跋《好古堂書目》甚推崇其於四部之外別立叢書之濫觴，卻未指出其中的錯誤。實則姚書之誤很不少。例如《墨池編》是談書法藝術的，不應列入小學類，《詩韻》數種，同樣也應列入文學而非小學，正如《廿一史彈詞》只是文學，不能編入編年史類，《搜神記》《搜神後記》列入集古類，亦不妥。《山海經》入方物而非地理、非小說；地理類收《新安文獻志》《炎徼記聞》；《水東日記》《日知錄》列雜家；《陽宅奧訣直指》《堪輿宗指》入天文家，亦皆可商。

雖然如此，姚氏的目錄也並非毫無足取，柳先生說他：「書之分類雖亦襲四部通例，而子目多特創，如史部有器用、蟲魚、方物、川瀆，皆別為品題，異於他目」。這其實就是一種專門書目。姚氏對目錄學並不在行，所以反而能亂搞出這些不傳統的目錄來。

現在看，這種東西反而有價值，怎麼說呢？一、我國的書目，多半只是工具性的，歷來甚少書目作者，不比歐洲，像迪柏丁（Thomas Frognall Dibdin, 1776-1847）寫了《史賓塞藏書目錄》《十日談書目解題》《法德訪古覓奇之旅》那樣的書目作家，少之又少。二、書目太過定型化，基本上就是四分法與七分法，外加佛道二種，很少時代性或專題性書目。所謂時代性，例如波拉德（Graham Pollard,1903-1976）《十九世紀小冊子類型調查》，另一位波拉德（Alfred William Pollard, 1859-1944）的《早期繪本書》《一四七五年到一六四〇年於英格蘭蘇格蘭與愛爾蘭印行的書籍簡目》均屬此，我國只有依附於諸史藝文志底下的時代性書目，非常單調。專題性書目則如後一位波拉德編的《莎士比亞四開本普查》。外國許多藏書家會以專題方式蒐集資料，如一九二二年美國藝術家協會進行拍賣的蘇珊・閔（Susan Minns）就專收跟死

亡有關的書籍、畫作、藏書票、錢幣等；創立紐約圖像同好會的安德魯斯（Andrew），亦以抄繪本古籍、地圖、畫片、裝幀本、插圖本爲收集對象，我們大概頂多只有專收北宋版元版的。專題書目是晚近的事，故姚際恆倒成了個先驅。

由書目看，中國人每自詡印刷術發明最早，典籍之豐亦舉世無匹，可是對書之蒐藏與編目，似仍有比不上西洋的地方。西方有些東西也是我們沒有的，如前文提到的拍賣會，即爲一例。沒有拍賣會，自然也就沒有「拍賣目錄」和「交易帳」。由於書沒有此類公開拍售轉讓之網絡，同時也就沒有交換圖書、討論閱讀的「讀書俱樂部」。又由於特重文字，書之插畫配圖極不經意。除小說戲曲等通俗書刊外，正經典冊基本上也都不配圖，因此裝幀型式亦較呆板，材質及版型上缺乏變化。這些，都是今日治中國書目之學者所該知道的。

整體說來，姚際恆最好的作品，恐怕還是《好古堂家藏書畫記》，這實在與他在經學辨僞方面的聲名不符。首先，好古之堂號，便與他考古不佞的態度頗有差距；賞鑑書畫，附及繡像、刻絲、鐫印、硯石、研山、石屏、古琴、香盒、古墨、舊紙，亦顯一文士氣，而非經生之態度。在賞鑑這些藝術品時，他的趣味和文藝知識，也比談經學時可愛得多。在那麼嚴格分判老莊佛禪與儒家界限的經生姚際恆那兒，絕對不能發現他竟這麼喜歡佛道教的寫經，先後收藏了元僧血書法華經、吳鎭草書心經、文徵明楷書金剛經、董其昌寫盂蘭盆經等。據他說，在杭州得到血書法華經，曾爲作贊語六萬多字，後來又作一贊說：「偉哉大雄尊，發此真空理」，則不惟賞其藝妙，亦贊其理高。足見一個人往往是複雜的，只從勇於辨僞的經學家一個角度去看，殊未能真正瞭解他。民國以來被重新認識的姚際恆，其實尚待後人重新去瞭解他。

夜看電視，杭州劇團演新排大戲「蘇東坡」，啼笑皆非。全劇大肆採用舞台劇形式，服裝、動作、化粧，不倫不類。劇情尤荒謬，云東坡在杭，創東坡全宴，包括麻辣燙、西湖醋魚、東坡肉等，且有東坡酒。然而，東坡根本不能飲，略飲即醉，故自製東坡酒，極淡，友人喝之，以爲是惠山泉。今乃以東坡創製了什麼名酒；辣椒於十六世紀才傳入中國，麻辣更非浙江能有的口味，今胡亂編排一氣，乃是與古人作要。說東坡在西湖修了蘇堤，故被貶去海南修海堤，更扯。

假亦真來真亦假

（2005.02.19）

住到清華兩天，基本安頓好了，貼了一張紙到門口，取名「棲德園」。因爲住在四樓的公寓上，若無門牌，客人來訪就找不著。棲德者，住得也。

與清華一些友人聯絡。胡偉希說：「我明天便要出差，今天來請你吃飯吧」，遂與他頂著寒風去圓明園東口附近午膳。今天是北京最冷的一天，據氣象播報稱今年亦爲北京歷來最冷，最高溫只有零下六度，所以出門頗感不支。偉希與我相識十六七年，昔年致力闡述自由主義傳統，後來論知識分子問題，近又注意社群主義及東亞儒學發展的問題，行將赴韓國做研究。以其誠篤，料當有好成果。

晚與田青約，卜鍵、張慶善俱至。他們都是文化部藝術研究院的。田青曾至佛光半年；卜鍵爲大陸武俠文學會負責人，近離開藝術研究院，任中外文化交流展覽公司老總；慶善則原爲紅樓夢所所長，今爲副院長矣。三人見面，我提議去吃羊蠍子，眾皆稱善，遂盡興而歸。蓋羊蠍子即羊大骨，以脊髓骨爲主，熬煮火鍋，在這大冷天，配上烈酒，比涮羊肉更妙。且是庶民風味，比上大館子自在。

田青現主編《藝術評論》。該刊第一期曾刊吳學源一文，評雲南麗江所宣傳的所謂「納西古樂」到底是個什麼東西，被麗江搞古樂宣傳的宣科一狀告到法院。麗江中級法院於去年十二月判決說學術問題非法院所能判斷，但吳氏說宣科撒謊欺騙、納西音樂是什麼東西，犯了名譽侵害。引起藝術界一片嘩然。原因非常簡單：宣科本來就是騙人，結果法院不處罰騙人的人，倒怪別人不應指責宣科騙人，豈有此理乎？

現在去麗江玩的旅遊團，幾乎都被安排去看古樂，主持古樂演奏會的宣科則大吹法螺，說此古樂乃納西文化，且又是唐代傳下來的「活化石」。遊人啥也不懂，聽他亂扯。尤其是洋人及我台灣呆胞，基本上沒什麼音樂知識，忙不迭地就安排他們到歐美、台灣演出。越搞越轟動、越來越像真的。漸漸麗江本地人也被這些外行、外地人捧得不知所以，二〇〇一年竟由麗江縣政府出面，提出申報聯合國「人類口頭和非物質文化遺產代表作」。這不是瞎胡鬧嗎？

一九九八年這個「古樂團」來台演出時，我就在聯合報的專欄上發表〈古樂的迴聲〉，說這一不是納西族的音樂，乃是漢人的道教洞經音樂，拜文昌帝君時演唱《文昌大洞經》的；二、此樂並不僅存於麗江，雲南、四川各縣均有洞經會，都在唱這些東西；三、這也不是唐代音樂，最早只能推到元朝。而元代以工尺譜方式可唱演的樂曲，至今仍是很多的，並不稀罕。文章後來收入我《知識分子》一書中。可惜人微言輕，似未引起什麼討論。而也就因爲社會上一直未聽取我們這樣的聲音，所以麗江以假古董哄弄觀光客的行爲，才能這樣肆無忌憚地搞下

去，居然去「申遺」了。

如今田青捅了這個馬蜂窩，麗江惡人先告狀，竟想以法律來嚇阻批評者，真是，唉！田青對此案十分悲觀，因此案牽涉地方利益及保護主義，很難打得贏。雖然明知它在學術上站不住腳，可是法院不跟你談真僞，只說你批評「古樂是什麼東西」這句話有侮辱性，所以就侵犯了名譽。也更別提這句話原文是問納西古樂是個什麼東西，法官連語意學的基本知識都有意扭曲了。

我看該刊上一期有人評論此事，把它跟余秋雨的事相提併論。余秋雨此次來台，又是上媒體、又是去佛光山跟星雲對談。於外界之批評，全不回答，反指責那些批評他的人是寄生蟲，這不是跟麗江的情況一樣嗎？不說自己是不是真的寫錯那麼多東西，如金文明等人所指出的；是不是真有隱瞞造假，如古遠清、余傑等人所指出的，而譏嘲別人寄生，去法院控告別人，讓人噤聲，辦法正復相同，均爲近年文化界之奇談。

英國路易斯市有一座「假藥與吹牛醫療博物館」，專門收藏假減肥藥、治癌器等，其中光怪陸離，什麼都有。比如蓋地利光繕機，號稱上弦月時面向北方，若是糖尿病就打開小箱子上的綠燈，若是心臟病就扭開紅燈，若胃病則開黃燈，燈一開病即癒。又有減少睡眠機一種，只須戴上，一天就只須睡二小時。諸如此類，展覽出來，自能讓人大開眼界，爲之深省。倘或政治、司法或學界之輿論均對宣科這類人無可奈何，那麼我就建議田青不妨考慮辦個這樣的博物館，專門收集假學術及吹牛文化產業案例，以供參觀，如何？

經典與我

（2005.02.21）

昨夜女兒元之由台灣來。因陳波、萬俊人、歐陽哲生邀飯，故先步行至清華東南門，飯畢再找車乘回宿舍。夜風中徒步四十分鐘，涼颼颼地，好不凍煞人也。

今日中午沈昌文、王瑞智等宴，名義上是迎我、送金春峰。但金先生入台證件尚未取得，明日尚不知能走得成否。餐後去三聯書店，發現我《向古人借智慧》一書已出版。此書乃原先《經典與現代生活》改版，四川新華一工作室執編，由百花文藝出版，拼合了朱自清《經典常談》，竟成一厚帙，訂價三十五元。這樣的書能否在市場中競爭，我不曉得，但看見花俏的「新著」，仍不免高興。

在此書序中，我談了一下我與經典的關係，不是讀經典，而是介紹、再版、編印經典，或推廣經典之教學。這件事我做了幾十年。從前美國哈佛大學有位校長威廉・愛略特（Charles William Eliot, 1834-1926）在一八六九到一九〇九年間，擔任的四十年校長，他即與紐約一出版

社合作，編印過一套《哈佛經典叢刊》，從希臘至近代，凡百餘種，合為四十九卷，他自己一卷《序文、導讀、索引合編》，合起來五十冊，排起來剛好佔書架五呎寬，所以又被稱為「架上五呎叢書」。另外，愛略特又輯了三十二部小說，合為《哈佛經典小說叢刊》，共二十卷。我從前為金楓出版社編的《經典叢刊》開卷引用了哈佛的校訓，但其實當時並不知哈佛在推動經典教育方面的這些典故。後來辦學校，在南華與佛光推廣的經典教育，主要是參考芝加哥大學赫欽斯的做法。爾後才曉得人同此心，我的做法，暗合於哈佛經典叢刊。

因出版了新書，想起這段故事，又不禁懷念起金楓的周安托。安托逝矣，令人倍增悵悵。

大陸通訊大不易

（2005.02.24）

今在新浪網上看見環球時報一篇文章，恰可補充我以前一篇文章所談到的中日關係問題。該文談及清朝派任第一任駐日公使何如璋「竟是日本間諜」。這個標題比較誇張，正確說，何氏並非日本派至中國之間諜，也未必是被吸收爲間諜的中國人，但他可能爲日本提供情報。在日本外務省檔案館中查到何如璋「致渡邊書記生之內報」，談到日本要求何氏提供中法戰爭時期李鴻章奏陳越南軍務的原摺，亦即奏疏底稿，何氏回報說這樣機密的文件花多少錢也拿不到，請原諒。而另一封，則向日本報告了越南與台灣的情況。這些信，若非已因年代久遠解了密，誰會想得到清廷公使竟會爲日本人做工作？此即可見日本對中國所下工夫之深。而我們政府中，現在恐怕也還不少何如璋這類的人。這都是值得警惕的事啊！

早晨抵南京，昨夜元宵節，大雪來助興。雪夜出門，別有意味，撲頭蓋腦的雪片，既非撒鹽，也非柳絮，又不像鵝毛，端的難以形容。到南京，則是陰天，才剛下過雨。

跟劉進寶聯絡，他吃了一驚，說：「看你隨筆，不是在清華嗎？怎麼忽然就來了南京？」我說：「我向來是行蹤飄忽的，哈哈哈！」

劉立志、胡蓮玉夫婦來訪，送了一盆鬱金香，讓我斗室添了些年氣。胡蓮玉任職《明清小說研究》，現又在川大做博士後，研究三國故事。該刊與我夙有淵源，一九九〇年在南京召開兩岸小說研討會，基本上就是與該刊合作，一度我還想把此刊弄到台灣發行，故談起來甚感親切。他現在川大跟沈伯俊做研究，我與沈先生亦老友，其間還有個故事：

前年五月間，台南忽有位張義煌先生託人找著我，說他因種種因緣感應，要建一廟，神爲「張將軍」。他應神囑，供奉了張將軍，也建了廟，但迄不知張將軍是誰。待廟快建好了，神才告訴他，說乃是張苞，三國時張飛的二公子；而廟的碑記則要找一個叫龔鵬程的人來寫。張先生對張苞事蹟並不太熟悉，乃託人找著大陸三國演義學會的會長，也就是沈先生，代爲查考。而因他也不認得我，輾轉打聽後，另又託立法委員李全教找我，約了一天，南下去台南見面。見面後，他爲我講說建廟緣起及其間各種感應靈跡，託我撰碑文及寺廟中楹聯。我去看了他的廟。張先生爲企業家，詩書世傳，乃高級知識分子，非一般神神鬼鬼的靈媒。除建廟外，並設文教基金撫助青年向學。我感其誠，隨後便寫了碑記及楹聯給他。去年在四川與沈先生見面，談起此事，咸以爲奇。至於張苞爲何要我來寫此碑記，我亦不知。

劉立志是治詩經的，因此除談明清小說外，又聊了一陣經學問題，甚快！午飯後，則寫一文評論今日之陳水扁宋楚瑜會談。正是，有分教：「雪後談經佳士過，筆端淑世我生癡」，想來自己亦覺可笑。

文章寫好後，傳回台灣報社卻是個大麻煩。台灣的朋友，對此很難體會，讓我解釋一下：

在大陸打電話，不是頂方便的。例如我在南師大屋裡的電話就打不出去，若要撥出，就得出外去買一種卡。電信局有許多卡，本地或是長途不一，要分別買。若我只買了本地卡，就無法打長途，遑論國外。卡買回來了，怎麼撥呢？先撥９６９９８，它就嘰哩呱啦講一通本卡之效能、優惠辦法……等，然後告訴你：普通電話撥１、英語撥２。按後，再呱啦啦，然後撥卡號８６８５２０７＊＊，再撥＃。又呱啦啦，再撥０３３９９＊＊，再撥＃；再呱啦啦，再撥號。若任何一處錯了，全部重來一遍。若欲再打另一號碼，也全部要重來一遍。如何？你嚇到了吧？

傳真更慘。我在樓下傳了半天，如上程序試了無數次，不通。趕緊上樓來找其他號碼試傳，仍不通，只好再上來穿好大衣，衝出校門，去找另一家店舖，該店之卡不能傳國外。乃又帶我去另一家店，試之試之，終於傳了一頁。斷了，又再重來。反覆折騰，好不容易傳畢，索價四十元。忿忿然返。台北竟來電說只收到一頁，且不清楚，只好再去傳，傳又傳不出。店員乃又再出外買卡。買回後終於傳妥，又索價四十元。前後奔走二公里，耗時一小時半，只爲了二頁傳真。

這就可以給我們幾個啓示：一、越進步的地方，通訊及文化設施越便捷、費用也越便宜。不要說台灣，就以北京來說，在北大影印六分，南師大則要一點五角。傳真，北大每紙兩元，加電話通訊時間；清華每紙三到五元，不計時；南師大這兒一張卻要二十元以上，南山賓館甚且要三十元。其他情況也一樣，大陸的手機、電話、電腦、傳真機、複印機，什麼都比台灣貴。

買就貴，用起來更貴，所以文化上的花銷，絕對高於台灣，更不要說與生活物價相比較了。況且，貴也罷了，品質也糟，前天傳了一頁給明芳，後來她打電話來核對，才曉得中間居然跳了兩行，真是不可思議。至於時間，那就甭提了。一分鐘可以做好的事，今天我硬是花了大半個下午，可悲的浪費呀！

其次，打個電話，爲啥子如此麻煩呢？豈非管理體制出了毛病乎？今早抵南京時，車上廣播一交通台正大肆批判南京交通管理局，說南京之計程車問題一大堆，都是交管局搞出來的；交管局還怪罪司機，要整頓，其實最該整頓就是交管局。罵之不足，主持人還直接撥電交管局；局中人顢頇支吾之狀，亦直接由頻道播出，頗有台灣前些年地下電台直接 call out 到官署去的架式，可見大陸目前開放之程度。此事也是一個例子，說明了管理確須方法。除交管局之外，電信局也該換換腦子才好。

話雖如此，但這也可能只是我們書呆子之想法。從主政者的角度看，也許恰好相反。因爲人民越笨、越不方便、越在日常事務中浪費其時間精力，越有利於統治。大陸最近這段時間，凡百事務均處於半停頓狀況，所有黨員都去參加了「保持共產黨員先進性教育」講習，該講習又名「保先」。近來因易與保鮮膜混淆，中央通令不得簡稱保先。既不稱保先，叫什麼好呢？喊全名又實在累贅，所以一般也就逕稱爲「性教育」，或稱「先進性教育」，性教育，而且是先進的，亦足徵大陸之先進矣。唯人人皆去接受先進性教育，不影響辦公嗎？黨政機關唱空城計，人民要辦事只好急事緩辦，坐著等等。大家一塊兒耗時間等死。先進性教育，當然無益於民，但此等坐耗全民時間之舉，卻實在是統治之精髓。此非熟諳於統治之道者，不能知也。

遊之四種型態

（2005.02.26）

早起，看明芳傳來黃錦樹一文〈聊述師生之誼〉，看得哈哈大笑。明芳說此文很辛辣、很「龔鵬程」，確實，錦樹是我得意的學生。雖然他不見得從我這兒學到了什麼（他不是說我連咖啡都吝於請他喝嗎），他也不認同我，甚或常寫文章批判我，我也覺得他不瞭解我。但其實他的許多脾性頗與我相似；我們的師生關係另成一格，我亦覺得很好玩。在這篇文章裡，他形容我因賞識他而去找他時，點點頭、歪歪嘴，怪笑數聲而去。以及說我甚爲「衰尾」，在幾處辦學都虎頭蛇尾，始亂終棄。頗令我聯想到孔子聽見子貢說老師「累累如喪家之犬」時的反應，亦不禁笑出聲來。

但從前冒鶴亭悼徐仲可，有一詩說：「知交遍天下，寧免輕與妒？惟君無他腸，款款出情愫」。世間所謂知己、所謂朋友，內中多雜輕與妒。唯與老學生之間，縱有嗤評，倒還看得出些情意來，此亦可慨者也。

這兩天恰好也在校對北大出版社準備為我出的教育學論文集《大學教育與人文精神》。回想這二十多年來，辦淡江中文系、研究所；辦道教學院；辦佛學中心；辦華山講堂；辦尋根文化中心；辦南華、辦佛光，並非錦樹所以為的是在搞學術商業，店鋪一間開了又一間，而確實是想廣藉社會資源來推動文化發展。可惜，花了那麼大的氣力，耽誤了自己做學問的精力與時間，事也終於沒辦成。在這方面，我確實是個失敗者。翻看那些談教育的文章，徒覺吾道頗與世忤，現在的教育恰好跟我所期待者相反。想來孔子作《春秋》也應有此感嘆，只不知他老先生會不會後悔出外遊歷了十四年，遍干諸侯呢？

如今我仍在遊，不過不再遍干諸侯了。想辦事，但因人成事者，亦輒因人而僨事，過去的經驗太多了。因此，遊就只是在遊學，既邊遊邊學，又四處遊蕩講學。前天河海大學尉天驕先生請吃飯，吳穎文在座，就說我乃是著名流浪學者。哈，流浪學者，那不就是流氓嗎？「氓」就是流浪的人民呀！

中午高國藩夫婦請客，鍾振振同來。席間談到高先生公子要不要報考研究生的事，鍾先生主張不如逕去經商，因為從事學術業已勿同於從前。如今整個規則已亂，學術工作固已類似工廠作業員，作業又沒有標準，在學術上發展沒啥意思。他的講法，讓我想起「上無道揆、下無法守，則民散之矣」的老話。民散之，就是流散亂竄之意，沒什麼可依憑可信守的東西後，人只能依欲望及生存本能到處盲動，找機會。就是知識分子，也是心旌渙散的。此亦流氓，然如此之遊，豈不可哀？

歸來，看見中共中央辦公室、國務院辦公廳印發的「二〇〇四—二〇一〇年全國紅色旅遊發展規劃綱要」，更是啞然失笑。什麼是紅色旅遊呢？就是把共產黨革命鬥爭中具有紀念性的遺址和紀念物，炒作成爲旅遊點或線，以「增強青少年愛國情感，弘揚民族精神，帶動革命老區經濟發展」。要打造十二個紅色旅遊區，三十條紅色精品線，一百個經典景區。直接靠此就業人數要達到兩百萬人，間接就業人數一千萬人。這不仍是計畫經濟嗎？越是革命聖地，其實越貧困、越落後，如今別的辦法都沒了，只好繼續革命，以其老、舊、窮來吸引客人上門觀光，冀期脫貧致富。如此，我們能說什麼？只能說：唉！

以上四種遊，各不相同。

得儒學之正

（2005.03.02）

周六夜返北京，同樣是坐夜車，在車上昏昏然，半醒半睡間即抵北京。曉曦甫現，人潮洶湧，因春節剛結束，人們都趕回北京之故，在火車站幾乎擠煞。

「春運」期間旅客如此之多，票價卻反而貴，你說奇不奇？我去南京，四百一十七元；返北京，票價五百元。爲什麼票價竟會不同？哈，大陸有許多難以理解之處，票價是浮動的，而且坐車的人越多，它不是越便宜而是越貴，乃其中之一端。

歸來與劉夢溪先生聯絡，晚上去拜訪，取回先生爲我隨筆所撰序一篇。劉先生從不爲人作序跋文字，當時請他動筆，聽他遲疑的口氣，深悔孟浪。不料明芳把稿子寄給他看後，他立刻寫成了這篇長序，真是令我感動。他說我「於儒學得其正，於道得其逸，於佛得其無相無住」，是真知我也。

我有玩世嬉弄的技倆，有時顯得邪氣；也有應世諧俗的做爲。不免時見流氣，因此社會上或學界之批評，褒貶未一。然論議者多見化身，未覩真身。在我自己，是很以「得儒學之正」自許的。但我並不屑以此示人，故人亦未知，如今卻被劉先生看破了。至於於道得其逸，於佛得其無相無住，亦甚確。我在老莊或道教裡頭獲得了一種自由的、超脫的精神。在佛教佛學那兒，則深入義海，通讀三藏，卻最討厭和尚尼姑居士們那種佛教相。什麼打禪、結夏、茹素、誦經、焚香、口彌陀而心福報等種種造作，皆避之若浼，稍與周旋，輒便逃去，此非得其無相無住乎？

周一打了幾通電話回台灣聯絡事情，都沒通，後才領悟：乃是二二八放假之故，這一天，全民放假不上班，因爲要閒嗑牙、吵架。幸而今年還吵得不熱烈，耳根清靜不少。

夜，王瑞智邀了去吃一處湖南菜，並約莊崧洌同來。莊是台灣人，來北京發展已多年，在北大附近設了一家「雕刻時光咖啡館」，據他說當時什麼都不會，拿著一本書摸索燒咖啡，如今有四家店了。我也去他店中小坐了一會兒，果然氣氛甚佳，有台灣好咖啡館的人氣與風格，多青年大學生消費群。

昨天則因民生報林英喆兄由台北來，約了中午在「羊大爺」吃涮羊肉。吃畢，去跟溫儒敏、李零、張頤武商量「文化資源研究中心」的運作。我們還是大陸第一個文化資源研究與保護機構，忝列創辦人，與有榮焉。

晚上蔣堅永請客，他初由統戰部調宗教局，任第四司司長，負責政策研究及民間宗教事務。與裴勇、汪燕鳴兩處長同來。三君皆學者，縱談甚快。我到得較早，先去什剎海、積水潭附近蹓躂了一陣，再與張新鷹會合，一同沿著胡同逛去後海孔乙己酒店。湖上雪重，但冰積不堅，部分地方仍是水波漾漾，綠頭鴨晃遊來晃去，岸邊疏柳，伴著新月，令人忘了風寒，只想這麼一直走下去。北方的冬天，誰說不美呢？

逍遙遊

（2005．03．03）

二日在清華上課，林英喆兄也來聽，課後一同去熙春園，李明濱先生請客。問今年是否還去佛光大學客座，答云尚不確定。夜則是任定成、王駿邀集了佛光未來所在此讀書的、他們社科中心曾去過佛光的，一同聚餐喝春酒，融融泄泄。喝足了，才上火車，一覺睡去南京。

抵南京，吳穎文、舒小娟即來接我去長風堂畫廊參觀。舒小娟原在社科聯，現去建築藝術發展公司任副總，這間畫廊，就是該公司老闆和另二位建築業老闆合開的，僅對內開放，不售票參觀。展廳設計，有台灣之水準，遠勝公家所辦博物館之規格。其中一位老闆楊休自己也懂行，能作畫寫字，故所藏亦不俗。明清小斗方、冊頁、扇面不少，惲南田、陳含光諸名家外，尚多精雅者。近人作品則如張大千、溥心畬、黃君璧、林散之、黃胄等亦甚備，云多是從各地拍賣場陸續購得者。

啓功一幅松石圖卷，前有我師汪雨盦先生題首。他們不知道「雨盦」是誰，大陸的書家辭典

也找不到，我恰好可告訴他們。他們另藏有傅抱石作品甚多，甫出一大圖冊，今未見，但見了陸儼少「杜甫詩意」圖冊式單頁一百幅。早年所作，微傷窘束，晚則宏肆，彌堪嘆賞。據云市值一億人民幣，主人尚靳不願售出哩。大陸有如此風雅之商人，令人高興。舒小娟建議我也可在此辦個展覽，我說：「好呀，讓我先練練字吧！」

明芳將周志文為我所寫的隨筆序文發來讓我看了，很嫉妒他能坐在家中杏花樹下寫文章，不似我整天跑來跑去。其序多著墨我辭卸校長事，勉我專心作文，什撈子校長，不做也罷。盛意可感，但我何嘗對做不做校長有什麼感覺？每次認真說這句話，大家都不信，都以為我矯情、倔強、故作瀟灑、掩飾落寞……。真沒辦法！

大概就像玉石被潑了糞水，玉本身不淄不涅，當然不會受什麼傷；但惜玉者看著難受，仇玉者則拍手叫好，以為玉果然遭我汙損了。人情有喜怒，愛憎頗不同，我只是個看戲的罷了。孔子周遊列國，絕過糧、逃過難，被人誤以為是大壞蛋陽貨，桓魋且要殺他，又四處碰到長沮、桀溺這一類人譏笑他，還有子見南子的誹聞，我們看著他，覺得他寂寞、孤獨、衰尾，可是《禮記》記孔子將卒時那一段，寫得真好。它說孔子拖著枴杖閑晃，碰到子貢，說泰山其頹乎、樑木其壞乎、哲人其萎乎，我大約快死了，死後你好好將我葬了吧。這是什麼情景？我們聽的人誰不覺得那該是悲傷的話？然而不，《禮記》記這一段，用的是「逍遙」：孔子曳杖逍遙於林下。這逍遙，便是莊子的逍遙呀！莊子之逍遙，尚執著於鯤鵬之形象，孔子則體現於此死生之際，無入而不自得，似更勝莊生一籌。我一向自以為是孔子，因此說這個故事。哈哈哈，周志文又要罵我嘻皮笑臉不正經了。

坐夜車

(2005.03.05)

馮良珍發來一信，說東京下大雪，讓我大生懷想，那年她大雪後帶我去晉祠玩，情景猶在目前。但因電腦寄信不出，無法回覆，只得打電話去日本給她，匆匆談了幾句。她又把雪景拍了寄過來，果然好大雪。

良珍上次說她本有兩張票可去看《古事記傳》作者本居宣長的展品，因我不能去，所以浪費了一張。這次她看我談儒論佛，就把宣長給上柳敬基的一封信發給我看，此信是答覆對方譏其佞佛而作。云不只是佛，諸子百家，乃至雜技、歌舞、燕遊、山川草木、禽魚鳥獸，宇宙一切所有，自己都信樂喜歡，皆爲我遊賞之具，閣下何必如此固陋？話說得理直氣壯，亦見性情。謝謝良珍給我看這一文獻，讓我感到吾道不孤。

另外，任定成把我網上的隨筆摘了一段寄給山東《社會學家茶座》，該刊旋即回覆說此文已在大陸另一地方刊過。這是我們都不知道的事，看來網路傳播確實驚人。

南京沒下雪，但寒意逼人，且刮大風，愈覺寒。南師大希望我多給研究生講課，遂裹寒而去，上午一次下午一次。下周還得講。

本擬坐夜車返北京，然友朋相邀，輒難推捨，因此恐須稽延至下周才能回去一趟。現在京寧一線，夜發曉至，倒也方便。隨時來去，比飛機還便當，因此早早遲遲，也無所謂。想當年，林則徐由武昌去北京，路上要走一個月，如今交通之進步，殊不可想像。就是火車，清或民初火車也只有白天開，入夜就停車休息，所以從武漢到北京也要四天。鐵路火車開通夜車，還是于右任的功勞，他當交通部次長時，主張在滬寧鐵路試開夜車。許多人都反對，擔心夜裡沒人坐車。孰料夜車反而賣座，此後才風行了。南京遂也是我國最早開夜車的地方。

可是坐夜車也有一麻煩，尤其是孤身旅客，艙中皆不相識者，四人一艙，鎖了門，內中若三人合起來劫掠侵暴一人，可如何是好？又或熟睡而行李丟失，如何覓尋？毛澤東坐火車去上海時，在車上掉了一雙鞋，被偷了，幸而遇上一位湖南老鄉，幫他買了一雙。故記者史諾問他怎麼完成那趟旅程時，他就說：「隨時留神著我的新鞋」。隨時留神，固然必要，但若坐夜車便難，因爲你不可能不睡覺。

談到丟鞋，我也有個與毛澤東相似的經歷。

年前去檳城，與楊松年先生等周遊暹羅廟。入廟必須脫鞋，擺在廟口鞋架上。待參觀出，我那雙在香港買的新鞋便已不翼而飛，只好由王琛發帶著去街上買鞋。旅中類此之事，皆難避免，大旅行家徐霞客都曾遇盜，劫走了行李，何況我和毛澤東呢？

遊高淳

（2005.03.08）

近日事忙，閒遊遂少，除一趟清涼山外，幾無可述者。昨始去高淳，高淳建城，始於吳王夫差前。楚克吳後，闢行宮，故又號楚王城，爲伍子胥所破。秦置溧陽縣，明始以原縣中高淳鎮爲縣名，其鎮乃稱淳溪。歷史久，遺事當然不少，羊角哀左伯桃故事就發生於此地，介之推墓據說也在。韓國漢文學之祖崔致遠在此地弔雙女墳、作詩及碑記，又爲作〈仙女紅袋〉故事，在韓國更是著名（前二年韓國還組織了一團人來大陸，沿著崔致遠的行蹤，一路憑弔之。馬仲可先生他們在麗水立了一座碑，據說還有一些周折）。附近還發掘了些漢墓，有不少畫像石。

因時間有限，以上這些地方都沒法子去，只去了縣城老街，這是南京地區僅存的一條明清古街道，約三百餘米，建築具徽州特點。但亦僅是略存古意而已，無甚足觀。關王廟全是新的，年輕道士除習唱道曲外，看不出道法如何。街上土產，以羽扇、筍乾、糕餅、鹹魚爲主。除大冬天一家家賣羽毛扇外，亦乏特色。倒是中午炒了幾道當地土菜來吃，大好！

此地近茅山，我們江西南昌人拜的許遜真君，少年時學道的尋真觀亦在縣治，當另有道風可考，因聞小道士奏道曲有感，暇當再一考之。

返，作〈楊仁山箋注道書考〉。楊仁山創金陵刻經處，提倡佛教，歐陽竟無、譚嗣同、章太炎俱出其門，爲近代佛教著名大德，孰知其亦嘗箋注道書耶？

夜又乘車返北京，今早到。明晚又得再乘車往南京，如此奔波，真慘！

今爲婦女節，大陸女人放假。世上其實也有地方有男人節的，傣族就是，此風應予推廣！

研究型大學不應擴招

（2005.03.10）

赴河海大學演講，談台灣的素質教育。所謂素質教育，即台灣之通識教育也。胡吹亂蓋，講了兩個多小時。河海大學，乃大陸水利土木第一流之大學，新校區在江寧，甚爲巍峨。想我昔年來此地覓校地，準備辦學時，牛首山一帶仍是一派鄉野風光，如今則別墅林立、高樓櫛比，真是另有一番滄海桑田之感。河海學生素質亦佳，講得頗爲愉快。

講畢，返城中校區，在其友誼山莊夜飯。山莊松、梅、木蘭皆美。有小樓，乃馬歇爾舊居。吃飯時，感慨萬千。

今日，中研院院長李遠哲在立法院答詢時指出：台灣大學應予分級，目前被視爲研究型大學的台大、清大、交大、陽明、中央、中山等校招生額度太少，每年僅收學生約一萬二千人，占學齡人口百分之四，本來應擴招一點五倍，達到學齡人口的百分之十。如此，不唯可以減輕升學壓力、放寬窄門，亦可提供社會更多優秀人才。教育部對其說亦表贊同，謂五年五百億補助

研究型大學，正可配合此一方向。

李遠哲是中研院長，但歷來我們絕少聽聞他對辦好中研院、提升我國學術研究方面有何高見，倒是不斷發表其教育改革主張。這些主張，凡經實驗過的，幾乎從無成功之例，且均造成巨大震盪，迄今尚未復健痊可。現下，他又主張擴大研究型大學之規模，立法委員、教育部官員從而附和之。殷鑒不遠，難道我們還要再覆轍一次嗎？

爲什麼李先生之議不通亦不妥呢？目前台灣之大學招生比例，由於出生率不斷下降以致比例不斷上升，幾乎考生人人都可進大學。但大學因無法篩選學生，所以教學水準不斷下降。想改善這種困境，一是擴大生源基礎，例如廣收外籍生或大陸學生，否則便須鼓勵多生小孩。若做不到這些，第二條路，就是減少大學數量。辦學不佳者予以裁抑，或減少大學學生數，讓大學之教學資源適切用在學生身上。而不是像現在這般，看起來人人都讀了大學，但大學師資設備什麼都不足，卻招了一大堆學生。這樣，好大學可以辦得更好；差的就會淘汰。整體大學素質才能提升。

李先生及台灣教育部恰擬背道而馳，擴大研究型大學規模。因大家都想擠進台大，所以台大乾脆就多招一點，人人都可讀台大，人人都台大畢業。這是什麼邏輯？台大等校，現在招這麼多，已經太多了。既超過了它的資源負荷量，這些學生中，也根本就有許多不具備讀研究型大學之資質與能力。再擴招一倍半，台大這些學校還能維持其品質嗎？向下沈淪之不遑，豈能向上提升乎？從前有軍閥，因見人打籃球搶得激烈，便讓人多扔幾個球進場去。現在爲了減少升學壓力，就逕使研究型大學多招些學生，不是同樣可笑嗎？

想我來大陸，對大陸人胡吹台灣文教如何如何，而台灣此輩庸才位踞要津，亂搞一氣，令我說話時好不心虛也！

今日燠熱，汗出如漿，春間少有此等氣候。夜則遽寒、起大風，已而暴雨，雷電繼作，轟隆不斷。查時曆，原來五日已是驚蟄，雷悶了幾天，到現在才發作，果真震響得緊。

雨雪霏霏

（2005.03.12）

周四晚遽寒。周五上午，南師大通知今日不必演講，遂得了半天閒，把〈楊仁山箋釋道書考〉給寫完了。仁山論三教，頗見功力，不唯開章太炎《齊物論釋》之先聲，亦開熊十力《新唯識論》與支那內學院爭鬨之先，此皆非今世所能知也。

下午公安廳幾位朋友約了去喝茶，正聊著，窗外便飄下雪來，越下越大。出門來，見雪甚驟，便與穎文坐一小店喝了骨頭湯才走回去。想起《詩經》上說「雨雪霏霏」之景，舊皆不懂，以雨爲動詞，或謂是雨與雪。今日之雪，則恰有似雪似雨之感。雪甚大，但水氣重，如淋大雨，卻又不甚濕，沾衣撲臉，略一抖，便去。歸來，欲作詩，想想又算了。

周六一大早，穎文兄等便來接，同去滁州。車走一小鎮，穿野谷僻地而往，遠山近樹，一片茫白，近者如煙，遠者如夢。根椏枝杈，霧淞冰線，難描難畫，不唯我沒見過，穎文等也說實在罕覯。大概城裡氣溫高，便不易形成此景。野外風寒，且恰爲峽谷風道，故雪意才能如此之濃。

到滁州，自然是爲了去看醉翁亭。歐陽修醉翁亭記云：「環滁皆山也，其西南諸峰，林壑尤美，望之蔚然而深秀者，瑯玡也」。瑯玡山，現闢爲國家森林公園。琅玡，本山東地名，東晉南渡以後，乃以此山名琅玡，故山中最古之遺跡，據說是東晉的玉皇殿，今尙存者，云係明代所建，另有碧霞元君祠及玄天上帝壇。玉皇殿，號稱無樑殿，乃磚造拱門劵頂建築，不知是否明建；玄帝壇，僅唐宋二石爐爲古物。但守壇者不俗，自吹長笛，聲音穿過霜林雪石，格外清雅。

最好的，仍然是醉翁亭。東坡所書醉翁亭記及豐樂亭記，新舊刻都好。此山多巨石，故石刻甚多，達三數百方，雖比不上泰山那種雄奇氣象，亦自難得。且因石多，山樹遂多盤虬怒立於石罅間，姿態絕佳。加上有雪，梅花格外精神。

坐醒園小茗後，遊琅玡古寺。寺有吳道子畫觀音一軀。吳帶當風，確係吳氏風格，然疑爲明人所作。寺本禪宗，清以後爲律宗。律宗寺較少見，此與寶華山各擅勝場。而醉翁亭畔建律寺，亦甚有趣。太守職在守土安民，而日與賓客在此遊山酣醉，且堂皇著文宣告四方，人不以爲罪，反而美其風雅。建這個亭子的，又偏是和尙，所謂：「建亭者誰?山僧智仙也」。僧人建亭子讓太守與賓客來此飲酒，此所以爲佳話。今天台灣的和尙，哈哈，差遠了。亭畔有律寺，以守戒著稱。但守戒自爾守戒，別人飲酒則致欣賞，才是律家風範。今天台灣的佛教道場，又差遠了。歐公乃我鄉人，佇今思之，真羨慕我老鄉好福氣，碰上一個好時代、曉事的和尙，和這麼美的山林。

大學教育與人文精神

（2005.03.14）

郭少棠先生來北京，相約與張文定先生等見了面，談及可以合寫一本討論如何將文化資源轉化應用於當代社會的書。郭先生精研歷史，但近年在香港開設不少城市規劃、文化產業之類課程，有些實際經驗，是很好的合作人選，但要怎麼合作，則須再商量。歸來，爲北大出版社排印的文稿《大學教育與人文精神》作一序，曰：

教育，其實是人人喜歡做的事，君不見：媽媽總是絮絮叨叨地教小孩、老師教學生、前輩教後生、婆婆教媳婦、妻子訓丈夫、和尚們忙於開示、神父四處拉人說教，而領導們則老要講話。說的人，興高采烈、指手畫腳。那被教被訓的，往往一副無辜無奈之狀。但教人的，轉個身，常又成爲被教的，所以誰也莫怨誰。誰也都有指導別人、教育別人的欲望，因此古人說了：「人之患，在好爲人師！」

此既爲人之患，當然也就是人文世界的特色，犀牛與鱷魚的世界，便無如此龐大的教育現象。人的孩童期特別長，本來就是爲了人能有足夠的學習時間；不似許多動物，生下不久或父母稍事教導即能獨立自主謀生，在成人以後，人也無法脫離這種群居且共同教育、共同學習的型態，「百工技藝，莫不有師」，在生活中，體驗著各種教與學的情境。學著怎麼樣做個好人或有用的人，同時又把這些經驗與技能傳授給他人。人文的精神，便流漾在此情境中。

這就是教育的本性。但近代大學的體制，恰好是與之相違的。

現代大學，出現僅數百年，然其體制越來越森嚴。它首先是畫地爲牢式的，把教師學生圈在一起，與社會隔絕開來；再則是鋸箭法式的，把教育分成若干階段，大學只管它那一截；三則是墓碑式的，宣告一個人的教育屆此完成了。大學號稱高等教育，也就是教育的終點。在這個體制內，教育的目標，大抵也不是想讓人成爲好人或有用的人，而是將人塑造爲被別人用的材料。塑造之過程與方法，又與工廠製作器皿相似，追求大量化、標準化、快速化。邇來大學企業化經營之呼聲，越來越響亮；大學內各式評鑑、指標，項目氾濫，均是爲了滿足上述要求。古人說：「大學之道，在明明德，在親民，在止於至善」，又謂就學者以敬業樂群爲小成，以知類通達、強立不反爲大成。今則只訓練些專技職工罷了，不唯大逆古人論學之旨，與教育之本性，亦邈若山河。

我即是在此一體制中受教育，後來且長期在此生活的不幸人。大學畢業後，留在學校教書，並兼校長室秘書，負責協助探討高等教育發展的文稿。因此我的第一個職務，竟可說是專事理解高教趨勢，鑽研其問題與答案。後來擔任系主任，創辦研究所、做院長，繼而獲得一些機緣，創辦了兩所大學。三十年來，可說全在辦學中渡過了青春。

凡我經辦的系所校院，皆廣獲好評；許多開創性的做法，也都影響深鉅。但我毫無矜喜之處。我深知今日大學教育之沈疴，也瞭解我的一些做法，越是博人喝采，就越可能是助紂為虐。縱有若干激濁揚清之舉，亦難影響大局。教育要想改善，須有大學體制外的衝擊。

故我一方面在大學內部辦學，也同時在校外辦。創辦過佛學院、道教學院、華山講堂、尋根文化中心，參贊過許多讀經班、讀書會、講會。不敢說要聚一堂師友，洗滌乾坤，但確曾寄望於民間生養新機。

我亦另有機緣，曾入政府部門服務，負責過九十年代初期兩岸文教交流之所有事務，在學術、科技、教育、體育、宗教、藝術、大眾傳播諸領域，制訂法規，擘畫政策，沿用迄今。對於大學教育，更能從一個超越個別大學的格局，去思考其整體問題。對於教育行政體系，也有入乎其內之瞭解。

我相信，世上未必有人有如此豐富的辦學經驗，大學內、大學外、大學上，什麼都辦過。但也絕少有人對教育如此之失望。幾十年來，我所努力的，就是想導正大學的走向，呼籲發揚人文精神，可是目下看來是失敗了。

然而我也並不氣餒，因為只有尚未實現的事，才能做為理想。理想的火種不滅，事情就總有可能辦成。因此把我部分討論台灣高等教育的文章輯成本書，就教於大陸關心教育的朋友，並鼓舞同道。文章是針對台灣狀況寫的，有論文，也有為報社寫的社評時論，輯在一塊兒，未免體例不純，或許也不盡切合大陸之需，但參考切磋，殆亦無妨。

乙酉立春，序於北京，時客清華樓德園

教科書中的武俠

（2005.03.15）

大陸新版高中國文課本第四冊，收了金庸的《天龍八部》和王度廬的《臥虎藏龍》，列在其中一個「神奇武俠」的單元中，並給予高度評價。教師、學生以及家長們對此咸感好奇，討論紛紛。

這個教材是人民教育出版社編輯的。雖然只是做爲輔導閱讀教材之《高中語文讀本》，並不列入考試範圍，但仍是教科書及國文教學體系內一件大事，引發爭論，自在意料之中，但迄今爲止，反應大體良好。

武俠文學只是類型文學中之一類，但它的榮枯卻往往能呈現出一個社會的變化。想當年警備總部執行「暴雨專案」，把武俠小說漫畫跟色情書刊或紅色圖書相提併論，要一併清掃掉。事雖不果，家長與社會主流意見仍對武俠鄙視或敵視不已。擔心小孩子會沈迷於武俠，抑或離家出走、上山學仙練劍。批評者也常認爲武人以武犯禁，小說中描寫幫會綠林以及匪夷所思之情

節與武功，將斲害青少年心靈，令其養成不正確之道德觀。

因此，武俠文學從未被文學界正視，武俠文學作家似乎也與一般作家地位懸殊，著名的武俠小說家古龍，就曾在多篇作品的序文中，對此表達了感慨。但隨著社會多元化發展，武俠文學也漸漸獲得文學的正常地位。解嚴後，舊日禁制的書與作家，越來越獲盼睞，金庸就是最明顯的例子。一些著名的武俠小說，幾乎也成了全民的共同精神資產，瀰漫在我們的語彙和思維中。

台灣這種精神變化的歷程，同樣也呈現在大陸上。八十年代以前，根本禁止武俠文學，二十多年來逐漸復甦，如今更堂而皇之進入到輔助教材中去了，其意義，比在台灣的情形更大。

當然，本文意不在歌頌此狀況，而是藉此討論一個觀念：國文教科書雖僅是一種教材，但它顯示著一個社會開放的程度。相對來說，大陸的教材，收納了過去主流所不容的題材與類型，其基本方面是朝開放那一面走的。我們新的國文課本課程綱要，卻是朝收的這一面。不但文言文要少選少教、文化基本教材要改成選修，就連白話文，也限定只在台灣散文方面選擇範文。依此綱要，金庸與王度盧，一是中國人、一是香港人，也就都不能選了。這種自我收縮設限之法，豈足以爲新時代之軌範乎？

因獲林保淳通知六月要舉行古龍小說研討會，又見大陸教科書選武俠小說，故有如斯牢騷也。

今爲生日，中午去民族大學喝酒，夜在北大喝。友朋厚我，皆所銘感。其實生何可賀？古人亦不作生，後漸通行，甚且以三月四爲稻生日，三月十一爲麥生日，四月十四爲菖蒲、萬年青生日，五月十三為竹生日，六月廿四為荷花生日，八月十二為鹽生日，巧立名目，無非藉以鬧酒罷了。唯蒲彥光發了一信來，說：「韓愈云『天將擇其善鳴者而假之鳴』，但吾不知天將以吾師文章鳴吾國道統之盛耶，抑將窮愁其心腸，而使自鳴其不遇於時耶？」謝謝彥光關心。我雖傷憤時世，卻一丁點兒也未窮愁其心腸。倒是吾國傳統道藝之盛，吾文不足以闡發之，常以為憂耳。

飲酒好色對

前此遊醉翁亭，談到僧人建亭俾予太守與賓客縱酒，或疑其為一時偶然之事，不可據以為典要。余曰：不然，僧家多能酒，懷素之草書，即恃酒力。名僧大德，亦輒能噉肉飲酒，否則濟公無人拜矣。即不能飲，僧家又輒善能助人飲，梁章鉅《兩般秋雨盦隨筆》卷二〈品酒〉一篇，述平生飲酒最佳者為曵光寺致虛所釀。僧言：「老僧蓋少知釀法，而又喜談『米汁禪』，此蓋自奉而外，藏以待客者」。梁氏與之對酌畢，又乞一壺返，嘆賞欲絕，以為九日口香，後二十年猶念念不忘，舉為平生所嘗第一好酒。其酒想必甚好，僧亦韻人，「米汁禪」之名尤可喜。徐時作《閒居偶錄》謂康熙時人稱滄州有三絕：「酒味甚佳、河中鯉魚肥美無比、董尼姑善談兼有姿色，故有三絕之稱」（卷四），董尼姑想亦善飲，否則對談時便僅能嚼菜根，而無從品味三絕了。此類僧家典故至多，惜今人不學，聞僧飲或助人飲則大驚小怪。

友人笑道：「這是老兄貪杯，故徵引一堆破戒衲子以為藉口罷了！」我亦笑，說：「非也。

（2005.03.17）

酒國英雄甚多，我不敢逐鹿天下。從前南社詩人，周雲號稱酒癡、顧悼秋號稱神州酒帝，曾編《酒國點將錄》，朱劍芒又作《海上新酒國點將錄》，我無此氣魄，亦不敢論次英雄。且性無酒癮，其實也喝得少，只是見人與酒為讎，要戒之禁之，自不飲酒，便詆酒徒為劣薄小人，看得令人不爽，遂故意要來犯忌諱，相狎戲而已。

友人說：「這就是你的不對了。酒人多豁朗，狎戲無妨；不飲酒者，多刻忮，偏狹謹愿，是開得玩笑的嗎？你刺得人家痛了，人家少不得打你一棍子，你這不是活該？」我說：「莊子曰：『酒醉者神全』，掉下車來尚且不傷，挨一兩棍算得什麼事？老兄作此論，尚識酒趣也乎？」

友人說：「你不是儒家嗎？怎麼說起酒話來？」

我道：「我正是儒家，所以才如此說。孔老夫子乃是酒聖，所謂『唯酒無量』『不為酒困，何有於我哉』，非酒鬼劉伶輩所能望其項背，我學聖人，亦唯此庶幾！人或以為被不被酒困，是天生酒量使然，不知聖學功夫即在於此。陽明論學，曾說：『聖賢教人知行，正是要復那本性，故《大學》指個真知行與人看，說如好好色』，見美色即好之，這是天生的良知；知即好之，便是知行合一，陽明屢以此說明其良知教，因為如此說最直截明白。同理，見美酒即知好之，也是天理良知。不致良知，反而去禁遏之，就昧天理、欺心了。可是，見美色美酒而好之以後，一心著在酒色上，那又不對了。因此陽明說：『飲酒便一心在飲酒上，好色便一心在好色上，卻是逐物，成甚居敬工夫？』心若逐物不返，就會為物所役，孔子說人被酒所困，就是這種情況。好美色美酒，而不為酒色所困，才是循天理之居敬工夫。孔子之所以為酒聖，其理在此。陽明學之精義亦在此。近世新儒家好談陽明，說解萬端，卻不甚懂得好色飲酒之道，所

以終不近陽明。古來又或疑陽明爲禪學，其實好色飲酒即是儒佛之分際。儒以此見天理流行、良知朗現，佛教卻以此爲戒律。幸而佛教入中土後，多有改革，曉事者亦不甚拘，故有上述僧家飲釀等韻事可說，此即可見儒佛之會通也。社會上看僧人，固亦敬其守律，實更愛其飲酒見性情，曾燦〈石濂上人詩序〉說：『觀其劇飲大呼，狂歌裂眥之日，淋漓下筆，旁若無人，此其志豈小哉？』《六松堂文集．卷十二》即屬此類」。

友人嗤之：「你會強辯，此乃偏執狂之特長，我不跟你爭。喝酒嘛，也許你說得對，僧人也可藉此悟道，或以此會通儒佛，可是好色呢？好色也可如飲酒般被允許嗎？」

「爲何不可呢？天主教禁色，新教改革就解了禁。佛教原以出家眾爲僧團，日本佛教就多娶妻生子者。娶妻生子之後，仍是佛教、仍是和尚，其景況彷佛天主教之變革。娶妻的，是否就不如守戒的？誰也不敢如此說。正如神父未必就比牧師高明，吃肉的喇嘛也未必就劣於吃菜的漢僧。一來得不得道，實與忍受痛苦的程度無關，二來由色悟空也沒什麼不可以。賈寶玉不就是因情悟道嗎？世有酒僧，自然也有情僧」。

友人哈哈大笑，說幸而你沒去做和尙，否則花和尙魯智深證道之後，又添一樁公案，佛門從此不清淨矣！且你扯了半天，辜負此大好春光。冰泮雪融，正是飲酒之時，吾兄口水太多、學問太大，非酒人正宗，何不逕去飲酒？

我說：「我不中你圈套！日醉沈麴，豈不坐實了酒徒之名？何況我今日得要陪女兒作飯吃。說佛說儒，其實都是空言戲論，老妻小女准我喝才能喝的人，談飲酒，不是跟畫餅充飢一樣嗎？今天女兒命我勿亂跑，得在家中吃，故不能陪你浪蕩了。」說得他悚然一驚，也匆匆告別返家。

此為今日閒事。明赴國際儒聯演講，就講飲酒好色吧！國科會研究案申請四件，送來審查。已看畢，均寄返，無當意者。

漢字寶貝

（2005.03.18）

台北市國民小學，自今年九月起，每兩周實施一次書法課。據教育局表示，此係北市市長馬英九在六月間舉行之漢字文化節中提及的構想，經教育局研議實施，學校可安排正式課程，亦可在活動中辦理，或透過社團活動推行書法教學。

這是值得喝采的舉動。眾所周知：漢字為中華民族主要表意工具，也是世上唯一緜延兩千餘年之文字體系，相較於其他圖象文字或拼音文字，此一體系價值獨具。近年聯合國在全球推展非物質遺產保護運動，大陸將昆曲、南音都拿去申遺了，卻遺漏了更重要的漢字，識者無不憾之。此一文字體系，其實亦不僅限於華人使用，漢字文化圈廣及日韓越南等處，因此也是東亞地區重要的共同文化資源。而書法藝術，即是此一文化圈中共同的藝術表徵，發揚此一文化資源的價值，在這個「全球文化在地化」的時代，正好具有特殊的時代意義。

其次，目前漢字文化受到兩方面的衝擊，一是盲目的自幼學習英語，結果英文沒學好，中文卻越來越差，尤其一筆字，寫得通常是不忍卒睹。許多人都迷信小孩學洋文應該及早，殊不知大部分學日文、法文、德文的人都是上了大學才唸，亦不礙其日後留洋、讀碩士博士；何以英文卻須如此早唸，以妨其學好中文？可見這只是一時社會心理使然。另一衝擊，則是電腦的應用日廣，小孩子每天敲鍵盤，可能會打字會輸入，卻不會寫字。但在日常生活之大多數領域，手寫仍是必要且主要的，寫得錯字連篇或歪醜拙怪，即不免貽笑大方。面對這樣的衝擊，救治之道，在學校重新提倡書法教學自不失爲方法之一。

當然，提倡什麼都不能一窩蜂，也不能弄成教條，或再用考試帶領教學那一套。過去的書法教育在學校也實施過，爲什麼後來廢了？除了意識形態改變外，教材、教法、師資、考核方式，都是問題。現在台北市教育局若想推廣書法教育，對這些老問題便應有新對策，否則只會加重小孩子的負擔，並扼殺他們書寫的樂趣。

這也就是說，書法教育不論有多麼宏大的理想、深遠的意義，對學習者來說均不重要。國小的書法教育，應以讓小朋友感受到漢字的美感、體會到書寫的快樂爲宗旨！

昨發一社論如上，藉時事以抒感慨，而實言不盡意。因爲中國人在中國社會中習焉不察，誰也不覺得漢字或書法有什麼了不得，可是事實上漢字真是了不得的東西。以歐洲來說，歐洲搞統合、搞聯盟，最主要的工作就是要塑造歐洲文化的整體統合感，故文化統合爲政經統合之基礎或關鍵。然而，一九五八年歐洲經濟共同體成立以後，原只有六國，卻有四種官方語言（**法文、德文、義大利文、荷蘭文**）。一九七三年，英國、丹麥加入，又增三種。另外，愛爾蘭文雖非官方語，所有文件仍須譯爲愛爾蘭文。一九八一年，希臘文加了進去。一九八六年再加西

班牙、葡萄牙文。一九九五年歐盟擴增至十五國，官方語言則再添芬蘭文與瑞典文，達到十一種。試想：凡歐盟之規章及各文件均須以十一種文字撰寫，其耗時耗力，要達到什麼地步？何況還有愛爾蘭、冰島、挪威、盧森堡等少數語種要照顧？而歐盟的功能之一，本來是要讓貨物能自由流通的，可是語文複雜，產品文字標籤及說明書無法標準化，引起了許多糾紛。目前是以規定銷售至某國某地時必須使用該地語言來解決。廠商成本提高，流通之意願也同時降低，廠商譯不譯得出那些文字，也成問題。爲此，歐洲推動過「LINGUA計畫」「蘇格拉底計畫」「達文西計畫」「青年交流計畫」「語言教學聯合計畫」「未來語言教學輔助計畫」等這個那個計畫，擴編其翻譯署，以爲補助。一個歐洲單一市場，卻是多元語言，單一不起來，只好努力讓大家都來接受多語教育，在這方面花了無數的人力物力。效果呢？哈哈哈，怎麼可能會有效？

二〇〇四年東歐捷克、匈牙利、波蘭、愛沙尼亞、塞浦路斯、斯洛文尼亞又加入了歐盟，歐盟官方語言再度擴增。而馬上土耳其也將要加入了，語言問題只會更嚴重。像匈牙利，百分之八十的人根本不會任何一種外語，要教會他們適應多語環境，豈不如開運河登天？相比之下，你就會明白漢字在文化、經濟上的效用有多大了。

這樣的寶貝，今人不知愛惜，反而跟著只知有英文而不知世界大勢者亂扯，要建立什麼中英雙語環境，寧不可哀？

閱讀不興，經典便死

（2005.03.28）

昨夜盧仁龍來坐，送來商務印書館新出版的《漢代思潮》，此書與我唐代、晚明、清代各論，將刊成一個思潮系列。但因我未直接聯繫，皆賴朋友幫忙，所以中間也曾鬧出一女嫁兩家的尷尬場面，弄得北大與商務有些小不愉，私衷甚是歉仄。

此書係《向古人借智慧》之後，此次來大陸所出第二本書。前一書已有張頤武兄作一書評介紹。上周出版社又安排了幾家報社記者來聊經典閱讀的意義，也許在北大還要為社團講一次，看我時間安排再說。今要爲《文訊》撰一稿，遂就這個題目隨便說了說，如下：

在台灣推行的通識教育課程，取法於美國哈佛大學之「核心課程」；而主張實施經典教育者，則多參考芝加哥大學的辦法，視爲兩派。而其實哈佛更是強調讀經典的。

早在廿世紀初，哈佛教長愛略特（Charles William Eliot）便大倡讀經，自編希臘以降不朽之

作百餘種，刊爲四十九卷。又編《哈佛經典小說叢刊》，凡二十卷。邇後流風未沫，代有才人出而倡導此風。台灣較熟知的，應是十年前曾任哈佛講座教授的布魯姆（Harold Bloom）出版的《西方正典》（The Western Canon）。

此公在該書中選了貴族制時期的莎士比亞、但丁、喬賽、賽萬提斯、蒙田、莫里哀、米爾頓、約翰生博士、歌德；民主制時期的渥滋華斯、珍・奧斯汀、惠特曼、狄瑾生、狄更斯、普魯斯特、喬哀思、吳爾芙、卡夫卡、波赫士、聶魯達、斐索等廿六家之作，謂其爲西方文化中之「正典」（thecanonical），認爲現今我們對語言比喻之駕馭、原創性、認知力、知識、詞彙均來自它們。

其書出版後，在學界褒貶不一。主要原因在於西方近年學院中流行的思潮，恰是要質疑並顛覆正典的。

其次是：此書不僅力陳經典的價值，更把矛頭伸向正流行當令的女性主義、馬克思主義、拉岡學派、新歷史主義、符號學、多元文化論等，合稱爲憎恨學派（School of Resentment），謂此類人憎恨正典之地位及其代表之價值，故欲推翻之，以便遂行其社會改造計畫。打著創造社會和諧、打破歷史不公之名義，將所有美學標準與大多數知識標準都拋了。可是被他們另外揭舉出來的，也並不見得就是女性、非裔、拉丁美裔、亞裔中最優秀的作家；其本領只不過是培養一種憎恨的情緒，俾便打造其身分認同感而已。此等言論，逆轉了攻守位置。讓一向善於藉著批判傳統、顛覆這顛覆那，以獲得名位者有些錯愕。

這些學派自然也立刻反唇相稽，說布魯姆所稱道的正典，只是歐洲男性白人的東西，甚且只是英美文化中慣例認可者，並不適用於女性、多元文化者或亞裔非裔。

但此類反擊，除了再一次訴諸身分、階級意識型態之外，畢竟沒有說出：爲什麼正典必須擴充或改造？其美感價值與認知，爲什麼不值得再珍惜？因爲：此類文論家原本就不太讀也不能讀原典，文本分析恰好就是他們的弱點；捨卻文學的藝術價值不談，正是其習慣。如此而欲反正典說，豈非妄談？讀者根本不曉得何以必須放棄莎士比亞而偏要去讀一些爛作品，只因它是女人或黑人寫的，或據說其中有反帝反對封建抗議精神？過去，讀者基於道德感正義感，以社會意義替代了審美判斷，跟著此類文論家搖旗吶喊，如今一經戳破，乃始恍然。故「憎恨學派」之反駁，非但未將布魯姆消滅，反而令質疑文化研究者越來越多。

當然，此亦由於布魯姆立說善巧，以往，倡言讀經者，輒採精粹論立場，不是說經典爲文化之核心精粹，就是說經典之價值觀可放諸四海、質諸百代，乃萬古之常經，今世之權衡云云。布魯姆卻不如此。

他本以《影響的焦慮》一書飲譽學林，論正典亦採此說。經典之所以爲經典，自然是因它們影響深遠，但所謂影響，並非只是後人信仰它、欽服它、效法它、依循它，而是後代在面對經典之巨大影響時存在著嚴重的焦慮，故藉由反抗、嫉妒、壓抑去「誤讀」經典，對它修正、漠視、否定、依賴或崇拜，這些創造性的矯正，也是影響下的表現，因此後代縱或修正或擺脫經典，仍可以看出經典的價值與作用。同時，正典亦因是在影響的焦慮中形成的，所以它們都是在相互且持續競爭中存留下來的，文本相互激盪，讀者視野不斷調整，正典本質上就永遠不是封閉的，一直是互爲正典（the"intercanonical"）。簡單說，反對經典，正是因爲經典重要、影響

大。而反對者對經典之誤讀或創造性矯正，又擴大了它的影響、豐富了它的意涵，故經典永不封閉。

由這樣動態的關係去看經典，才可以避免反對者所持的各種理由，什麼古典不適今用啦、何須貴古賤今啦、經典只代表著一階層之觀念與價值啦、文藝貴乎創新啦等等。

但不論布魯姆或愛略特，任何提倡讀經典的人，也都無法說服那些反對的朋友。蓋此非口舌所能爭。經典的意義固然永不封閉，但它得有人去讀，其意義是由閱讀生出來的。倘若士不悅學，大家都不愛閱讀，視閱讀爲畏途或鄙視之，僅以談作者身分、膚色、階級、國別爲樂；或廢書不觀，徒逞遊談，則正典之生命便將告終。

而學院正是這般可能埋葬經典的地方。學者要著書立說、要升等、要申請項目經費，自須別出心裁，立異以鳴高。今日創一新派，明日成一理論，方爲此中生存之需，乖乖讀點正經正典，既無暇爲之、不屑爲之，亦無力爲之。如今大學講堂中，高談多元文化、女性主義、後殖民、拉岡、傅柯者，車載斗量。可是能好好閱讀講說如莎士比亞、塞萬提斯、米爾頓、狄更斯的，卻著實稀罕。博士碩士們，背些理論、看點論文、上網抓點資料，手腳倒也勤快，作品可沒讀過什麼，更莫說那些不厭百回讀的經典了。對於這些人或這樣的機構來說，提倡讀經，不是有違倫常嗎？

春日快事

(2005.04.06)

昨爲清明佳節，由南京來上海，擬赴美。因與蔡浪涯談辦雜誌事，路上清明掃墓的車流又多，竟誤了班機，只得速電周愚先生，請調整記者會時間，遂留滯上海，盤桓一夜。雖誤了事，但與浪涯快談竟日，亦趣事也。因回思此數日間若干可述雜事如次：

三十日，因北大學報要登我〈詩話詩經學〉一文，囑補一摘要，寫了送去。逢龍協濤先生，取出茅台一瓶送我。一小文而換一佳釀，大佳。

三十日夜吳興元來約去吃貴州菜。我以爲是去吃花江狗肉，原來不是，是老鴨湯、滷鵝頭。簽了八本書的約，足以打發下半年之光陰，亦佳。

卅一日清早，「文促會」派人來接，因辛旗兄之介，與華藝公司談製作電視影片事。該公司曾製播過「台灣往事」，談抗日史蹟，近亦協助台灣「大陸尋奇」節目之拍攝，及其他項目甚多。主事者談吐不俗，因此中午酒也喝得不少。亦佳事也，只苦了我下午要趕工交差幾篇稿

子。

一日清晨抵南京，即去上課。課間忽接學生電話，說今日佛光人事大搬風，助理調動廿六人，毫無理則。後來想到：「啊，原來是愚人節」，那就難怪了，愚人節者，有二義，愚弄別人，又或欲愚人而自見其愚。世上有此種節日，想來亦大佳。

課畢，看手機，吳穎文已來電七通，促往會合。原來是玄奘寺傳真法師來訪，邀往同遊。該寺在九華公園內，背玄武湖、臨梁武帝臺城舊地，汪僞政府時曾因玄奘靈骨而造一塔，近始建寺。在寺中齋飯罷，登臨抒臆，甚快！

二日赴蕪湖開韻文學會第二屆年會，台灣齊益壽、林玫儀來，相見歡喜。抵蕪湖後，我把行囊一扔，就出去把市區逛了個遍，繞鏡湖、周赭山。鏡湖乃張孝祥隱居處，今有雕像及其莊園舊地，今闢爲阿英（錢杏村）圖書室。赭山有廣濟寺、地藏菩薩由新羅來，即結茅修行於此，故又名小九華、地藏行宮。有宋塔，據說黃庭堅讀書於其滴翠軒。山中又有茶庭，亦名滴翠。池沼樓台，遊人皆爲市民，無觀光客，故甚佳。

會議內容靡有不有，詩詞曲賦。我把我自己的詩話摘抄了去談。承辦者爲蕪湖師院，本以爲小地方的師院，無啥可觀，不料該校詩學中心居然業績不少，爲省屬重點基地，令人刮目相看，街上小吃也令人印象深刻。小城風貌，樸靜就顯得美。返程，迂道去拜了李白墓。坐墓旁樓上喝了一盅茶。可惜世無李白，而李白亦可惜沒遇著我呀！

因未趕上飛機，夜收到陳興武一長詩，錄於後：

龔鵬程教授《北溟行記》付梓，遙贈二十韻：

故府文章在，斯人幾輩存？盛朝徵國士，遠道失王孫。
忽遇登仙客，飄臨降帝閽。行藏超世網，識鑒絕時掄。
讜議驚流俗，狂言薄至尊。屬辭恣宏邈，御氣任飛奔。
勢聳群巒秀，風摶萬翮騫。巍然淩泰岱，峻極睥昆侖。
嶽峙方千仞，淵沖貫九垠。祚移山可徙，怨作石能言。
復蹈孤涼界，深窺眾妙門。逍遙開勝境，璀璨出清暾。
佛宇光初滿，瑤台日已昏。明夷惟待訪，晦昧盡潛吞。
庾信哀難寄，陳蕃榻正溫。漫遊郰氏邑，高臥謝公墩。
獨對中天月，聊傾北海罇。醉來頻夢蝶，醒覺了無痕。
造化庸須問，浮生詎足論？掩懷長太息，莫與賦招魂！

乙酉清明萬川後學陳興武寄於羊城寓所

今早又收到徐晉如一電，謂已考上中山大學博士班，四月末要在北京辦一謝師宴。晉如詩詞也是工妙的。我因未趕上飛機，收到興武這樣的好詩和晉如的好消息，真是快樂。世上事，得失往往難以估計，就像這樣。興武的詩，可以冠於《北溟行記》書首哩！

流浪教師

（2005.04.21）

自三月三十一日迄今，皆在旅中度過。凡歷南京、上海、蕪湖、洛杉磯、華盛頓、波士頓等處，旅泊不只萬里，時間也超過列子之御風，回來可還真有點累，因爲北京也有一堆事在，準備忙一陣呢！

杜潔祥由台灣來。與張武順等又殺去順義。該縣有一大蒙古包遊樂區，主人邀我等吃烤全羊，蒙古族人拉馬頭琴、唱祝酒歌。結果，當然是把二君放倒了。此乃我流浪學者之快樂生涯，想起我那仍在佛光校內不准抽煙、不准喝酒、也不准出遊、不准烤羊的朋友們，不禁深致慰念。

當然，流浪漢也未必能如此愜意。

據教育部估計，目前台灣計有流浪教師五萬人，已形成巨大社會問題。教育部計畫以師院轉型及減招等方法來解決此一問題。

容我坦率以道：此一問題，乃是教育部製造出來的，現在教育部之方法，亦未能針對癥結解決問題。

爲什麼會有那麼多流浪教師呢？原因非常簡單：教育部估計錯誤。我國教育，是最後一個非市場性國營供需體系，由國家估算該有多少人力需求，然後再倒過來開辦多少科系、招多少學生，因此，雖然整個社會都是已經民營化、市場化的體制，唯獨教育領域仍是國營的。很少人明白這個情況，以爲教育領域已是個自由市場。其實不然。迄至目前爲止，大學若要設立教育科系，或開辦教育學程，都仍與辦其他科系不同。其他科系，教育部只做總量管制，要設什麼系所，各校可以自己決定。唯獨教育學科，仍須報送教育部核定。開設教育學分或學程亦然。且通常審核極嚴，不會輕易通過。

這就顯示了教育國家化的問題。一是想開辦教育的人，難得有機會開辦成功，因爲教育部不准別人來分一杯羹。二是教育部自己的規劃，乃是計畫經濟式的計畫教育，根本與市場經濟不符，結果出現了一大堆培訓師資無處可去的命運。

教育部規劃之失誤，主要不在教師部分。教師問題是衍生出來的。其主體是對整個教育規模的估算。根據教育部之推估，我們才在九十年代設了一大堆大學、技術學院、高中，也相應地開辦了許多教育科系、教育學程，培養了這幾萬名教師。結果呢？大學太多了，高中畢業的學生還沒有大學要招的人多。教師也太多了。各級學校減班減校，根本用不著這麼多老師。因此，五萬流浪教師，乃是教育部政策的受害者，應該申請「國賠」才是。

目前教育部的辦法，不唯無反躬自省之意，抑且仍將申張教育國家化之手段。這不是解決問題的方式。我們建議教育部應藉此全面反省其主管教育之性格，讓教育供需也全面市場化，不

再保障現有教師，讓流浪教師參與教育工作競爭，教育部只須做好市場運作規範就可。師院要不要轉型、要不要減招，也不勞教育部置喙，由市場供需來調節即可。

清華國學院傳奇

（2005.04.22）

昨夜歸來甚晏，且因先下了車，故酒後杜潔祥等人到底如何亦不甚知。今早去參加清華國學院八十周年紀念會，中午回來才找到潔祥，聽他說起，不禁大笑。

原來昨天之聚會，是葉士珍兄召集的，其夫人及親戚數人由台灣來，故約了從機場直奔順義。車過一驛又一驛，直抵密林深處。暮色蒼茫中，定睛一看，竟是一葬場，三座靈骨塔聳立於長楊之間。

塔畔有蒙古大帳。入而視之，有劉君者，熱情歡迎之。介紹曰：此劉館長也。杜潔祥亦曾爲佛光圖書館館長，見對方亦是館長，大生綢繆之感。細詢之，才知是殯儀館長。然既皆是館長，便不妨暢飲，結果喝了十二瓶順義二鍋頭。

葉君諸親友均席中即呼呼睡去。潔祥上了車，一路酣歌，亦沈沈睡去。張武順最慘。江湖上都稱他「八七」，因有百八十七公分高，一旦玉山頹然，我們幾個人都扛他不動。所以返北

京市區後，我在半途下車，告訴司機將潔祥送回旅店。但可能實在搬不動武順，所以送好潔祥後，司機只得再將車開回去，就讓武順在車上睡了。武順清晨醒來，才發現自己「今宵酒醒何處」，原來是在殯葬場。四野無人，殯葬場曉風殘月，平添了一段佳話。今晚，王明蓀由台灣來，說起此事，他也哈哈大笑。

至於清華國學院的紀念會，上午有何丙棣、何茲全、張豈之諸先生講話，下午也要我談一談。

我認爲清華國學院在近代學術史上已成爲一則傳奇，後起者艷稱其事，固然應該，但夷考其實：國學院爲時甚短，一九二五年設立，次年八月陳寅恪才到職，也就是人事才到齊；可是隔年王國維就自殺了，下一年梁啓超亦因病離去，然後次年就逝世了，國學院也便結束，前後僅四年，有一半以上時間還人丁不全。趙元任、李濟又常在外考古或調查方言，整個院，事實上陳寅恪獨木難支，全靠吳宓之調護。在此情形下，其教學與研究，成果必然都是有限的。四位導師中，梁王之學，早成於國學院成立以前，王國維在清華時期大概只做了〈古史新證〉等，因此不能把他們的所有成就，都計爲國學院之光芒。陳寅恪趙元任則都是初出茅廬的小夥子。陳那時才三十七歲，婚都還沒結，也沒有任何著作；趙亦甫於一九二四年譯出高本漢的《中國語音研究》而已。陳氏在當時開的課，也只集中在六朝及佛教，如「梵文文法」「佛經翻譯文學」「西人東方學之目錄學」之類。他的《隋唐制度淵源略論稿》成於一九三九年，故亦不能將陳趙，乃至李濟後來之事功統計到清華國學院頭上，以誇大其學術表現。

再說，清華國學院之學風亦非無可議之處。梁啓超、吳宓之學，看來無甚影響。陳寅恪似乎影響最大，可是清華國學院畢業諸生，其實治梵文、佛教史、西北史地、中古史者甚少，教學效果實屬可疑。其次，導師與學生大抵皆只採用一種實證史學之方法，無論王國維之說「二重證據」或陳寅恪，乃至學生如王力、高亨、劉盼遂、姚名達、姜亮夫、謝國楨等，均只是語言學加上考證罷了。其考證，以「材料」爲「證據」，以繁瑣爲精密，能創通大義者其實並不甚多，也就是普遍缺乏理論之興趣。因此爲學者固有餘，卻無甚思想上的開創性，缺少思想家。

再者，既名爲「研究院國學門」，簡稱爲「國學院」，而根本沒有辭章與義理的課程和教育，只有考據，國學云乎哉？老實說，其學反而與西方或日本之所謂「漢學」較爲接近。

第四，當時以清華的背景，特聘趙陳由海外來任教，自有融鑄東西的雄心，可是這亦只是形式上的。真要鎔鑄東西，談何容易？國學院沒有比較文化的研究方向，連趙元任陳寅恪，對西方文化也並不深知，何況其他，國學院在這方面亦乏表現。

雖然如此，清華國學院仍是值得回味的一頁傳奇。此次清華所辦會議，名稱是「清華國學院與二十一世紀中國學術」。二十一世紀學術如何不可知，就二十世紀看，整個學術發展正是國學院之背反。例如，當時辦的是國學院，後來則不再有這種統包性的學科，均採西式學術分科方式，國學分化爲中文、歷史、哲學等系所。又如當時所聘，除趙元任李濟較接近專業學者外，梁啓超、王國維、陳寅恪均係通人。擇聘師資之標準，本來也就要求他們能夠對中國文化「全體」有所研究。可是大家都曉得：後來整個學術界所要或所培養的，都不是通人而是專家。

此外，國學院之教育目標，是要「培養以著述爲畢生事業之國學專才」，用韋伯的話說，就

是要培養以學術爲志業的人。這樣的目標，爾後亦罕嗣響，因爲大學之目標，已變成了培養從事某種職業的人，或根本就是養成以政治爲志業的溫床。還有，國學院強調導師，遠採牛津劍橋之制，近挹中國書院之風；開學日即由梁任公主講書院之精神，希望導師帶學生。後來之教育也恰好不是如此的。所謂好教授，只是會寫書做研究而已，升等考評，皆不重導師功能。凡此等等，回頭再看國學院，不是令人起無限幽思遐想嗎？其足以針砭今世者，豈淺鮮哉！

失衡的教育

（2005.04.27）

春天的北京，都說難過，忽風忽沙、乍暖還寒，刁蠻得很。但刁蠻的是情緒，穩定地釋放春情的是個性。個性由那兒看？由枝頭的嫩葉、草地冒起的小花看。黑色的樹枝，忽然就盈盈碧綠，散出無數翠葉。長楊高樹，尤其在發葉兒時，會蹦出一絮一絮楊花來，隨風四散。如煙似霧，又像雪片。風吹起，在地上滾，滾滾就滾成一個大絨球。那一樹樹的綠、一天空一天空的楊花、一地的絨絮，整個合起來倒像是我的夢。雖說是真的，看上去卻像是假的。可惜我老了，傷春感春，已不合適，還是記事抒懷吧！

台灣國科會日昨核定了大學追求卓越計畫的名單，計有台大等五校獲得。此項計畫於二〇〇〇年度核撥了一百三十億，現在則是延續計畫。各獲雋學校對此莫不深表鼓舞云云。

我也很贊成大學應該追求卓越，但再看看下列新聞，或許大家便會有不同的感受。

一是高雄師大科學教育研究所調查全國六千多名國中高中生之科學素養，發現學生對手機、

網路、收音機等固多瞭解，但對FM、GPRS、ADSL等電訊知識卻多茫然，而且學生的科學素養與城鄉差距有絕對關係，可見教育資源分配亦大成問題。

二是高雄旗山的圓富國中一百二十餘位國一學生，被發現有十分之一的人幾乎不識字，數學也幾乎不會小數點以下的加法。英文就更糟了，字母幾乎都念不出。據云是該校一名教師爲報考研究所而怠忽教學所致。

把這些新聞拼合起來看，會發現我們的教育真是「朱門酒肉臭，路有凍死骨」。一邊廂，在高喊追求卓越，瓜分大把經費；一邊，卻是不識之無，到了國中，還幾乎是文盲。不但有城鄉差距，亦有高教與基礎教育的差距。

爲什麼會造成這種結果呢？難道只因一位教師不盡責嗎？先從這位教師談起。目前中小學教師不再具有教學熱忱，不再以從事基礎教育工作爲職志，而熱中於報考研究所，以求早日「解脫」者，豈只此一教師而已？何以致之？考不上研究所的人，有許多人抱著數饅頭的心態：希望及早退休者，更不乏人，此又何以致之？學生呢？到了國中還不識之無，基本運算及理解能力甚差者，更不會僅有圓富國中那一班。教育行政主管倘不隱匿病情而作切實訪查，社會大眾恐怕更要吃驚得從椅子上跌下來。高雄師大做的，乃只是學生科學素養之調查，若更調查其他知識能力，亦會發現情況也一樣地糟。

換言之，台灣整體基礎教育其實是很差的，問題甚多；但教育主管官署之政策，卻是發展高等教育。而在高教方面也同樣劫貧濟富、錦上添花，忙著蓋「一〇一大樓」，希望用錢打造出一個世界一流的大學或科研項目來，吸引鎂光燈聚焦效果，而對廣大農鎮民眾的基礎教育掉以輕心。基礎教育之不好，城鄉資源分配之不均，原因亦肇於此。官府諸公，對此當然別有權衡，自以為得計，但我們要問：基礎教育不好，高教的一〇一大樓會建得牢嗎？

兩岸和解與國際趨勢

(2005.04.30)

下午劉建華來接了去他「遊學中國」參觀，公司設在太廟中，環境絕佳。虞彬負責業務，甚爲勤敏，網頁製作十分費心。但因時間倉促，不及細談，約了過節後再聊。

晚，卜鍵、田青邀飲。卜鍵方從台灣返，說在中研院文哲所講演，代所長王瑷玲介紹時說：「卜先生乃龔先生友人，在『鵬程隨筆』中曾經提及」云云，令他大感意外，想不到龔某的隨筆還可做爲友朋索引。我說：「那是對我友善的，故因我隨筆中提到老兄而亦推重你。但我仇家甚多，還有一票人，是專門藉著我的隨筆，在鉤索株連龔某黨羽呢！」相與咨嗟，遂浮一大白。

我們從前中文系博碩士論文最喜歡做「交遊考」，其工夫即爲上述方法，由詩文中鉤稽之。而其實亦不盡可考。相傳一人自謂其祖先曾與蘇東坡交往，因問其大名爲何，見於何書？答曰不知，但見東坡〈赤壁賦〉中有同遊赤壁二客，其中必有一人是我祖先也。此等笑話，今亦時常見之。

席間頗論連戰來大陸訪問之意義。連戰、宋楚瑜相繼訪問大陸，形成近日新聞熱點。對其意義及未來可能之影響，近日各界評論已多，不擬湊熱鬧，只提醒大家注意另幾樁交流會談的活動。

一是大陸軍方副總參謀長熊光楷甫於今日結束訪美行程。這是美國與大陸軍方舉行的第七次軍事磋商。美國一向擔憂中共軍事擴張，現亦關心反分裂法會造成台海局勢緊張。中共則希望歐盟武器禁運的解禁問題，也顧慮美日軍事同盟。雙方在戰略架構及擬想對敵情勢上，針鋒相對，是不消說的；但此類交流磋商不僅延續至今，抑且準備擴大。今年除了兩方軍事高層領導人互訪外，並將加強軍事院校交流與人員來往。在海上軍事安全協商、環保、救援、人道援助等方面，也有合作或交流。美國且向大陸建議設立中美危機軍事熱線，讓兩方國防部高層官員能就危機問題直接對話。

美中軍方這種交流情況，並非孤立現象，因爲布希與胡錦濤今年下半年也準備互訪，時間分別是九月與十一月。美中軍方高層互訪，大概也就安排於其前後。

這種情勢，顯示美國雖隱然以中國崛起爲其戰略競爭對象，乃至威脅，但基本上採取交流對話，防止衝突爆發的方法處理。在軍事上尚且如此，文化與經貿之合作就更多了。

日本的情況亦復如此。中日關係鬧到現今這個地步，而實際上對日貿易仍占大陸對外貿易額第三位，去年達一六八七億美元。中國已取代美國，成了日本第一大貿易夥伴，去年日本對大陸投資亦達五五億美元，雙方經貿合作不退反進。東海油田開發雖存在爭議，但新日本石油早

已與大陸合作，從原油中提煉汽油了。未來更準備擴大在開採、運輸、儲存、加工各方面的協商。甚且日本更倡議促進東亞區域合作，創建共同貨幣市場。這些，都不是只注意到日本與大陸競爭與衝突關係的人所能見到的。

日本首相小泉昨日訪問印度，暢言加強能源、海上安全等多領域之合作，提供大規模經援、協建地鐵及國際機場。刻又赴巴基斯坦訪問，內容大抵類似。可見日本在激起周邊國家反感之際，目前正在努力透過交流合作，爭取與國，並想藉經貿力量，將合作關係化爲彼此關係穩定的基礎。

以美國、日本國力之強，尚且須藉交流合作來經營與大陸或東南亞國家的關係，台灣有什麼條件和理由不採同樣的辦法?這種國際現勢，或許對迄今台灣仍頑固反對連宋和平之旅的人，有一點啓示作用吧！

五四遊半塘

（2005.05.04）

二日夜乘車往揚州，三日晨抵達。揚州開通火車後，此番第一次來遊。風景不殊，而人事已非。王小盾、李昌集均調離揚州，揚大領導階層亦多變動。黃俶成則轉至旅遊學院，來邀下周赴該院演講。

去瘦西湖等處參觀。五一大假，四處遊客蜂擁而至，幾於摩肩接踵，在小金山對岸看，小紅橋上擠成人牆，牆彷彿就要壓垮了。由柳湖路門口出，則見門外萬頭鑽動，頂著公園門，向裡擠，令人想起古代戰爭攻城門的場面，真是恐怖哉！去了一次，就受了教訓，此後只揀清晨及黃昏，遊人未至及遊客已散之際去，獨享清絕幽謐之境。因我辦有年票，入出不受限制；且何園、個園、博物館、汪氏小苑、八怪紀念館等處，咸可遊覽，故一一閒步，不與俗人爭道。

過揚州大學柳湖路校區，半塘依舊。一池浮萍，宛若一大碗日本抹茶，菡萏未開，頗見蕭散之趣，這個池塘，是揚州大學爲紀念任中敏先生而闢的，連接著瘦西湖，取名半塘，即是用任

先生的號。

任先生早年治詞曲，號二北，取北宋及金元北方之學的意思，編了《散曲叢刊》等書。乃吳梅弟子。後從胡漢民入仕，又轉去辦學，大陸易幟時，正在桂林辦漢民中學。因政局改變，學校不能辦了，流落四川。在成都生活無著，靠老婆做熏豆賣。每天他老婆做好熏豆，他擔去市肆叫賣，扯一個布招，上面由寫過《中國大文學史》的謝無量先生寫一個毛筆招牌：「江蘇筍豆」，四處販賣以糊口。後來友人介紹入四川大學，做資料管理，又迭遭批鬥，不准上講台。後來無奈，只好在校門口擺攤。

改革開放以後，老學生蔣南翔做了教育部長，才將他調至北京中國社科院。後知他想返回故鄉，就問揚州師院意下如何。揚師院大喜過望，立刻派人去接了來。不久，國務院開辦博碩士點申請，揚師院遂以任中敏為碩士導師申報了上去。不料，批下來竟是博士點。據說揚師院裡的人高興得說：「天上掉下了個林妹妹！」揚師本是個小學校，豈敢奢望博士點？迎來一位大老，對學校之助益，乃竟如是！任氏過世後，該校闢地紀念，原因即在於此。

任中敏在揚大，已極老，八十四歲，在揚師大亦僅指導了王小盾一個博士。但此事極有興味，可起人深思。我在卸任校長時，想起任先生的故事，本也想在校門外闢一店面，專賣烤全羊，兼營啤酒屋。故於今徘徊弔古，時興感焉。

今為五四，但未聞有人紀念，全大陸都在吃喝玩樂中。據知南京一天能吃掉人民幣二億元，亦即八億台幣。今昔相比，又令人興起不少感慨。

揚州遊

(2005.05.11)

在揚州，本為度假而去，故無任何友朋酬酢、學術行程，日與湖山為侶。大清早起去買一桶生磨豆漿回來煮了喝，一元二元即可煮成一大鍋，又濃又香。然後泡一罐茶，出遊園林。中午回來小休，下午再找地方去玩。玩得累了，夜間納頭便睡。不識不知，任天而動，不亦快哉！閒時則坐窗前，讀近人筆記數帙而已。

但應酬仍是免不掉的。八日為鄰居丁先生閨女于歸之喜。其女乃南大中文系畢業，在北京學戲劇，上學期來北大聽我上課，本學期又來清華聽。女婿亦東南大學高材生，刻在清華出版社工作，恰於此時返鄉結婚，我們當然要參加啦。

我另寫了一幅對子，曰：「乘龍今見王逸少，有婦云是杜蘭香」。可是我亦不能終席，因為宣傳部長趙昌智也約了去茶樓小敘。至則陳文和、田漢雲、劉永明皆在。田漢雲已調至出版社，劉永明廣陵書社員有數萬片木刻雕板，近則移往成立雕版印刷博物館，變化亦皆不可謂

小。陳文和已整理完錢大昕全集，近方在整理王鳴盛集，田漢雲則已出版新編汪中集，取閱一過，甚佩其工夫。汪中文集，包世臣曾嫌汪中子喜孫不善整理，自任整輯之責，但讀之頗不見精采。余昔年亦因此不甚重汪，以為狂生善罵負氣而已，平生著作，因遭逢不偶，故多未成，唯文采可觀罷了。今經重編輯比，才可以見汪氏學養之全。我論揚州學派，持論與揚州大學諸君迴異，但不能不佩服他們篤實的工夫。

九日赴南京，回南師大清理什物。書籍皆打包，送吳穎文處保管，夜再驅車返揚州。十日則去揚州大學旅遊烹飪學院演講。

我好吃好玩，那是不用說的，與旅遊烹飪學校也另有些緣分。佛光校長卸任後，適逢高雄旅遊餐飲學校在找校長，有人來活動我，我正貪圖不幹校長的快活，豈能又入囹圄？因此就沒去。但我長年旅泊，於此道久具心得，見此等學校，自然亦感親切，所以黃俶成來邀，立刻便同意了。講什麼呢？講台灣的旅遊資源與旅遊事業。我曾出版過《遊的精神文化史》，也規劃過南華大學的旅遊事業管理學研究所，故能隨意扯扯。謂台灣旅遊事業有六大特點：（1）國民旅遊與休閒產業之結合；（2）社區總體營造與旅遊事業之結合；（3）原住民經濟發展與旅遊事業之結合；（4）生態環保與旅遊事業之結合；（5）民俗宗教活動與旅遊事業之結合；（6）旅遊與教育之結合。其實有點往自己臉上貼金，揀好處說之嫌；台灣旅遊界之亂七八糟，不堪聞問處，正與大陸相仿哩！

講畢聚餐，即送上火車，一寐而抵北京。放下行囊，就去上課。因宋楚瑜今天來清華演講，故校園戒嚴，北大來上我課的學生被阻在外，打電話來聯絡方能進入。今日談周作人。課畢，有學生來約下午採訪，云想談連戰宋楚瑜訪問大陸事，下午遂同去聊了一通。據她說，她乃是在北大聽某課時，聽人談起介紹她來清華上我這個課的。

夜，田青忽來電，說有個聚會，找我去。到了才曉得是一群民歌愛好者的沙龍。這群人原先都在網上論交，交流對音樂的愛好、對民歌的研究，如今約聚於北京。有人從四川來，有人從甘肅來，有人由廣東來，熱情可以想見。其中也有山西左權盲人宣傳隊劉紅權等幾位。上次田青在中央音樂學院爲左權縣這批盲人朋友辦音樂會時，我即去聆聽過，媒體譽爲「瞎子阿炳」復見於今，今晚則又再聽他們唱了不少歌。且舉座皆知之、好之、樂之者，談民歌故實，唱各地風謠，析理論樂，令我疲累之餘，大感愉樂。最後他們倡議成立「民歌愛好者學會」，還選了一首會歌，轟唱而散。我不能歌，但湊趣兒應不成問題，將來或許還可跟他們同去采風呢！田青上回喝酒時說起郁達夫一聯，我在揚州無事，正好爲他寫了一紙，今晚就趁便帶給他了，聯曰：「曾因酒醉鞭名馬，生怕情多累美人」。

冷與熱

（2005.05.16）

由揚州回來，先是把上回在清華國學院八十周年紀念會上講的一些意思，就其未盡之處再做些討論，寫成一篇論文。繼而十四日清華學生辦紀念講座，邀我去主講，就中國文化的儒釋道三教講了一通，聽講人數甚多，似乎與在北大相埒。

爲什麼要提到人數呢？不是要藉此標榜（說到此，講個小故事。前在哈佛，某先生來，同去吃飯。席間有人談到「某先生甫結束台灣之行，演講想必轟動吧？」某氏隨口就說：「哎呀，是呀，每場都在五千人以上」。我與王德威聽了不作聲，對看了一眼。因爲我們都在台灣長大，知道他演講的那些地方裝不裝得下五千人。何況，演講貴乎知音真賞，人多人少，豈是關鍵？），而是由此說學風。

一般都認爲北大熱，清華冷。原因甚多，例如北大甚小，清華甚大（三平方公里）。小，故顯得人多，熱鬧；大了自然就冷、靜，人與人之關係較鬆隔。而北大以文科爲主，人文社會學科與理工科技相比，也有冷熱之別。北大之熱鬧，還顯示在它的講座多，各界來聽講的人也又多又雜。有不少「聽講專業戶」，例如退休中年教師、文化人、待業青壯年，成天泡在北大聽這個那個講座。各地派來進修、培訓的學員，也住在校園，東聽聽西聊聊，以度其時光。清華講座應該也多，但校區大，不明顯，又多以專業爲主，所以感覺很不相同。不過，此種表面現象其實未必準確。我上文說此次講演人數多，就是說清華聽講座之風無殊北大。前幾天宋楚瑜來清華演講，我看清華校園裡的那股勁兒，對此便深有體會了。

北京的氣氛，倒是由熱趨冷了。連戰宋楚瑜在的那一陣子，奇摩網忽然神奇地可以打開了，得以隨意縱看台灣新聞，真是旅居大陸以來，前所未有的快樂。但十二日宋楚瑜一走，奇摩網就又上不去了。氣候，則前一陣子陽和氣暖，催得花呀草呀都一付早熟模樣，幾乎令人疑心春天剛來就入了夏季。政府也因天氣好，把「財富論壇」安排在天壇祇年殿前召開。可是這兩天，氣溫驟降，下起雨來，那全球頂級富商的財富論壇也不得不搬回人民大會堂去辦。據說江南已陰雨連宵，台灣則暴雨有災，北方現在才有點小雨，其實亦是幸事。畢竟，稍有點涼、有點冷，人會更警醒些。

如何保障知識產權

(2005.05.18)

「財富全球論壇」這幾天正在北京召開，全球大亨巨賈雲集於斯。大陸官方頗引爲「世界正聚焦中國」之證，甚感自豪。但近日保護智慧財產權的問題，卻很令北京尷尬。

《財富》雜誌直言：中國銷售盜版軟體之比例，已高達百分之九十五。輝瑞製藥公司總裁則說世界上三分之二的假藥來自大陸。針對這類批評，大陸知識產權局局長王景川辯護道：侵權狀況，舉世皆然，美國也很多。目前全球銷售軟件中，盜版比例約占百分之三十六，美國就占了百分之二十四。其次，說大陸盜版軟件之多，近乎誇張，因爲若真有百分之九十五，則軟件產業將占中國GDP百分之八。三、大陸政府對於智慧權保護已做得夠多了，犯罪的量刑標準已是世界最高，維護權益的司法與行政手段也最多。

這些辯護，都是孟子說的：「王顧左右而言他」。因爲外邦也侵權，並不能減輕大陸在侵害智慧財產權方面的過愆。大陸盜版多而軟體產業並未達到GDP百分之八的規模，則是因爲盜版本非正式軟體企業製作，無法反映在有關的統計值中。正式軟體企業當然也同樣做盜版，盜版之產業與產值，亦均未顯示在其統計中。其間的差距，便是業者熱衷盜版的利潤所在，主管官署不可能連這點都不知道。再者，盜版侵權固然量刑最高，但利潤更高。「殺頭的生意有人做，賠錢的買賣無人問」，施政之關鍵，從來就不是嚴刑重判，而是設法健全市場，減低侵權者的利潤。何況，大陸許多侵權盜版，根本與鄉鎮縣市產業發展聯成一體，地方之繁榮發達，就靠這個。官民利益共生，又怎能憑一紙罰則就予杜絕了？且不說鄉鎮，就在北京，秀水市場不就以販賣名牌仿冒品聞名，而成了旅遊熱點嗎？如此打擊犯罪，量刑高，遂成了反諷。

因此大陸對於這個問題，應勿再搪塞掩飾，更莫說「政府已經做得夠多了」，應具體檢討，拿出個對策。對策也不是嚴罰重懲那一套。那一套，經實驗證明了是沒有效果的。應改採健全市場那個思路。舉例而言，出版的盜版侵權為何禁不絕？不是由於出版乃政府特許之壟斷性產業嗎？正式出版業可以根本不做出版，靠賣書號刊號居奇。想做出版，瞭解市場供需的，或與出版社合作，買其書號，借殼上市。不願受其壟斷剝削者，自然就只好盜版流通。這是體製造就了盜版的猖獗。欲謀改善，光去抓盜版的個別人犯有什麼用？應儘速改革體制才是！

蘇克福由台灣來，約了科技館王渝生館長一道見面，因此上午課畢趕去。與克福久不見，一九九五年同去莫斯科之事，猶在眼前，真如杜甫所說：「人生不相見，動如參與商」，思之慨然！

鞍山璞玉

（2005.05.22）

鞍山市台灣同胞聯誼會陳可兄，數邀我往遊鞍山，皆不果。今春復由鞍山來，云：「鞍山所出岫玉，最大者一塊，已雕爲玉佛，在鞍山建玉佛苑供奉之，每年參拜者五十餘萬人，七彩斑爛，見者莫不贊嘆，且已列爲金氏世界紀錄。頃則又出一塊，重百五十噸，亦美玉也。此後當不復能再見如此巨型美玉，老兄熱心推動兩岸文教交流，送君如何？」我說：「我身無半畝，如何安置此等國寶良玉？此必大道場乃能爲之建玉佛殿以爲供養，我可爲鞍山物色之」。於是聯繫了台灣一大廟。至於是哪一家，此處就不說了。反正這事非一時可成，還有許多細節需要磋商，待事成後再詳敘好了。我這隨筆，自有一幫人在監看，覓線索、搞破壞，因此還是謹慎點好。

商量要去看玉，已非一日，總因事忙，走不開。十九日早上忽動念，選日不如撞日，今日就去罷！於是與陳可聯絡，並去購票。不料去鞍山的人多，只買到一張硬臥、一張硬座，因已聯絡，所以只得仍與元之同去。

上了車，但見人山人海，走道、車門、廁所、洗手台，無處不堆滿了人。硬座旅客，多經長途折騰，或由重慶來、或由貴陽來，形容憔悴，無復倫理。人又擠，一件汗衫，猶自熱得汗氣蒸騰，只好每到一站就擠下去吹冷風。車過錦州，乘務員大約被我煩透了，終於補了一張硬臥票給我，才能爬上去睡個幾小時。

車抵鞍山，陳可兄來接，先去師範學院。

師院才由專科改制不久，目前有二十八本科，碩士點正申報中，學科力量當然不能跟早具規模者相比，但甚有朝氣，辦學體制也很多元，下轄成人教育學院、職技專科、應用科學學院、國際交流學院。國際交流與英、美、韓、澳洲均有合作，留學生四百餘人，亦有外國大學承認其學分，實施二加二制。附設藝術高中、附屬初中。其護理、衛生按摩、中醫，具有特色，乃省內重點中專。該校應用農業生物科技亦佳，出品水果、優酪乳等。如此辦學模式，頗異於台灣。

此次來訪，乃是磋商合辦「幼兒教育論壇」，鞍山有幼兒園一千零七十四所，教師三千餘人，兒童入園率達百分之九十四，有六萬餘人，而幼教又不限於幼稚園學生，目前趨勢爲零至六歲一體化，故生員可觀。我希望能先交流討論，辦了論壇後，再具體研議合編教材或開發教具。除與師院就此交換意見之外，也去參觀了白鴿幼兒園，該園閱讀教材係自編，英語教材則與西安交大合作。

下午去看玉，岫岩滿族自治區太遠，所以只在市內廠房裡看。玉璞堆積，尚待礱治，但略剝

其皮，或沃之以水，即見瑩瑩玉光。有已去皮者，或二十或三十噸，皆瑰麗不可方物，彩光流炫，若潑彩大畫。主人欒綱，狀似李紀祥，熱情樸質亦相似。八十年代以開計程車洊升積累迄今，擁礦山、開旅邸，而誠樸如故，甚是難得。

夜由鞍山市政府及台辦邀宴。其台辦舊主任陳永浩，昔余赴大連遊玩時，曾專程趨車至大連相會，情意綢繆，今已調至澳門。然張春俊主任亦舊識，故相見甚懽。北人豪邁，不務虛飾。

次日遊玉佛苑。玉佛實體，勝於照片所見。石質甚好，而雕刻亦見工夫，頗不俗氣，佛殿建築亦有法則，惟四周少林木耳。陳可說：「要看樹林？那就去千山吧！」於是去千山。

遼寧人都說：「南有黃山，北有千山」。初不謂然，認為是地方人自己吹噓，去看了才知道中華大地佳山勝水還真不少。千山跟黃山性質不同，不好比較，但做為四A級風景區，畢竟不俗。山凡千座，故號千朵蓮花山，云有九九九座山峰，肖蓮花狀。唐太宗、薛仁貴征遼時均駐軍於此。亦有唐代寺廟，出舍利及諸金銀器。山太大，我時間太少，故無量觀、仙人台、天外天等處均未去，只從雲澤湖、南泉寺、彌勒千佛閣至彌勒大佛。

南泉寺為古刹，但寺中舊碑碣有高上玉皇本行集經刻石，不知何處移來，又不知佛道不同，竟矗於寺中。大殿中奉三世佛，然首位竟是迦葉。皆大謬。天成彌勒道院，立一金漆胖彌勒於廟門前，取樂俗目，亦大傖儜。天成彌勒大佛，將壁立峭岩想像成布袋和尚，謂為天成佛像。心注目成，固無不可，但說得誇張神奇了就不好，什麼開光時天降祥雲，宛若彌勒、觀音，皆不值識者一笑。我佛光大學破土時，有觀音湧泉之異；信徒聚會時，有佛影背光之圈，引得信徒捐獻頗多，但如今回想，又怎麼樣？學校還不是……唉！凡此類奇跡，均當如是觀。山中有放生池，亦附和這些寺廟宮觀而設，亦無聊。商家買巴西龜來賣給遊客放生，池畔並刻若干詩句，勸人放生，我趨前一看，居然刻了一首「唐，白樂詩」。

中午欒綱邀聚生態園。園中遍値花木，孔雀棲於樹巔，遊客聚餐於林中，遼寧冬寒，雪中亦仍可保此綠意，南方則不須有此，故此等餐廳南方亦不可見。

鞍山除了這種地氣風土之殊以外，當然就是人物可親了。欒綱這樣的實業家前面已經說了。我在師院時，他們帶我去看校內一展覽館，取名里仁館，殆仿京都有鄰館而設。藏品當然不能跟有鄰館比，但可見學校的用心，也可見主持人王登科的執著。王君能書畫，從拍賣場裡買回一幅于右老寫給某位「登科先生」的條幅，掛在館內書齋中。就其所藏，可見來往多爲遼省俊彥，藝能亦皆有可觀之處。據聞一位黃金鵬君，曾辭職自費去山西永樂宮臨摹全部壁畫，又一位崔地高遍臨唐宋人物畫，都令人肅然起敬。此等人物，聲名未必足以震襮於通都大邑，但積漸自養，文化之發皇存續，未必不在此輩。

四庫全書的故事

（2005．05．25）

在清華內的折扣書店，購得一批遼寧教育出版社的新世紀萬有文庫叢書。萬有文庫是從前商務印書館的著名叢刊，後來商務在台灣，另刊人人文庫，情況略似。早在一九〇四年，倫敦出版商丹特，即籌畫印一千部經典，以精巧的開本、低廉的價格（當時是一先令），吸引各界人士之興趣，有系統編印全世界有價值的書。丹特爲此理想成立了「聖殿印書坊」，對許多經典在二十世紀得以普及，居功厥偉。那套叢刊，就名人人文庫（Everyman Library）。王雲五主持商務時，出版人人文庫即取意於此。早期商務之萬有文庫，大概也是，因爲它們都有相同的特色：好書、小刊本、價廉、內容駁雜。

遼教這套書，擺明了要繼承此風。主編俞曉群在其間大概發揮了很大的作用。俞曉群是數學家。去年我來北京未久，沈昌文先生就將俞先生一論數學文化的書轉來，命我作一序文。原先沈先生也介紹了我幾本書，準備請遼教出版，故有此因緣也。但俞先生不久於其位，我那些書的出版計畫也已作罷；現在看這批俞先生主編的「萬有文庫」流入地攤及折扣書店，不勝感觸。顯然，這代表遼教不打算再走這條路線，所以傾銷其庫存，每本均以五折求售。世上，凡好事，均不久長，此亦一例。

這套書，本來定價就低，五折後更便宜，且輕便易攜，內容又包羅中西，頗多佳槧。尤其有趣的是內中頗有台灣一些書，如《高陽說詩》、臺靜農《龍坡論學集》、鄭騫《永嘉室雜文》，以及何凡尊翁夏蔚如的著作等。選目不俗，且有古調獨彈之慨，為今日出版界中難得者。中西古籍，也出得好。

今日買得一本葉恭綽《矩園餘墨》，是從前我未見過的筆記，大約為葉氏晚年留在大陸時作。翻讀之，第一頁就是〈跋文津閣四庫全書冊數頁數表〉。看得我大生感嘆。

該文是說一九一九年準備印四庫。當時在北京有三部四庫全書：文津、文淵、文溯。因文津閣本校對較完善，所以選以為底本，「其他各部難免草率，且有全冊空白未寫者」。但因那時「主管部門的職員們不知有何企圖，似不贊成，其態度極為奇怪」，所以連冊數頁數都不去清查。印書而不知冊數頁數，成本如何估算？於是葉恭綽、陳援庵等一般文人組織了六個人，冒暑去故宮點查，花了兩個月才點完畢，做了那張表。葉氏此文即介紹此表，並紀其事。

但《四庫》仍沒印成。據葉氏說第二三四次要印也還有不少笑話，商務印書館曾準備把那些故事編成一本書，可見其中頗有曲折，「然其阻力皆生於微末，可證黑暗時代，固無事不形其黑暗也」。

讀這段往事，為何會大生感慨呢？台灣當年印了文淵閣四庫，主事者仍是商務。但書旋售

罄，羅光總主教想要一部都沒有書了，託我問總經理張連生先生，張先生把他自己那一套讓了出來。後來大陸的印本，也是翻印商務的本子。待我主持佛光大學時，王雲五先生的藏書，好意托我代管，所以我也準備繼續商務的事業，刊印四庫。且佛光是新學校，若能再印四庫，則全世界所有文教機構及人士皆當知名，廣告效益就很可觀，更不用說市場上確實需求甚殷了。當時大家商量，準備去跟故宮談條件。但因我讀過文津閣本，知文津閣本頗與文淵閣本不同，縱不必如陳垣、葉恭綽說是最好，僅其不同，就很值得印出以供學界參考，故主張印文津閣本。

當時又在北京，與盧仁龍兄、北京圖書館、商務印書館商議合作。談妥了以後，返台募集資金，準備編印。因學校本身沒有這筆預算，可是此事確是為學校謀畫，故詢諸董事長星雲，擬向佛光山借支二千萬，印出後璧還，再贈若干套給佛光山。所有盈餘，均歸學校；倘或賠蝕，便由我負責歸還，還找了銀行作保。星雲同意了這個建議。不料開董事會時，他卻不出席，反而由依空、慧開等董事你一言我一語，譏訕並作，推翻了承諾，否決了這個事。弄得我跟北圖和北京商務的合作幾乎無法履行。好不容易，另行處理，才彌縫了這個問題。其間為何忽生如許變故，我亦如葉恭綽般，不知其故，只能感喟佛光福薄。

如今，在盧仁龍兄等努力之下，文津閣四庫終於印出。當年我準備配合四庫之出版而在校內推展四庫學，在國際漢學界起一領頭作用的相關計畫，則待後續再找機緣做了。

這些事，其實甚多。前在揚州，便與陳文和諸先生談及，應編一《四庫提要集校》，因為四庫提要早已單行刻板，學界使用也極頻繁，可是很少人知道印本《提要》與寫在《四庫全書》

每一本書上的提要甚多異同。每一部《四庫》又彼此不盡相同；四庫館臣如翁方綱等所作之提要稿，跟後來改定的提要更多差異，所以若能集編合校，對學界將大有裨益。然此事眾擎易舉，非我山林野老單槍匹馬所能爲也。

呀！偶讀短書，悵觸舊事，撫今追昔，乃有如斯感懷，真是糟糕！

兩岸交流

（2005.05.27）

去年底，大陸就開放了台灣登陸的水果至十二項，今年則江丙坤、連戰、宋楚瑜相繼訪問大陸後，更是擴大開放，且減免了關稅。但因大陸迄今不願與我政府接觸討論，只希望跟我農業界直接交流協商；而政府亦不願公權力無所施爲，也不希望這個優惠台灣農業的功勞歸了在野黨，因此，不僅毫無鼓勵農產品登陸之指示及配套措施，陳水扁總統甚至一度說出「大陸開放台灣農產品登陸是欲刨阿扁南部票倉的根」這類話。

同樣的情況，是開放大陸人士來台觀光。這與開放農產品登陸，一去一來，而皆同爲台灣社會所需，大陸看來也已做好了準備，十分積極。唯因大陸仍不願與官方接觸，只擬採今年春節包機模式，與民間協商，故亦卡在那兒，迄無進展，令台灣旅遊業者望穿秋水。

不過，觀察兩岸，不能只從政府行爲這一個層面看。由實質層面觀之：北京等地所辦台灣水果品嚐會，都非常熱絡，台灣農產品事實上已在大陸銷售甚多了。這就像台灣迄今其實法令根本沒開放民眾赴大陸觀光，但相信絕少人知道這件事，因爲至今台灣民眾去大陸已達三千三百餘萬人次，且正在以百分之十七的幅度增長中。

這種政策上尚未開放，可是實質面早已打成一片的景象，其實遍及經濟、社會、文化各領域；就連政治人物之交流互動，也早已超過一般人之想像。這種景觀，意味著什麼呢？

我們都知道：一個社會越成熟越進步，政府的職能就越縮小，政治學上把「大政府小社會」或「大社會小政府」做爲相對的指標，用以衡估一個社會的成熟度，就是這個道理。以台灣和大陸相比，大陸的政府管制力，顯然就大於台灣。台灣之生命力、競爭力本不在政府而在社會。政府財政又日益窘困，整個國家藏富於民。政府缺錢少權，其實本來就不能做什麼事。這時，政府之作爲，便不能再表現在主導、管制社會及人民上面，因爲實際上既主導不了也管不了。它應該做的，乃是「民之所欲，常在我心」，順著社會的動向、民眾的需求，利用手上的公權力，和殘存的政府威望，協調各方，以達成之。民眾基於對傳統性權威的畏服，一般總是期待政府在這些地方有所作爲的。若久候而無消息，反而一味擺官架子，限制東限制西，要人非來跟我談不可，老百姓自將望望然而去，利用民間豐沛的資源與管道、自己的方法，去達成他們想要達成的利益，把政府甩到一邊。主政者應該明白這個道理，不要仍不知今夕何夕！

今日中午計璧瑞邀去北大中文系聊天，同至者有黎湘萍、張重崗。湘萍現主持社科院文學所台灣文化研究室。是最早介紹我到大陸學界來的朋友，我亦甚喜其篤實。本來約了這學期同去廣西玩，因未能成行，所以先找個機會碰面，這要謝謝計璧端之安排。張重崗則正在做新儒家的文藝思想研究。大家胡聊了一通，甚快。其中我講了一個意思，歸來記在上頭。

四庫全書故事之二

（2005.05.28）

上回談到四庫全書的出版。說來有趣，最近天津舉辦全國書市，規模盛大，據云訂貨會的訂貨碼洋便超過十一億，即台幣四十多億，其中吉林出版集團的展位，弄了個排場：一位身著龍袍，端坐御座者，舉行新書發布會，「御售」《欽定四庫全書薈要》。旁邊嬪妃宮女環侍，不知情者還以為是在拍戲，卻原來是該集團發行部經理想出來的點子，他自己去扮皇帝過過癮。該書訂價九點八萬，凡五百冊。

另外，北京功德閣文化公司策劃，由福建廈門鷺江出版社做了一套線裝本四庫，全用手工宣紙印刷，手工裝幀。書是根據「原書影印」的，大八開，共一千一百八十四冊，分裝一百四十八函。據云限量發行三百套，其中一百套用來拍賣。許多參觀民眾跑去這套書前拍照留念。但此書之所謂原書影印，殆仍只是用台灣商務的印本來做的。因為文淵閣本在台灣，他們不可能借到。文溯閣本鎖在甘肅蘭州山坳裡，迄今亦未印。文瀾閣本在杭州，世人還不知其價值。文津閣本則現在才剛印出。故要翻印，只能利用台灣商務的本子。可是很多人並不曉得當時商務印《四庫》時是做了加工處理的，若據以翻印，不難勘出。

今日去北京商務所辦涵芬樓書店的講座演講。這是商務辦的一個大書店，有點誠品的風格，每週均辦講座，這次是《萬象》與他們合作辦的。王瑞智來找我去講「旅行中的文化觀察」。

講前，王瑞智來帶我去吃鼓樓魯菜。吃完出來到地安門去商改建街景的規劃，循胡同去找李蓮英的舊宅。找來找去，便問胡同裡聚坐聊天的人：「老大爺，這李蓮英故居在哪兒？」「吶，前面堆磚土的就是」，另一人說「不，不是這門，是那門」。我們道了謝，正要走，旁一人卻問：「那李蓮英，是幹啥的呀！」我們愣了一下，旋即哈哈大笑而去：問得好，問得妙！生此世，高談四庫，豈非詅癡？

朱麗葉故居

（2005．05．31）

日前在涵芬樓講旅行中之文化觀察，王瑞智聽了覺得與陳志華先生論西方旅行文化有相發之處，送了本他替陳先生編的《義大利古建築散記》給我。這兩天看了，很有收穫。陳先生論西洋建築及城市古建築保護，當行本色，無庸再敘；內中一些頗具散文趣味的紀錄亦甚有意思。如云維羅納（Verona）最重要的古蹟，是朱麗葉家及其香塚，遊客甚多。但朱麗葉與羅密歐的故事，本是虛構，由一五三一年維晉寨人達泡多寫了這個故事，在威尼斯出版。經莎士比亞戲劇之渲染，遂致家喻戶曉，好事者乃附會有這個「故居」。故居還有個陽台，以便羅密歐站在下邊向朱麗葉訴情衷。陳先生論古建築而附比及此，令人看得笑出聲來。

因前幾天才寫了一文給青年日報，談一些北京的名人故居。裡面談到香山的曹雪芹故居。天底下到底有沒有一個人叫做曹雪芹，如今尚待考證，怎麼就會有他的故居？這個故居，也跟朱麗葉故居一樣，是好事者附會杜撰的。旅遊事業越搞越旺，將來大概也就會有某處村莊，打出名號來，說我們這兒就是當年豬八戒招親時候的高老莊！

把小說中人物，坐實爲歷史真人，且爲之考籍里、覓故居，看來也不只是在旅遊界如此。我在網上看見一些學者在爭論崔鶯鶯到底是不是外國妓女，情況也相彷佛。

原來，元稹寫〈傳奇〉述張生與崔鶯鶯故事，此文一般稱爲〈鶯鶯傳〉或〈會真記〉。故事內容，大家都曉得。乃是張生路過蒲州普救寺，住在西廂，與崔小姐談戀愛偷情之事，後經王實甫這位類似莎士比亞的大戲劇家衍爲戲曲西廂記，而膾炙人口。崔小姐在文中，與張生係表親關係。

到宋代，蘇東坡就開始替小說人物找史實了，說張生乃元稹之好友張籍。王銍不同意，另作考證，認爲張生其實就是元稹本人，崔小姐即他表妹。因爲據他某位朋友說，曾見過一方元稹寫的姨母鄭氏墓誌，裡面說鄭氏喪夫遭亂，元稹保護其家備至，而崔鶯鶯的媽正好姓鄭。元稹又另有〈夢遊春〉等詩也提到了他早年有一段會真遇仙的經過，因此就「證明」了張生即元稹。

到民國，陳寅恪寫《元白詩箋證稿》才認爲小說不同於史實，不應該泥指。這個原則，再對不過了。但陳先生立刻就從這兒岔入歧途，說我們不應把「崔鶯鶯」這幾個字看死，如主角姓崔，乃唐人寫詩寫小說之慣例，猶如說「蕭娘」。崔是當時高門大姓，故假託以爲姓。鶯鶯兩字，也只是代表疊字。所以，他判斷崔鶯鶯非本名，乃假名，真人可能是另一位在元稹詩中提到的「曹九九」，有時又稱爲「雙文」。而會真云云，則與張文成遊仙窟一樣，是一段冶遊的故事。

近又有人推衍其說，謂曹九九住在蒲州，或爲當時入華之粟特族人，是酒家胡姬。有人贊成，有人反對，吵來吵去。

這不是幻中出幻嗎？從考證上說，崔鶯鶯若是世族高門女子，張生就沒必要拋棄她另娶高門韋氏女；若崔是妓女，唐人風俗跟妓女談戀愛而後來棄去，也根本不當一回事，張生不須造一番「忍情說」來自我辯護。因此，從考證上去證明崔小姐是高門女子或妓女，都是不通事理之談。

張生的部分。若只是遊仙會真，唐人本不以爲諱，元稹又何須假託，化名爲張生？若說是拋棄了表妹，同樣的，沒道理。因爲娶崔氏女不比娶韋氏女更差，而元稹與韋叢結婚，也在他跟「崔鶯鶯」之事結束了以後（假定元稹就是張生）。

這些道理，這麼簡單，爲什麼搞考證的人卻都不能瞭解，還在哪兒編年譜、作箋證、瞎忙和？

我看過周相彔的《元稹年譜新編》，在貞元十六年底下說：「在蒲救寺。春，與崔鶯鶯談戀愛」。這就是以小說爲實錄了。普救寺，不過是一處小說的場景罷了，真能說元稹就住在這兒嗎？元稹另一首〈夢遊春〉七十韻，是論證張生即元稹本人的最主要證據，此詩所遇之仙，即「會真」之意，會了女仙真。可是會真之地，就不在普救寺，而在桃源洞府：「昔歲夢遊春，夢遊何所遇？夢入深洞中，遂果平生趣」。故若元稹確有一戀愛事件，則普救寺與山洞云云，都是假託之地。編年譜的人，以賈語村言爲真贓實據，真以爲元稹就住在普救寺，豈非癡人面前說不得夢？相信故事發生在普救寺，而不信它發生在桃源洞府，又有何憑據？

我也看過楊軍的《元稹集編年箋注》，它是這樣繫年的：明代馬之調的萬曆刻本，因相信元稹就是張生，所以把〈鶯鶯傳〉裡的詩都收入了元稹集，當作「補遺」。然後楊軍就據這些「元稹作的詩」來編年，說貞元十六年元稹作了這些詩。因爲那一年張生正與崔小姐談戀愛。這不是循環論證，自說自話嗎？

凡此等等，辯不勝辯，許多學者都缺乏對文學的基本認識，以虛爲實、認假爲真，故往往如此。但非如此，不能刺激學術發展，論文出了一篇又一篇，專著一本又一本，考來考去。摶沙作飯，聚沙爲塔，當其假，不妨視之以爲真。因爲學界的熱鬧，就靠這個。猶如弄個朱麗葉、曹雪芹故居，足以促進旅遊那樣。

流浪教師上街頭

(2005.06.09)

台灣「搶救國教大聯盟」，將於十二日號召十二萬人上街頭。由於此次遊行抗爭中有一大部分人是流浪或超額教師，因此教育部緊急滅火，提出讓每班教師的編制由每班平均一點五人提高到一點六，可增加國小教師五千人，以紓緩流浪教師的壓力。但行政院院會已經駁回了這個方案。謝揆認爲：小班小校之教學效果未必好，如原住民學校學生的成績就不如城市；其次，班級增多了，國家負擔更重，故不如由各地政府寬籌經費，讓老師退休或淘汰不良教師；三則是培訓儲備教師，給予證書之制度，應予檢討，不是念師範或有資格者就非當教師不可。

謝揆及行政院的決定，勢必激化遊行者的反應，這是無庸再說的。就算不理會遊行者，恐也會認爲行政院的態度缺乏解決問題的誠意和方法。

小班小校，是昔年李遠哲推動教改時的主要理念。從教育實務上說，小班教學之效果基本上優於大班。可是現今教育部提出擴編教師的方案，卻並非基於教學功能，而是以擴編、增班來滅火。爲何要增編五千人，沒什麼道理。行政院反對，也不是因此案理性評估不足，而是反對小班小校這個原則。但反對的理由，並不依教育原理上的理據，反而扯上原住民學校水準低來搪塞。原住民學校教學水準不佳，另有原因，豈是小班小校所致？如此論政，是政府該有的態度嗎？

再說，要地方政府寬列經費讓老教師退休，或淘汰不良教師，是辦得成的事嗎？地方上若能寬列得到經費，若能得罪這些不良教師，會拖到現在？國中小學老師想退的退不成、想教的進不去，但長期以來，中央推給地方，地方推給中央，誰也不負責任。迄今釀成事端了，中央仍是這個老法子，教地方怎麼辦？

證書的問題也是如此，培訓教師領了證書，確如培訓駕駛，領了駕照的人不見得都買車來開。但有了教師證的人，卻不能像想駕車的人就可去買車去開，因爲「車數」是國家管制的。國家既要管制，又怎能不管儲備教師死活，聽任其自生自滅。何況，會開車的人很多，但只有生計困難、工作不好找時，會開車的人才會一窩蜂去開計程車卡車。若非現今經濟不佳，就業困難，又何至於有那麼多人巴望著教師這個職業？謝長廷內閣，組成亦有日矣，對此亦有紓困之法否？吾人願聞其詳。

評論完台灣的大事後，略說一下個人的小事：

昨爲在清華最後一次上課，課畢，學生送了我一些照片和禮物。我年輕時，不會教書，山谷詩云：家貧只以官爲業，我是改一字叫「家貧只以『教』爲業」而已。現在，漸漸會教點書，卻要退休了。人生總是如此的，原也不必感慨。在大陸各校遊旅教學，師生雖皆相得，但一時因緣，偶聚則散，將來或許也終生不再有重逢之機會，想起來才更令人生感觸呢！

巴渝雜事詩數首

（2005.06.18）

六月十二日赴重慶，十八日返，遊於巴渝之間，事繁不能殫記，作巴渝雜事詩數首，略述顛末。

一

張公祠聯掛鍾家，搜併叢殘古意加，
今日無磁磁器口，茶樓櫛比賣麻花。

【注】抵渝，晏紅來接。念及昔日同遊三峽情景，倍感親切，然訝其瘦也。曰：胰腺炎，方開刀。彼已由川大轉至四川外語大學，任圖書館長，蓋勞累所致。導余往遊磁器口。此地林森嘗題碑云：「小重慶」，今則併入市內，已無磁器行，唯以龍隱古鎮名義，號召觀光客耳。龍

隱者，謂昔建文遜國時，嘗隱於此，鎮有寶輪寺，即其隱居之地。此乃訛傳，不足信憑。寶輪寺大殿塑佛陀與阿難迦葉像，背則爲西方三聖。導遊不知，云爲觀世音。殿陛鐫龍紋，乃寺廟慣例，亦附會爲建文事。鎮中星卜命相者甚多，皆自稱諮詢顧問。餘則售土特產者，又皆自稱陳麻花，然僅一家生意興隆，餘多冷清。入一鍾家舊宅參觀，大廳立一鍾氏神主牌，兩旁懸木對聯一幅：「兩銘儆世垂前範，百忍傳家裕後昆」，竟是張家祠廟之物，不知由何處搜羅輯並於此，幸而遊客大抵亦無明白人，否則豈不笑煞？於偏堂一破篋中，撿得霉爛殘書數種，一爲某氏評注孟子，一爲大足縣志，一爲算術書。余正擬往大足開會，而得大足縣志，此兆甚吉。因詢闍者，付十元，挾而出，大樂。

二

霧都之霧汗騰蒸，六月山城欲臥冰，
幸來縉雲山上坐，蒼松碧竹偶逢僧。

【注】重慶師大邀下午演講，然又改爲夜間，因思日間無事，遂獨往北培，轉三花石，再坐摩托車上縉雲山。山多松竹，幽不減青城，而涼爽特甚。重慶，號稱霧都，濕氣蒸騰，而半爲人身所揮之汗。時才六月，而酷熱至此，南京武漢咸不及也。唯此山清涼獨絕，山下爲北溫泉，山上有縉雲寺，太虛之塔在焉。太虛於抗戰時，曾於此設漢藏教理學院，栽成人才甚多，印順、巴宙、趙樸初……等皆在此處，乃一大叢林。寺則爲劉宋以來之古刹，今茲殘敗矣。然

落葉蒼苔，彌滋古意，令人塵鄙都消。由寺下行至白雲竹海，坐竹海間，烹茶一甌而返。夜與重慶師大中文系學生談，竟至十時半。校工以時太晏，關燈而去，學生仍不退，紛紛開手機以爲照明。此與在揚州大學點蠟燭演講略似矣。

三

縱橫鐵騎大江山，魂斷嘉陵小江關，
到此豈當多論議，釣台高處可垂竿。

【注】重慶一帶，人文本盛，抗戰期間西南聯大等校及中央研究院等亦皆在該處，流風餘沫，似應沾溉弗窮。然近數十年來，風流漸歇，人文學科博士點甚少，今年有二三名額，四川外語大學欲爭取之，重慶師院則黯然退出競爭矣。然晏紅因負責準備川外之申報文件，今日遂不克陪我閒逛，僅由川外圖書館書記苟志光兄導余往遊釣魚城。金庸小說《神雕俠侶》云郭靖楊過等在襄陽抗元，擊斃蒙哥汗。其實抗元二三十年者，乃釣魚城，非襄陽。蒙哥汗死於釣魚城下，忽必烈等方在埃及，正擬揮兵進攻非洲。聞訊，自歐非大陸全面撤軍，返國爭位。故此役關係世界史甚大。城乃孤島，峙立江中，巨石嶙峋，古城儼然，山巔有釣台，云古仙人於此釣魚以活島民。今仙人與硝煙皆散盡，遊人往遊，刻石憑弔論議之而已。余與苟兄覓一「農家樂」，臨池坐飲，菡萏飄香，摘瓜蔬而食。池中有黃鱔，捕之，未獲，甚憾。

四

學人四海散其光，為奠揚公聚一鄉，
商兌文章徵古義，默期潛化好兒郎。

【注】赴大足中學，參加「楊明照學術思想及龍學國際研討會」。會乃四川大學召開，大足則爲楊先生故里，故來此開會。楊先生以校注《文心雕龍》成名，是以會議又集中於討論《文心雕龍》。上午開幕畢，校長李福超浼余爲題楊先生紀念館匾。此雖中學，然頗重視鄉邦文獻，爲楊先生塑像、成立紀念館、開研討會，命其學生群聚聽受，欲有以感化之。下午與會代表齊赴龍崗山，舉行楊先生骨灰安葬儀式，備極哀榮。此會係曹順慶主持，楊先生有此門人，令人欽羨。

五

神州刻石鼎而三，一足渝巴肆大觀，
指劃依稀儒釋道，憑茲認取舊衣冠。

【注】大足石刻，與雲崗、龍門合爲中國三大石刻群，而雲崗龍門皆在北朝，故多胡風；大足爲晚唐五代至宋時期所刻，風格迥異；且不只刻佛像，儒道人物及民間信仰亦甚多。惜發現甚晚，民國三十四年，楊家駱始率馬衡等人來此進行調查，迄今國際知名度及研究遂不如雲

崗龍門。余前此曾與郭冠廷林信華來遊，今茲重至，摩娑興感，仍如曩時，而時日酷熱，實不如昔之桂子飄香時也。夜往龍水湖沐浴溫泉，始盡滌汗膩。龍水以刀聞名，湖亦深美，未甚開發，尤好。

六

雨次穿林自在行，茶山竹海碧青青，
未逢蘇髯多遺憾，閒坐楸枰夜聽鶯。

【注】由大足返渝，順慶命其學生童小暢來照料。小暢母林霖與其三爺林宏華先生同來，除安頓起居外，為我聯絡永川政府，赴永川參訪。永川為職業教育城，又為茶文化節舉辦地，境內且有一大野生動物園，故頗有可觀之處。先逛野生動物園。中午王琛發來電，問：「在何處？」曰：「正在喫老虎肉」，相與大笑。下午參觀各職業學校，繼而赴茶山竹海。茶名永川秀芽，與台灣多所交流，茶藝山莊頗不俗。竹海則為張藝謀拍十面埋伏之處。小雨穿林，其旅遊局繆局長問：「要走走嗎？」答：「莫聽穿林打葉聲，何妨吟嘯且徐行」，於是與小暢同入竹海，浴一身青碧而出。茶藝山莊為圍棋集訓基地，每年棋手來此對奕、飲茶、看竹、聽松，甚不惡。余以為更適合辦一書院。夜，鄭市長來旅館拜訪時，即以此意詢之，彼亦以為然。林宏華先生則謂：在野生動物園畔，建一虎嘯書院亦甚佳。

中華文化的詮釋與發展

(2005.06.30)

自渝返北京，隨筆就寫得緩了。原因不是我怠工，而是古明芳這段時間太忙，根本不可能有空來打此閒稿，我不能不讓她喘口氣。

此次「中華文化的詮釋與發展」研討會，全靠明芳協調聯繫，幸而開得很成功，她的辛苦也有了收穫。會議內容，我請她掛上網去，有興趣者可以自己看，我不用贅述，聊說二三事：

一、會前，收到楊宗翰文，說昔年曾得一獎品，是我的《文學散步》一冊，當時實未在意，亦不知作者龔某某為何許人，不料爾後竟有師生緣分。此次會中，又有黎湘萍談及當年因讀我那本書，而推薦找姚一葦、王夢鷗及我來大陸開會。王姚二老不可能來，獨我來了，遂有了後來一連串兩岸交流之事。陳煒舜也說他讀小學時，姑姑送他一冊《文學散步》，似亦久肇因緣。一本小書，竟有如此多善因善緣，真令人高興。但昔年為了這本書，我也擔了不少罵名，老輩為之切齒者，非只一二人。人生在世，毀譽相兼，正如此書，可令人深長思也。同一本

書，對某些人來說，可成善因緣；對另一些人，卻可造惡因果。

二、這次會議，對某些人來說，或許並不樂見它辦得成。因此沒申請到經費，佛光來開會的人則開玩笑說：「可能回去後會被記過」。然而它終於辦成了。這要謝謝明芳的積極任事，謝謝遠道至北京的韓國、馬來西亞、新加坡、廈門、台灣各地朋友，也要謝謝北京各機構友人的協助，眾緣所成，殊非易事。

何以說不容易呢？現在辦會議的多了，但以我們台灣一小學校，能在大陸召開會議，並主辦，此例尚不曾有過。北大、清華，是大陸最好的學校；香港大學，是香港最好的大學，聯袂與我們合辦，也是前所未見。韓國翰林大學特來共襄盛舉，來了那麼多人，馬仲可先生且根本是兩周前才由北京回去韓國了的，這不難得嗎？其他藏學中心、白雲觀、北京語言大學、作家協會、儒學聯合會、藝術研究院、遊學中國之配合，大概也甚罕見。

三、在會上，不免有人對我有些揄揚，或形容我是天才。我不知怎麼，忽然想到超現實主義的怪傑達利。達利有次自言自語說：「我是個天才嗎？六歲時，我想當廚師；七歲時，我想當拿破崙。從此，我的雄心壯志日益滋長，就像我對各種偉大事物的狂熱迷戀一般」。他熱衷於做個大人物，因此不免索隱行怪。一九三六年，倫敦國際超現實主義展覽會上找他演講，他穿了一套深海潛水衣去講。但隔著玻璃頭罩，誰也聽不清楚他在說什麼。然後，他自己感到呼吸困難，屢次以手勢示意別人替他除去那以螺絲固定的頭罩。可是沒人知道該如何動手，最後發現情況不妙，只好用大錘子敲開頭罩，才救回他一條老命。達利曾經很自豪地說：「我跟瘋子最大的不同，就是我並沒有瘋」。可是看他此等行徑，距瘋子亦不甚遠矣。此蓋故欲示其才、欲求異於眾人，故鄰於險怪。我非天才，也不想做拿破崙，只想學孔子，故只不過老老實實「學而時習之」罷了。這次開會，我也沒有穿潛水衣去演講。

四、會議有不少北大清華的學生來參加，清華那場還有經濟系的教師、生物系的學生，令人印象深刻。剛好這兩天我在改考卷，才發現我那一班「現代思想與文學研究」課堂上的學生也約有四分之一以上不是文學本科，而是土木、結構、生化之類學科的學生。他們在我課堂上聽課專注，所以我根本就沒察覺。看他們的報告，論思想、談歷史、說文學，則亦頭頭是道，頗有領會，更是驚異。在台灣，就罕見此類現象。一般理工科學生，不太會主動去選讀文學與思想課程，也不太會主動去參加中國文化的研討會。而他們來上這樣的課，顯然也不是混營養學分。有位學土木結構的同學，在報告後面另附了一封信給我，很能代表他們這類學生的心情或學習態度，台灣的教育在這方面就仍需加強。

五、會後去拜訪白雲觀等處，大家對大陸政府介入文化學術工作，忽然大有好評。我則不以爲然，認爲是接待得太好所產生的錯覺，以及對大陸體制之底細仍不甚瞭解所致。在臨別晚上去馬連良故居吃狗肉時，向大家解釋了一遍，但不知大夥兒是信是疑。歸來，見徐晉如發來一信，乃是水龍吟一闕，詠胡溫新政，詞云：「東風吹轉芳菲，可堪不換人間世。蒼茫廣宇，一花世界，騷心難寄。風雨淒其，宿星沈晦，雞鳴都已。便逢人痛飲，蒲桃美酒，渾未辨，杯中味。　想挐云心事，到而今，二毛生矣。威禽遠弋，鴟梟高據，因循成例。越劍龍喑，秦簫羊啞，冷清清地。滿江湖只有，漁翁放棹，紉秋蘭佩」。詞有和者多家，均佳，而皆不免情哀調苦。此等詞，足答諸君之惑，不必我再來饒舌。

六、會議期間，獲許翼雲先生一信，錄後：

俠客贊（聽龔鵬程先生談俠客後記）

俠情：「儒非儒，俠非俠，三尺劍，半截襖。呼朋喚友酒和肉，雄心壯志肝膽照」。

俠心：「言必信，思必報，救貧弱，結英豪，剷平世間不平事，死生度外不矜驕」。

福州三日

（2005.07.26）

劉登翰先生來約，謂福州舉辦兩岸首屆中學生演講比賽，台北市有一女中、中山女高、成功中學、景美女中、復興高中等校參加，要我擔任評審。我現在台灣，八月初，就要去大陸，沒理由現在專程跑一趟，但想此舉頗具意義，只好勉爲其難。

但原訂二十日舉行，適逢颱風，遂延了幾天。我於廿五日抵榕城，稍休息，夜便與劉先生去福建畫院，參加《台港文學選刊》在那兒辦的「人、自然、文學詩文朗誦會」。大抵皆散文詩，強調生態、環保、自然觀念。除大陸與香港詩人外，有青年獲獎者不少，山東、湖南、貴州、上海皆有之，甚有趣。大陸之朗誦，多仍有六十年代誇張抑揚之態，青年則青澀只如唸文章，但清新可喜。

廿六日上午舉行比賽，每人講一題，均爲傳統德目，如忠孝、誠信、尊師、愛人之類。講畢各自表演技藝，或剪紙、或彈琴、或踢腿、或唱歌、或演劇、或舞蹈。演講較枯燥，蓋此等題

目，豈青年所能真知真解？勉強申言，只能講空道理、大帽子，立意陳腐空洞，無說理及說服功能，故僅能表現其技巧，以聲腔、姿態、手勢取勝，許多地方令人失笑或起雞皮疙瘩。但一表演起技藝，這些孩子就活起來了，機伶精怪，令人喜其才質之美。例如，初中生彈黃河、梁祝；泉州一女孩唱南音；台灣的小朋友耍寶，都是年輕人本色，而又顯其才，不似講忠孝論信義那股裝大人聲口。

下午專題演講，我略說了一下現代人必須瞭解傳統的原因。晚間學生們聯誼，玩得更瘋。兩岸雖睽隔，然青年間交流本無罣礙，一下就水乳交融起來。明後天他們還要去武夷山辦夏令營，想必會留下美好的回憶。

夜汪毅夫請客。與毅夫久不見，見面一算，竟已十餘年。那年我帶團去福州，與社科院合辦一會，夜聞鄧麗君逝。第二天大會開幕，本欲以此爲題申發感慨，又恐不莊重，那時大陸開會還經不起開此玩笑，遂作罷。因此記憶深刻。其後毅夫去做了副省長，便難得見著了。二〇〇一年毛漢光先生在建陽結婚，我們去賀。由建陽經武夷山、福州而往廈門。毅夫方出差，聞我至泉州，專程來找。惜我在旅館未登記，害他白跑了一趟。如今相見，自然喜悅，他雖做官，不廢治學，每年仍可有一本著作面世，精進不減當年。

在福州，得相見者，除社科院諸故人外，最特殊的，其實不是別人，而是卓克華。

克華在我仍在北京時，忽一日來電，謂清夜無俚，把我《四十自述》又看了一遍，心中澎湃，遠憶行人，所以特掛了電話來聊了一通。我返台後，他本想邀聚，憐我回來後東搊西扯，雜事與飯局不斷，所以只通了電話，爲我節勞。但彼此均遺憾未能聚首。不料我方抵福州，便聞他在此省親，世上竟有此巧事，乃約了見面。夜中摒擋人眾之後，跑去大排檔吃夜宵。克華中風後，不能飲酒，但他鄉遇著故友，卻也把臉喝紅了回去。

克華係福州人。福州近年市容大異，原有的小吃攤均已不見，文化事業亦未見得繁榮多少，只是吃喝嫖賭業興盛不減廈門，相與言之，慨歎不已。

兩岸文化交流在這兒仍是熱的。以農業來說，台灣目前熱門的話題是水果銷售到大陸。前此上海舉辦台灣水果展銷會，台灣媒體也大肆報導，但主要是報導說台灣水果如何搶手、如何貴、如何頃刻銷畢，都忽略了那個會上最重要的事，是宣佈海峽兩岸農業合作實驗區，要由福州漳州擴及福建全省。也就是說，閩台之間，早已不是賣水果的問題了，台灣的農業已大舉移至福建，形成合作區域經濟規模。此種型態，本在福州漳州試驗，目前要擴及全境。而台灣各界，對此則甚矇然，媒體尤其只看見街上大家搶購水果這樣的表像風光而已，未能注意這種結構問題。

我昔年曾推動海南島台灣島雙島計畫，未成。推動金門廈門共同開發區計畫，亦未成。推動大閩江三角洲計畫，也未成。如今看閩台間自然形成共同經濟體，心中自然頗多感慨，不過整體心情畢竟仍多欣慰。此次旅行，太過倉促，昨日來，明日返，下次應找時間下鄉去再考察一番，或可有更多認識。

我們錯了嗎？

（2005．08．01）

爲探索出版社作《我們錯了：教育孩子的方式》一書序曰：

古語云：人之患，在好爲人師。好爲人師之所以會成爲「人之患」，原因甚多，其中之一，是喜歡爲人師的人通常沒注意到教育的困難。所以儘管教的人滿足了指導別人的欲望，也表達了願將知識及技藝與人分享的良善用心，被教的人卻痛苦萬狀，完全不能體會孔子所說：「學而時習之，不亦樂乎」的滋味究竟爲何。

正因如此，好老師才讓人懷念。孔子卒，弟子爲之廬墓三年。現在我們的學生，畢業後大抵就也將老師的尊姓大名一併奉還了，從此不必再想起。或者乾脆在畢業證書拿到手後，便夥同人眾，把老師用麻袋套了，痛毆一頓以洩憤。

爲什麼差別會那麼大呢？孔子自己讀書讀得快樂，樂以忘憂，不知老之將至。其弟子們在孔門，春風舞雩、鼓瑟言志，一樣也是快樂的。所以即使壞人包圍著恐嚇要殺他們，或絕了糧、餓得半死，也都不願離老師而去。如今，教師多半是笞鞭訓斥，如驅牛羊，學生則成天誦記演練，以應科考，焉能不以上課爲畏途，以教師爲寇讎？

從前，程明道兄弟去周濂溪處學習，回來後旁人問：周先生都教了些什麼？答曰：沒什麼，只覺在春風中坐了一個月。這「春風化雨」的境界，如今久矣不復見於新時代之師生關係中，只有在一些牌匾上還能見著，但誰都曉得那已如祝壽時頌禱別人「壽比南山」一般，僅具有儀式功能而無實質意義了。師生相苦，才是現在教育界真實的形容詞。

台灣的教育改革，風起雲湧，由李遠哲領軍，民間教改團體助陣，行政院教改諮議委員會推動，教育部執行，於今幾廿載。希望的，就是能讓小孩子恢復學習的興趣，可以快樂學習。因此提出了多元入學方案，小班小校、廣設高中大學、不背書包返家、九年一貫課程綱要等方法，想由改革體制來達成快樂學習之目標。但如今哀鴻遍野，徹底失敗。不唯學生書包越來越重，心情越來越鬱卒，連老師、家長，甚或推動教改的人，也全部都不快樂，而且正越來越不快樂中。

失敗的原因之一，是只從體制上著眼，而未反省改革教育的實質內容。例如我們也學歐美讓學生做遊戲，在玩中學，講究趣味教學，強調教師要親近學生，不要權威灌輸等等，但學的內容仍是智性知識。學習的評量標準，依舊不是誰最會玩、最合群、EQ最好、最有道德感或審美能力，而仍是智性測驗與知識考評。結果學生不但要玩，還要考試，原先那些考試既要考，玩的內容與形式也予以知識化，然後加入考試中去。此所以揚湯以止沸、添薪而救火，學生遂只好深陷於水深火熱中了。

回顧來躅，感慨自多。卿光亞、羊慧明兩先生這本書，乃就大陸之教育環境立論，所指未必適符於台灣，但基本教育病癥是一致的。對現代教育也有整體改革反省的態度，因此，它直言我們都錯了，應該重新來過，重新讓學生體驗學習的樂趣。這樣的反省，比較切合實際，因爲教育的體制問題，隨時變遷，但假若教的人心態不變、教法不改，什麼體制都沒有用。我樂見有這樣一本切實自我反省的書，故敬爲之薦。

夢說台灣？

（2005．08．03）

馬莎颱風由東海上來，今日要發海上警報。我則乘風勢西行，先飛香港，再轉北京。但飛抵香港就遲滯了，北京來的班機延誤，所以只能在赤鱲角機場發呆。

香港繁榮如昔。昔年東亞四小龍，如今三條仍然矯健，韓國尤好，唯台灣現在越來越差。昨晚特意晚睡，看東森S台、龍祥電影台等二十一個有線電視台吹「熄燈號」，心中感慨萬端。今天凌晨起這些頻道就都被禁了。黨禁報禁開放以來，這真是個新時代的標幟。媒體，在政府如此照顧之下，被迫關了門；今天在飛機上，又看見《大地》雜誌，也在本月停刊了，市場又讓這樣的媒體熄燈打烊。政治力與商業力雙重壓力下，媒體的生存，日益困蹙，不也就象徵了台灣整體的人文處境嗎？

對於政府假借整頓媒體亂象之名義整肅媒體，前幾天我在隨筆中即曾談過，也在報上用社論名義呼籲政府勒馬懸崖，但狗吠火車，照例無效。如今看此情勢之發展，當然大有感慨。

我治學從來就與一般學者不同，非在書齋裡構理論、弄資料以博聲名而已，期能經世致用、化民成俗。因此除古代經史子集之外，我在國際關係、戰略研究、兩岸關係、規劃活動及建制學科等具體事務工作；表達見解之文字，則多爲替各報所寫之時論社評，這些工作，耗我精力甚多，社論亦然。二十年來，時論社評，不下百萬言。剖析時事，籲世勵俗，自謂不違良知；灼見時弊，且多能掌握趨勢，非同遊談。若將之整理起來，配合時事看，自能看出它不凡的意義。

但是，這類文章，十分分散，分別刊登在各個媒體上，根本無法總集起來。刊出時又多半未署名，只代表公眾意見或媒體立場，且針對時事發言，事過境遷，價值僅如說昨夜之夢，夢境既杳，說夢之言何足存乎？即使有人再看那些文章，因缺乏整體語境之瞭解，大抵也無從瞭解其意義之所在。因此，總體來說，竟是生命可悲的浪費。

更浪費的，是投擲如斯氣力，台灣社會不僅毫無改變，居然越來越糟。彷彿一人，得了狂疾，吾人爲之診脈，爲彼開藥，苦口婆心，欲爲療之。結果此公狂譫愈甚，且以吾等之不狂爲狂，以爲害己，非吊銷吾等之行醫執照不可，非逼我跟他一般發瘋踉跳不可。天下滑稽之哀，有甚於此者乎？

日本·靖國神社·新國家

（2005.08.04）

昨日北京大雷雨，故飛機遲遲不能抵香港，以致到北京已十時許，耗了一整天，均在機場，想來甚覺可笑。入住達園賓館，花木扶疏，猶存王家園林舊貌，然衙門氣更勝往昔。

在機上閱報，知日本眾議院於二日下午通過表決，決議什麼呢？「時值聯合國成立，我國終戰，遭原子彈轟炸六十周年」，故有一決議文表態，而絕口不談侵略、殖民統治，比十年前的決議文，態度更惡劣。

無獨有偶，一日，日本讀賣新聞、產經新聞亦刊登廣告，呼籲全民到靖國神社參拜，有三百五十五位參議員聯名，希望能號召到二十萬人，且批評中國、韓國干涉日本內政，要小泉純一郎遵守諾言，勿懼外國干預，八月十五日仍能去參拜。

此事其實不用評論，中國人大體均會大搖其頭，但我相信大家對靖國神社到底是什麼物事，一定不甚了了，對日本人爲啥非要在這方面鬥牛勁，也不會懂。除了少數媚日皇民化的台灣人

以外，大概誰也沒去過靖國神社。可是，恰好我是進去考察過的。

日本的神道信仰，本來就是一八五〇年以後努力建立的國家宗教，政教合一，中央是伊勢神宮，地方則建大神宮，凝聚日本人之國族意識，推動統一崇拜伊勢神。其次，就是竭力提升戰歿者和著名忠臣的祭典，鼓勵大家爲國獻身。此類神社，中央爲靖國神社，地方則有各種招魂神社，名護國神社，此外還有各式小型陣亡將士紀念碑，稱爲忠魂碑等。

目前日本有二十七座靖國神社式的忠誠奉侍天皇，爲國獻身者紀念神社。靖國爲其首，奉祀所有明治維新以後捐軀者。在全國所有神社中，地位及受尊敬度，僅次於拜天照大神的伊勢神宮，天皇向例親祭。故供奉於該神社之「忠魂」就神化爲國家的神祇，不再屬於家族，而屬於國家。天皇，在日本被視爲神。神從不向人行禮，只有祭靖國神社時例外。

因此靖國神社越來越成爲標榜戰爭和戰死是無上光榮之事的地方，在靖國神社舉行大儀式時，駐東京全體軍隊、每軍事單位都會派代表參加；天皇在此宣佈對外開戰，也在此舉行勝利紀念慶典。明治天皇任內去該神社拜了七次、大正天皇二次，昭和天皇更多達二十次，而且每次都以戎裝、以最高統帥身分出席。

甲午戰後，日本軍國主義思潮日盛，靖國神社乃不僅與軍人有關，更與每個人都有關，因爲人人皆兵，人人都應爲國犧牲。所以學童間甚至有一種遊戲，類似我們玩「大富翁」或升官圖，大家擲骰子，擲出幾點就跳幾格，進到某位位階。但若擲到「死」，便可直接跳入靖國神社而獲勝，以此鼓勵小孩子去死。其效果，就是二次大戰時大家都見識過的神風特攻隊式愚忠行爲。

二次戰後，日本努力要從屈辱中重新站起來，重建國家認同。重建的核心，便是恢復靖國神社之象徵地位與作用，於是一方面企圖重新讓靖國神社成爲國家機構，鼓勵自衛隊、首相、天皇去參拜，重新建立以靖國神社爲中心之政教合一國家。

自民黨於一九六九年就提了「靖國神社法案」，日本一些右翼，如神道神社協會、吳靈尊榮會、靈友會、生長之家、遺族會也非常支持，雖然這個法案五度提案都沒通過，但他們的努力不容小覷。一九八三年中曾根康弘即已開始參拜了，一九八五年還帶了全體閣員去，一個「新國家主義」正悄然在日本形成。

靖國神社固然拜的是戰死者之「英靈」，但死者只是工具，它的目的根本不是要尊重那些人。怎麼說？例如一人，若爲基督徒，基督徒只相信有一位神，即天主，入祀靖國神社，把他自己神化爲神祇，乃是違背其教義與信仰的。但他也不能反對，遺族也不能要求在祀神名單中刪除他的名字。同理，台灣許多人被驅役至南洋作戰，卒後，家屬覺得把他們的親人祀在靖國神社，不但令他不能魂歸故土，更提醒了他的後人：台灣曾是殖民地的屈辱，所以也希望能刪掉他的名字，把他迎回台灣來（**上次高金素梅等人去日本訴求的就是這件事**），靖國神社和日本政府一樣不同意。

一九三一年，一位日本軍人久賀登因戰死在大陸，入祀了靖國神社。但後來發現他不是戰死，而是被俘。他逃回日本軍隊時，就被迫自殺，以符合靖國神社對他的祀祭，這些現象，豈不都表示這個以祭祀戰死英靈爲名的機構，其實根本不尊重哪位戰死者，其目的只是藉他們來鼓吹國家主義罷了。

我摸進靖國神社去看過，才深切瞭解到這一層。靖國神社極大、設施極堂皇，每日均有各式講座或紀念活動，不斷鼓吹著軍國主義的號角與鑼鼓。神社內各類出版品，亦皆張揚皇軍之威、東亞共榮之利，甚且還有一些皇民化台灣人寫的書，大聲哀嘆日本為什麼要把台灣歸還中國，害我做不成日本人呀！我們台灣人生生世世都願做日本人呀！台灣該重回日本懷抱呀……等等。我於一九九六年買了幾本回來做資料，有次拿給戴國煇看，老戴大吃一驚。他是著名的日本專家，住在日本幾十年，他也沒見過那些東西，看了直搖頭，說：「無恥、無恥！」一臉難過。他那表情，我一直深印腦海，而他，亦過世了。

中午，去北大社會與科學研究中心找任定成，因達園賓館即在他們旁邊。定成說我介紹來的兩位佛光未來所學生陳威豪及楊雅惠，初亦以為平平，現在才發現真不錯，今年本來兩位都可得到最優等，但北大有限制，不能兩人都給最優，所以一人委曲了，但大家仍都認為是好的。聽人贊美自己學校學生，我也很高興。未來所這些學生真不錯，周春堤先生過世時，兩位聞訊，哀痛逾恆，北大的先生們說他們哭了好一陣，且專程返台去送周先生一程，未來所畢業的同學，據知也全部返校。這真不容易！某日我回佛光，有同事告訴我：畢業典禮那天，他在樓梯間，看見有同學畢業以後，穿著袍服，與父母一同上樓，在周公研究室門口，恭恭敬敬鞠了個躬，才與父母一同下去。周公早已火化，研究室也清乾淨了，但學生仍來此深深一鞠躬，正可見師生之誼。他說他看了非常感動，我聽了也很感動。

大風初過

（2005.08.09）

達園賓館會議期間，去中苑賓館參加了一次《儒藏》的發布會。目前《儒藏》有三家在搶著編，北大、人大、川大，北大這套是教育部支持；人大這套，準備做海外儒藏，初步好像是先編越南部分；川大古籍所這套則是孔子基金會及國際儒聯支持的，起步較快，這次已發表了史部五十冊，煌煌巨獻，頗爲可觀。會中得見曾棗莊、舒大剛諸先生，蜀中英彥，精敏固可羨也。

中苑賓館同時也在辦一儒學的研討會。暑假期間各處都在開這樣那樣的會，所以幾乎去每個旅館總會碰上一兩個。這個會則是談中和。近年大陸自謂「崛起」矣，但有怕我崛起後，別人感到不是滋味，出現「中國威脅論」，因此強調是「和平崛起」。又面對文明衝突論，所以刻意主張中國不會對別人造成威脅，不會形成文明衝突，因爲中國思想最強調最重視「和」，和平、和諧、中和，大家要和和氣氣。儒家之「和」的思想，乃因此而對世界甚有貢獻云云。

自江澤民起，就講這一套，「鼓勵」學界也來一齊講，如今已洋洋乎盈耳矣！例如今年貴州要辦陽明學研討會，主題也是：「良知與和諧社會」。這樣的搭截題，可須要制義高手才做得來，我是不寫這類文章的。

由達園賓館搬出來到北師大。因北師大宿舍尚未整理妥當，暑間辦公人員難找，故由王寧先生把她辦公室讓我暫用了。坐在那兒，寫完〈陽明詩學發微〉，便乘夜車去南京。

赴南京，本是去年在南京師大任講座教授時還有些薪資未結，故來辦手續。不料也因假期人手不齊，財務集體出遊，事無法辦，遂空跑了一回。南京八日才遭颱風。我剛到時，給朋友發一短信，說：「大風初過，物象蕭疏」，是南京暑間難得的清朗時光，風颯颯然。第二天就回熱了，我溜去甘家大院玩，才一會兒就大汗淋漓，所以下午乾脆去電影院避暑，看了徐克的「七劍」。劇情空洞，武術平平，情感戲亦粗糙，唯視覺效果不壞，坐在大戲院裡，空空洞洞，觀眾僅三五人，冷氣又足，更覺得好。

甘家大院號稱「九十九間半」，江南院落，我所見，自以此為最大，但尚未完全整理出。此大院，久歷滄桑，舊有藏書閣：津逮樓，仿寧波天一閣而建者，已不存。我舊時讀《津逮秘書》，遙想舊藏，於今皆不可見。大院中已無甘氏子孫，闢為民俗展廳而已。

在南京，事沒辦成，友朋敘舊倒成了本業。社科聯諸友人協助照料我，江蘇教育出版社徐宗文先生則邀了莫礪鋒、鍾振振諸先生來聚。莫先生已辭南大中文系主任職，未來人事又不知如何？

攜手申遺

（2005．08．11）

昨返北京，本擬搬家，亦不果。今去參加了周桂鈿先生主持的研討會。漳州市邀請澎湖縣縣長賴峰偉往訪，希望協商兩岸共同向聯合國教科文組織申請成立世界地質公園，並申報自然世界遺產。因漳州的濱海火山地質公園，早經大陸國務院評爲第一批十一個地質公園之一，然其地形，實與澎湖相連接。整個漳州濱海火山地質公園占地一百平方公里，海域占了六九點三公里，這海域部分，就是與澎湖連通的，澎湖的玄武岩柱狀結構，與漳州同是喜馬拉雅山新生代運動所造成的，故福建漳州提議兩岸聯手申遺，並邀賴縣長去考察，共同磋商。

據知賴縣長頗爲猶豫，已報陸委會核議，陸委會則表示國號問題宜再研究云云。

大陸是世上最熱衷「申遺」的國家，近年成果也最豐碩。台灣則因非聯合國會員國，因此我們雖也渴望能有文化類或自然類珍貴資源可以列名世界遺產，但迄未如願。文建會前年所規劃

十一項有資格申報世界遺產的自然資源，就包括卑南史前遺產、阿里山小火車、棲蘭紅檜及澎湖的玄武岩等。這些我們引以爲傲且極願推薦給世人共用的景觀，老實說，不憑藉著類似漳州這樣的提議，採兩岸共同申遺的方式去做，僅憑我們自己的力量，能辦得到嗎？而我們如果拒絕此議，對大陸又有什麼損失呢？大陸目前申遺成功者三十處，不都是自己辦成的嗎？以漳州的條件，獨自申遺，料亦能成，拉我們合夥，乃是利益分潤之舉。我們不應再像擔心大陸開放台灣水果零關稅進口是「天上掉下來的禮物」「統戰」那樣，再度把對台灣有利的事往外推。

而且，所謂世界自然遺產的概念，原本就是要提醒世人：這些遺產乃是世界性的、屬於人類共同的資源，所以應由全球人類共同來保護。在這超越國界、種族、政治思想的框架底下，我們還糾執於國號問題等政治符碼，不是顯得太小格局了嗎？兩岸的政治對抗，若能從文化資源共同保護入手，難道意義會低於辜汪會談以來兩岸聯手的「共同打擊犯罪活動」嗎？再說，印尼、孟加拉、尼泊爾、馬來西亞、菲律賓、越南、泰國的自然文化遺產，都因申遺，而獲得全世界資金、資源之協助，保護工作日益完善，我們也希望我們的自然資源可以被世界共同珍惜。期待陸委會這次頭腦能清醒些，勿再令關心文化資源者扼腕！

傳統與現代化

（2005.08.15）

在北師大參加「東亞價值觀」研討會，周桂鈿先生主持，會議主題是傳統價值觀如何現代化。我則說自清末民初以來，此議已滄桑數變。早期是一種韋伯式的講法，認爲東亞傳統之價值，因與現代社會格格不入，故若不清除這些障礙，中國乃至東亞皆無法現代化。日本的明治維新，所走即此一路。中國五四運動，想走的也是這條路，胡適之「充分現代化」說、陳序經之「全盤西化」說，可爲代表。這也是東亞國家政經社會發展的主流。在此強大洪流之下，傳統價值觀若想存活，便只能依附現代性，設法尋找它符合現代性之處，以求得存在的正當性，說某某價值亦具有現代性。不然，則想辦法看如何能使傳統轉化爲現代。

五六十年代，港台新儒家主要貢獻，就在於突破上述論式，強調傳統本身是有價值的。其價值，一在可補現代之缺，如徐復觀云現代人有「失性」危機，儒家心性之學恰可提供「復性」之道；二在可補強西方，如牟宗三去補充康德，講「智的直覺」，認爲只有儒道釋才能達致真正的

「圓教」；三則是說傳統也可以開展出現代，如牟宗三的「良知自我坎陷以開出民主科學說」。

新儒家這些講法，當然是希望能保住傳統價值。但八十年代以後，時移世異，傳統與現代之關係丕變，原因是西方現代社會之弊端已十分明顯，在西方已出現大量批評反省之文獻，甚且學派蔚起，其中就不乏回頭去探尋其傳統文化資源或取徑東方智慧，以謀改善者。在東亞，則日本及東亞四小龍之經濟又發展得很好，這種好，又被解釋爲是結合了傳統文化價值的效果，以致原先被視爲絆腳石的傳統價值，忽然鹹魚翻身，成了好東西，學界大談《論語》應如何與算盤結合著去賺錢。

韋伯式的論述，乃亦有了新篇。它本是說儒道佛都不像基督新教那般，具有「入世苦行」之倫理，故無法發展出資本主義；可是九十年代以後，就有余英時《近世宗教倫理與商人精神》那類的著作，推究禪宗、全真教、宋代新儒家均具入世苦行之精神，且謂明清商人倫理深受儒家之影響。

由這些言論看，傳統價值觀之地位，實已大爲提高。但若比較東西方，我們仍會發現情況頗異。在東方，大抵仍是以現代化爲基調的，肯定社會應該現代化，傳統價值若無礙於現代化，甚且能有助於現代化，皆所歡迎。在西方，現代就常是貶義的，要批判、要糾正、要超越之。一部分後現代思潮即起於此。東方的傳統價值，亦在此一思維脈絡中被引入。

我從前介紹過蘇馬赫（E.F.Schumacher）《美麗小世界》（Small is beautiful:economics as if people mattered）的「佛教經濟學」，見我〈佛教意理與企業管理〉一文，收入《人文與管理》一書。今當再介紹潘尼卡（Raimon Panikkar, 1918-）之說。此君乃西班牙天主教神父，但精研印度教佛教，後在美國講學，有著作五十餘種，在他《看不見的和諧》（Invisible harmony）一書中，他首先就從「對現代性的挑戰」來討論「默觀」。默觀、冥想、祈禱這類人內在的自由自主和諧和平狀態，就是他所說的看不見的和諧。他認爲：默觀可以在以下幾方面「對現代人的基本假設提出挑戰，並對它們造成威脅」：一是向傳統的宗教性挑戰，從前的宗教都常把真正的生活價值放到另一個世界（彼岸或天堂）。二是向現代世俗主義挑戰，他們不信彼岸或天堂，但把最美好的生活期待於未來，所以擁有進步主義的歷史觀：明天會更好。三是要推動現代泛經濟社會的主要支柱價值，認爲現實主義者從事的勞動沒什麼意義。四是反對現代技術對世界的干預，以及它表現的征服態度。五是質疑現代人的成功欲望，謂此類觀念使得「人的實現」與戰勝他人合而爲一，受害者，是一個人有成就感的必要條件。

默觀，與現代文明的基本傾向，完全背道而馳。可是，潘尼卡正是看重了它的背道而馳，因此持之以質疑顛覆現代。舉此例，或亦可供吾國論現代化者參考。

晚上會議結束，周桂鈿先生安排我與日本幾位朋友一道去朝陽劇場看京戲。到了才知這個劇場以演雜技爲主，只一小廳表演魔術或京戲，觀眾都是旅遊團安排的觀光客，因此戲也就不必問了。今日所排，乃三叉口、天女散花、十八羅漢鬥悟空，皆一句唱腔也無。前一齣尚見武打身手，後一齣直是雜耍。北京京戲文化之不自珍惜也，竟至於斯！

今晚尤其可笑，三叉口，武生太胖、腿太短，打來不見精采，也就罷了。羅漢們鬥悟空，悟空耍棍耍圈甩刀，老是丟，滿場找棍子找圈兒。羅漢則亂翻跟斗。結果一人翻起來，褲子卻掉了下去，露出個胖大屁股，原來只穿了件小內褲，惹得眾老外掩口而笑，羅漢提起褲頭，狼狽

遁去，戲遂不了了之。

出來時，雷雨方歇，街上積水盈尺。北京雲遮霧翳，壓了好幾天，雨才下來，因此勢頭甚猛。據聞台北亦正風雨中，甚念。

南北遊方

（2005．08．19）

十七日搬家。多日悶熱，亦於搬家後得大雷雨一洗之，令人舒爽暢快。由清華搬至北師大，多虧生安鋒幫忙。搬畢，略收拾，檢點什物之際，同時亦檢點了平生，忽有寫一對聯之衝動。聯曰：

自是博士、經生、官僚、教授，人天師範；
無非酒徒、劍客、才子、仙家，南北遊方。

看來這就是我啦！或許還要加上浪子、畸人、狂生、居士、羅漢、行者……等等，不過，反正「遊方」是不錯的，既遊於方之內，也遊於方之外。

十八日就南遊了。夜搭火車往上海。車上接到黃維樑電話，云已抵北京。他要來北京，我

十六日晚就知道了（楊宗翰十六日來電，說已來北京，準備訪一狗肉店，邀我去喫。我說不用找地方了，我帶你去吧。遂約了去馬連良故居吃花江狗肉。夜雨微涼，清話伴肉，甚快。彼時他已向我預告了），但我無法等他，得先他一步到上海。十八日早上顏崑陽、呂正惠率毛文芳、曾守正、胡衍南……等人去首都師大開會，我也只去聽了崑陽的演講便匆匆走了，未能盡「暫時地主」之誼，頗爲慚愧，幸而見得朋友們都無恙，仍足歡喜。崑陽的論文，久未讀了，今見之，依然暢旺，不愧「顏大刀」之稱。

到上海，是應許明之邀，來參加第四屆「亞洲研究學者大會」，此會一九九八年在荷蘭萊頓大學開，二〇〇一年在柏林，二〇〇三年在新加坡，今年在上海，有一千兩百位參加，分三百場，全世界主要的亞洲研究專家大概都會來，維樑兄也要來的。

如此規模之大會，如今台北是見不著了。就會議說，像去年的北京論壇、今年這樣的會，其實都是大拜拜，學術意義有限。但城市推動此類會議，等於向全世界傑出學人介紹它自己，功能是別有所在的。千餘人之機旅食宿，所費不貲，亦足徵今日大陸在城市行銷上的大手筆。

十九日夜裡賀聖遂兄邀飯。上周我在北京，夜間忽接蔡浪涯電話，原來他們一干人等飲酒，席間談起我，便打了電話來。酒言酒語，不必細表。倒是賀兄提及八八年我來上海送了一瓶洋酒給章培恆先生的糗事，遂令他笑話了。賀乃章先生弟子，現主持復旦大學出版社，電話中竟然談起我〈論熊十力論張江陵〉一文，謂乃當世論熊十力及論張居正最好的文章。我夙來自以爲是如此的，但被人說破，仍不免小有虛榮。今相見，遂亦醉。醉中睡不著，起來看電視，竟見一劇，大府第門口，掛一大匾，曰，「洪天齊福」，嗚呼！

會議役人

（2005.09.06）

自上海到吉隆坡開會後，廿七日返北京，便再轉瀋陽，去鞍山，與謝正一、林信華、翁玲玲、林榮禎、劉恩廷等會合，開兩岸幼教研討會。

二日繼之在北京，與中科院研究生院環境與資源學院合開「地球資源開發」之研討會。因係正一弟正觀所操辦，故又與北京台灣系統，如台灣同胞聯誼會、台盟等頗有交流。三日則回北師大，參加王寧先生所辦「紀念陸宗達先生一百週年誕辰」研討會。陸先生乃黃侃門人，在北師大之情況，略似林尹先生在台師大，皆弘揚師說，蔚爲宗派者也。會中有黃先生公子黃念寧參加，云正整理全集。陸先生門人則力陳發揚學派之重要性。

四日再飛濟南，參加「哲學與社會科學之互動」研討會。佛光哲學系與山東大學合辦，戚國雄、沈享民、史偉民、賴淑娟、羅中峰、姚玉霜等皆至，又見著了洪漢鼎、龐樸。

這一路開會下來，飽飫勝論之餘，當然狗肉、松鼠、飛鼠、水魚、石虎……等等也沒少吃。

友朋歡聚，尤爲暢慰，因此對現代學術工業體系底下這種研討會型態，也有了更多體會。

在台灣，提倡開會、建立開會制度（例如嚴格控制時間、不准漫無邊際地問答、報告人與評論人之合理對應關係）、乃至會場秩序、會議倫理……等，大概都有我不可磨滅的勞績。到今天，我的敵人之所以那麼多，之所以那麼恨我，昔年推動學術客觀化，在會議上太凶，便是其中原因之一。

但始作俑者本意也許甚佳，孰知久而久之土俑木偶居然自起作祟了。現在各式會議之多，已遠非昔年所能想像。會議也漸成一模套，實質學術意義有限，可卻又不能不去開，這就是人造物而物反過來役人的例子，起祟魘人的木俑泥偶，正厲害著哪！

今返北京，首都師大左東嶺、王光明諸君邀飯，命我擔任該校「國學入門」講座教授。因該校今年辦一非師範的實驗班，旨在培養國學人才，故要我去。我對此班極好奇，自然樂意應命。但左東嶺說他自己的女兒就在這個班上，以家長身分託付我，卻令我倍感壓力。且不管，先喝趟酒再說罷！

北師大風華

（2005.09.09）

宿舍裡的電話電腦寬頻終於裝好了，來大陸個把月，均不能上網，如今才裝妥，效率可知矣。非親身體會，不能瞭解現今距資訊社會還有多遠。

但住在北師大卻是安逸的。房子不小，有廚浴、客廳及三個房間，比北大清華都寬敞許多，且樓宇高曠，都無遮蔽，舉目即見這個城市與天與雲接壤之處的風景，頗適合我這目無餘子的人的脾性。

北師大前身即輔仁大學，但輔大建於民國十八年，四九年後被併入北師大。老北師大歷史較久，因此目前北師大都喜歡用老北師大的始建年來紀年，說自己是百年老店。可是許多知名教授其實是由輔大來，學風也有承自老輔仁之處。

這當然是我的偏見。形成這樣的偏見，是因我與輔仁師友較有淵源，未必符合理性的考證。其中最有關係的，是臺靜農、鄭騫兩先生。兩先生都未教過我課，因此我往問學談藝，自居

只是晚輩，可以較爲從容或放恣些。兩先生待我也極客氣。鄭先生有次聽我說要來北師大，就說：「我在北師大有個老學生呢，你能代我問問嗎？」我叩以：「是哪位？」卻原來是啓功先生。鄭先生原先在北平教中學，教過啓功，所以託我打探。那時兩岸還不太通，故於此云云。後來他們聯絡上了。啓功且與臺靜農先生頗有舊誼，到香港時，還在許禮平兄協助下通了話，並爲臺先生《書藝集》寫了序。我看臺先生與啓功先生的函札，都稱他爲「苑北」，而非一般所見的「啓元白」，豈是舊稱耶?可惜從未問過。

臺先生與啓功都是陳垣（援庵）先生的學生，也由陳氏聘入輔仁。當時臺先生在北大就讀研究所國學門，該所是沈兼士主持的，沈氏並兼輔大文學院長，陳氏也在國學門教書，劉半農則是輔大教務長。可見輔大與北大，學風原是相通的。

陳垣先生當輔大校長，他自己卻不是天主教中人，研究道教佛教基督教也比天主教出色，聘人尤其開闊。似乎比台灣輔大現在的情況還好些。比我們那些佛教學校，可就更強了。

輔大當日名師，如余嘉錫、張星烺、鄧之誠、倫明、朱師轍、英千里，均是專業領域中不可磨滅的名字，溥伒（雪齋）則主持美術系，可謂風華鼎盛。聽臺先生敘說每人之形貌僻性等，尤覺神往。

如今的北師大，不甚談陳援庵，殆亦與南華與佛光不願多說龔鵬程的事功相似。數名師，只尊啓功、鍾敬文、陸宗達等。啓功先生字跡尤其遍見於校園四處。我見之，輒感滄桑。

遊方與教學

（2005．09．15）

九月九日再赴鞍山，專為看玉。由瀋陽轉去，已遲了一個多小時，抵鞍山已夜八時許。匆匆用過素齋，再趕去鞍山師院里仁館王登科兄處已十時許，葛海鷹副市長、台辦張春俊先生等皆在，候多時矣。寒喧略畢，即揮毫作字，亂寫了一通，談諧並作，聊以為戲。登科盛情，且為我浼崔玉慶先生治印二方，寫畢即鈐上。令我心中直呼苦也，此等糊塗筆墨，倘或流散出去，豈不讓真懂字的人笑破肚皮？

子夜才告辭歸旅邸，陳可兄與廖明偉兄再拉我出來尋狗肉店。上次與翁玲玲林信華去韓國館吃狗肉，大為嗟賞，此次特再去。不料我點得不好，不見精采，倒是一頸狗脖子還不壞。只是邊吃邊聊，竟至二時半，酒氣上湧，困倦至極。

十日早晨五時半即起，僅睡三小時。六時出發，往岫岩縣滿族自治區，盤山而行，如坐搖籃中。忽醒忽睡，遂到鈺龍玉石場。欒剛領我們去看新發掘的大玉，重百六十餘公噸。玉皮下，

玉肌冰膚，輒不可掩。而滿山碎石，拾起凝睇之，皆玉也。且拾且觀，相與嘆賞，久之始歸。又一路顛回鞍山，疲累不堪。

十一日赴華僑大廈，參加張愛玲研討會。張愛玲今在大陸，紅勝台灣，但開會仍不易，上海華東師大想開都還開不了。此次會，多虧金宏達大力促成。宏達近著《平視張愛玲》方出版。

十四日開始去首都師大上課，講「國學入門」，久未教大一新生了，教來彷彿昔年在淡江教「國學導讀」「治學方法」時。此是實驗班，但仍有北大幾位學生遠道來聽，令我也不禁感動了。

今則在北大講文化史專題。去年所講，以人爲線索，今年則以文化之表現爲經緯，因此去年聽過的人，亦可以再聽。

孤獨的眼睛

（2005.09.16）

來大陸一年，除了寫了這個隨筆之外，另有散文每週刊於青年日報副刊等處。半年下來，隨筆編成《北溟行記》；散文則至今已有五十篇，同屬遊記性質，另編為《孤獨的眼睛》，交九歌出版社出版。今將校對稿寄回台灣，算是了卻了一樁事。

為青年日報寫專欄，是因李宜涯的緣故。宜涯是我師張眉叔最器重的女弟子，有次他跟我說「宜涯之聰明，那就不下於你！」那濃重的湖南腔，迄今不能忘，可是那時我還不認得她呢。後來才知她是友人王成勉夫人。而友朋相交，我一直沒機會為她編的刊物寫稿，深以為憾，如今正好有機會，所以就把稿子都往她那兒塞。她也容我放肆，亂寫了一通。如今她來E-mail，說已辭職不幹了，我遂樂得輕鬆，趁機就把專欄給停了，算是又了卻了一樁事。

由郵局出，走訪北師大校內幾個書店，看見百花文藝出版社最近把二、三十年代的一些文學舊書，都用舊書新刊的方式重印了。全部仿舊，原刊原樣，如徐志摩《巴黎的鱗爪》、戴望

舒《望舒詩稿》之類，泛黃的封面、直排的文字，令人大興思古之幽情。大陸這些年，撥亂反正，不免重視起「民國時期」的著作來，把四九年以前的文史研究，幾乎重印個遍，有重排的、也有影印的，這就屬於後者，只是它不只影印，且刻意仿舊，連新的版權頁都封住，除非你自己用刀割開，否則跟原版是一個樣的。這不是很有趣的出版現象嗎？

在這批書中，遊記最多，如郁達夫《達夫遊記》、朱自清《歐遊雜記》《倫敦雜記》、徐志摩《巴黎鱗爪》都是。另外，三聯書店的三聯精選叢書中也有不少，如葉聖陶《旅途日記五種》、浦江清《清華園日記》《西行日記》。

葉聖陶所記，偶有佳趣，如云桂林有三寶：「三寶者，乳腐、月牙山豆腐、女伶小金鳳也。余在店中，幾乎每餐有乳腐，豆腐則適然遇之。是已識其二寶。惟小金鳳已嫁人，不復唱戲，此寶不可見矣」，正經人作嘆惋語，令人想見其跌足狀。《北上日記》《內蒙古訪問日記》中，便少此趣味，多說政治，徒見呆氣。

朱自清歐遊所記，多採自旅遊指南，他寫得也像旅遊介紹，只是不俗氣而已，說不上好。於歐洲社會缺乏觀察，只談旅遊風景古蹟，所志亦甚隘矣。《倫敦雜記》稍佳，惜其單薄。

郁達夫遊記，則除了最末一篇是遊山東河北外，幾乎全是浙江之遊。他好寫杭州、富春、雁蕩等地山水，大似俞平伯，雖然俞平伯並不是遊記的體裁。郁氏文筆，比朱自清、葉聖陶見性情，像他說蘭溪棲真寺壁間見到許多人題詠，不禁自己想附名勝以傳的卑劣心也被撩了起來，因而「把夜裡做的一個臭屁也放上了牆頭」，那個臭屁，原是一首詩。他如此自嘲自虐，並用以挖苦別人，就非朱、葉做得來的。寫景狀物，也多有勝處。

浦江清日記，卻是以前我未見過的，乃據遺稿整理而得。浦乃陳寅恪助手，在清華，而記陳寅恪云：「禍中國最大者有二事：一爲袁世凱之北洋練兵，一爲派遣留學官費生」。此真有見！其中第一禍已消失，第二大禍則於今更烈。日記又云陳反對俄國式共產主義，一九四八年底，他已準備南行，洽梅貽琦，並勸浦江清也走。凡此等，皆可備掌故。日記中，一部分是去法國、義大利、新加坡、錫蘭的遊錄，另《西行日記》記從淪陷區回西南聯大事，亦可觀。因說起這些遊記的事，把我《孤獨的眼睛》序，附載於後，聊誌同聲之應云。

序曰：

托利亞諾（Torriano）《遊歷者的眼睛》一書，收集了好些義大利諺語，其中有句說道：旅行者該有豬的嘴、鹿的腿、老鷹的眼睛、驢子的耳朵、駱駝的肩背、猴子的臉，外加飽滿的錢袋。畫龍點睛，趣味其實只在末句，因爲大多數人出去旅行，除了有鼓鼓的錢袋之外，就算是豬嘴驢耳，亦罕能具備，更無庸奢談什麼鷹眼鹿腿了。

我生下來，老父不知以何因緣，竟預知我有旅泊天涯之命，爲我取名鵬程。本來我們家族譜上的排行，乃是期字輩，結果我同輩族人都喚作期某，只有我以鵬程行世，僅在敘譜時才安上譜名：期訪。這個「訪」字，依然與鵬程有關，他老人家期待我能鴻鵠高飛，去四處訪問哩！

我也不辜負他的期望，自來就喜歡東遊西盪。讀書則喜莊子之逍遙遊，自以爲就是那隻大鵬鳥。孔子說：「有朋自遠方來，不亦樂乎」，我也以爲他就是看見我這鵬鳥由遠方來看他，所

以才樂了。朋，不就是鵬的古字嗎？

大鵬鳥衝舉九霄，眼睛料當比鷹眼更犀利曠遠些。但不幸我少小就把眼睛搞壞了，現在近視一千三百多度，茫茫然已近乎瞽叟，看書則如嗅花，何能奢望「草枯鷹眼疾」之境界？然而，世有不盲於目而盲於心者，自然也就有我這般偶開天眼覷紅塵的人，肉眼雖然昏沈，心眼卻幸而還未如燕雀，只想馳驟於蓬蒿之間。

因此我去旅行，雖無豬嘴驢耳駝背鹿腿之能，倒也還能略有所見。

我曾在揚州大明寺廊柱間訪得鄧石如篆字一聯，曰：「豈有文章驚海內？更攜書劍客天涯」。大概是修廟時工人不知從何處敲來做石板用的，所以被嵌在柱壁下。我覺得它很符合我的情況，所以就找人拓了，帶回來懸在書齋牆上。日常則依它所指示，攜書囊劍，客旅天涯，在各處跑來跑去。有自況平生一聯云：「曾爲博士經生官僚教授人天師範，無非酒徒劍客才子仙家南北遊方」，可見向來是遊得厲害的。

甲申之秋，交卸佛光大學校長職務後，獲得休假二年的補償。浪盪行旅於神州各地，遂更勝於往日。除在北大、清華、南京師大等處客座講學之外，大抵就是玩。遊玩中偶有聞見，便寫成隨筆，掛在網站上，等於日記。另有專題討論某事某物者，則隨興寫爲小文，刊載在青年日報副刊等處。於登山臨水之際，稽往事、誌山川、數人物、嘆世情、搜佚史、辨訛僞，長謠短章，恣其臧否論議，好不愜懷！

當然，旅行中還要寫專欄，定期交稿，乃一大苦事。由於旅中遊處不定、起居無恆、荒嬉無度、飲食無節，發稿設施又無法掌握，常不能照顧到報社就要斷炊了，替主持編務的朋友們添了許多麻煩。旅中又無圖籍可以查考，紀事徒憑記憶，名物度數、年代地理等事，偶需疏釋，輒覺難以措手。因此敘述僅能言其大體，考證殆聊以抒情而已。

蔡文甫先生見到這批亂七八糟的散文，卻非常喜歡，命我輯起來，成了這個集子。集子內部次序的編排，也都是勞煩他編輯部做的。書成，叫什麼名字好呢？我想起這些年旅途上的經歷，和上文所說的那些什麼鷹呀鵬呀豬呀驢呀的事，便說：「把這書稱爲孤獨的眼睛罷！」

可不是嗎？旅人基本上是孤獨的。一夥人呼嘯牽扯著去旅行，大抵只是原有生活團體換了個地方去吃喝玩樂而已，並不能真正介入異鄉的文化脈絡中。只有孤獨的旅人，才能深切體會著被異鄉包圍浸潤的痛苦與喜悅。四無掛搭，獨立卻自主的個體，森然敻出，也才更瞭解異鄉、更瞭解自己。什麼都要自己看、自己想、自己用身體去感受。他當然是自由的。自由的翅膀，翱翔浪跡，與天地精神獨往來。可是這自由正是孤獨的。大鵬鳥或老鷹，飛在天上，舉目四顧，那自由的翅膀就載著牠孤獨的眼睛。

孤獨的眼睛，還指那眼睛所看見的，往往與一般人不同，就如鴻鵠所見，總異於燕雀。或者如蘇東坡所說，乃是一肚皮不合時宜。不合時宜，所以是孤獨的。

我喜歡孤獨，也享受孤獨、追求孤獨，早年散文集《少年遊》就有長文申說這孤獨宗旨。但因長年在官場學界等熱鬧場中打滾，須有些應世酬酢的能力，故亦諧世偶俗、逢場作戲甚久。許多人也因此而不曉得我性本孤涼。有些人覺著了，但又常誤以爲那是我的驕矜傲慢，懶得理人。不知孤僻的人本不屑於俗務，在人情上也往往簡怠。我又好申獨見，人亦以爲我乃有意忤世樹敵，實則孤獨的眼睛，看東西原即與世殊趣，那是沒辦法的。

如今，機緣適會，有讓我擺脫俗務，獨自遊旅的機會，還能在旅中自申獨見，大發謬論，當然是極爲快樂的事。只不過，那些讓我在旅途上瞧不慣的俗情俗見，卻又令我這孤獨的眼神越發孤獨了。

二○○五年乙酉白露，記於檳城勿洞怡保吉隆坡上海北京瀋陽鞍山濟南旅次

天津聽曲

（2005.09.26）

陳興武屢有詩來，發在我手機上，不能遍和，僅覆一章：「絡繹名章見素心，吟邊慷慨氣雄深，人間莫道蒼茫甚，如子風流哪可尋？」

另用興武韻，做二詩：「我失倏然太古心，京華小駐待秋深，深秋但見飛黃葉，一片秋心不可尋」「遠遊適意豈無心？爲愛江湖氣象深，君問蓬瀛妖亂志，前塵若夢已難尋」。

蓬瀛妖亂志者，明芳每日爲我發來台灣新聞，讀之，如讀《廣陵妖亂志》也。

此地則瘋李敖。已瘋一周。但不過如瘋張惠妹、SHE一般，媒體炒作使然，文化界視之一笑而已。李敖在北大演講，若視爲盛事，則我們長年在北大清華上課教書的人，可又怎麼說？台灣媒體說大陸十三億人中，便無李敖這類人，也自是台灣觀點。李敖在北大所說，比起北大人自己，例如焦國標之「討伐中宣部」，實在是小巫見大巫。李敖太老了，「我執」又甚，對大陸缺乏瞭解，對共產黨更不瞭解，故雖行銷極爲成功，但僅具花絮之作用罷了。

李敖在北大的演講，我只聽了一半。料想他清華講的必沒什麼可聽了，遂與女兒約了齊玉笛去天津聽曲藝。

北京已沒有曲藝可聽，天津卻仍熱鬧。但我十幾年沒來了，幸虧有齊玉笛領路，才能找著估衣街大胡同「謙祥益」。此地本是瑞蚨祥等八大祥布舖聚集之地，今仍賣布賣衣服，壽衣店尤多，且大掛一彷彿酒簾兒般的帘子，姑且稱爲壽帘或壽招吧，迎風招展，大大一個壽字。真不曉得哪來那麼多死人以維持這許多壽衣店之生計。

謙祥益下午就開演，晚上也有，曲藝相聲都具，也有古琴會。曲藝分名角及青年隊。名角登台，座常賣滿。但據供茶水的姑娘說，青年隊捧場的人更多。當然，年輕貌美嘛。但吾等非爲色來，自是要挑名角聽啦。昔年曾推動兩岸曲藝交流，派了台灣一團來大陸，也邀了天津等處曲藝名家去台灣，這次唱壓軸的籍薇，當年就來過南華。她聽說我來了，很高興，謝幕後跑來相見。她的梅花大鼓，曾獲全國鼓曲三連冠。如今久不見，藝仍精湛，看來「粉絲」甚多，送上台去的花籃多達十二個。在這兒，送花籃，就像台灣紅包場送紅包一樣。

這樣的戲園子，如今罕見了。我們獨坐在樓上，嗑瓜子喝茶聽戲，看樓下戲迷們的狀態，感觸自然是很多的。這些單弦、大鼓書，其實不應叫做曲藝，因爲它不是戲曲類的東西，而是說唱，屬於敘事文學。可是如今多只是摘出幾個唱段來唱，又把它稱爲曲藝，變成了另一套名堂。斯藝云亡矣。我心傷之！

由天津回，廿五日去商務印書館，參加我們這些在涵芬樓講座中講過的人之聚會，才知商務已出版了我的《晚明思潮》，有四百四十七頁。舊作新刊，補了些文章。

閒來無事，另寫了〈以人為藥〉、〈儒家經濟學芻議〉〈文化產業發展的觀念與方法〉等幾篇論文。

陝西弔古

（2005．10．07）

大陸「十一」長假，對振興經濟頗有助益，於教學卻極不利，開學甫二三周，便放大假，精神爲之一懈。放假前，學生便急於購票、安排假期，或提前返鄉；假後大抵亦須一二周，人心乃得寧定。我在首都師大的課，更因學生要去受軍訓，停課一個月，屆時再論國學，殊不知從何論起。

我輩流人，既非其國民，於其「國慶」之慶，感受自異，十一長假，尤難安排。想了一下，仍去天津聽曲。

此去，是在「勸業場」中國大戲院聽。勸業場一帶，類似台北西門町，假日人山人海，書場也是高朋滿座，且均是老戲迷。上下相合，打節拍、幫襯吆喝、叫好助興、送花紅打賞，熱鬧非凡。我最喜歡這股勁，比聽洋歌劇、洋音樂會，可好玩多了。兼因過節，梨園行向例在年底封箱時要演反串戲，比如平日唱青衣的，也許就改演花臉或小生，讓大家玩玩不同的戲路，並愉觀眾。曲藝界也有此風，但改到「國慶」來演，每人唱畢正工曲子外，便唱幾段其他的東西，如原唱梅花大鼓，可能改唱京韻；或本唱梨花大鼓，改秀落亭之類。抑或唱京戲、黃梅戲等，甚是有趣。正工曲子也多有平時不經見演出者，如洪武帝遊武廟（京韻）、武二爺殺嫂（單弦），均可說是不虛此行。

散場已近七時，觀眾仍意猶未盡，嚷說還缺一位沒演呢！我們出來，籍薇等請我去吃清真館，羊腦羊蹄等大啖一番。本來還想去大胡同聽相聲，遂也不能去了。

此行，龔敏及其兄龔軍來接。龔敏本在香港，來台，在中正大學讀書，我正在辦南華，提倡古琴，他便來學，又喜作詩。好著長衫，有詩集。畢業後來南開讀博士，近研究黃人，頗獲好評。其兄龔軍，在香港中文大學畢業，亦來南開讀博士，並在天津開古玩舖，經營書畫買賣，乃常宗豪先生弟子。我與常先生久不見，見了龔軍，乃能聯絡到常先生，十分高興，原來常先生移居澳門了。

一日夜，兩兄弟領我去吃狗肉。次日再去他們店裡坐，看字畫。又弄了一捆紙，讓我胡寫的一通。印章也替我刻好了，寫完就鈐，玩了一上午。下午則去看天后宮。

四日轉飛西安，去咸陽開民主黨派民進中央所辦的兩岸文化交流研討會。台灣有高柏園、林安梧、王樾、劉君祖等人來，皆老友而久未見者，不免又縱酒夜談，害我累得很。

陳篤超已由香港返陝西師大工作，陪我遊了一趟茂陵，又拉我去學校轉了一圈。西北大學李浩等上回來台灣，在佛光大學住了幾天，這次也約了見面、喝酒、聽唱陝北民歌及說書。我又帶安梧去回民巷逛了逛，並領他去清真大寺看。

五日，大會安排去參觀乾隆茂陵，我就不去了，自己請西北大學派車來，獨行訪古。原擬去于右任老家三原，怕司機不熟路，就改去武功。

由咸陽至武功，先過茂陵，再到馬嵬。茂陵乃漢武帝墓，衛青霍去病陪葬，但如今茂陵景區及博物館所在地，其實都是霍去病墓，非茂陵。主從顛倒，殊屬不倫，反正遊客們也不曉得。霍去病墓，馬踏匈奴刻石固然仍是好的，其他石刻則日曬雨淋，甚乖保護之道。

陵後建一山神廟，供霍去病，鼓勵遊人買香拜祀以去病。門上一對聯，上聯霍去病之病字上面都缺一點，表示可以去病，拜了就一點病都沒有，故香火甚旺。但這不是太好笑的事嗎？霍去病二十四歲就死了，拜此短命鬼以求去病長命，豈非妄談？再說，去病之道，無非去命。只要把病人殺了，病自然也就沒了，沒了命，自然也就沒有了病。因此，若想一點病也沒有，除非是死人，凡活人都多少帶點兒病。人活著，也都總是養著病以活命的，不知此理，妄圖去病，謬哉！

貴妃墓則在馬嵬鎮上。馬嵬坡仍是坡，但農民削山切土，闢為田壤，漸與平地無異，獨妃子墓仍在坡上。磚封一丘而已，四壁有刻石不少，或集唐人弔念詩，或自作。墓蓋屢葺屢圮，近則日本人助金不少。我去時，亦有一日本人來探視楊太真。令我很感慨。

因為西安附近古蹟太多，但除少數遊客常去處外，旅遊設施均窳劣。由咸陽去楊妃墓，不過三十公里，可是道路泥爛，乘車如騎馬，又似坐船。當地人說他們的公路，天雨時可以養魚，天晴時可以臥驢，就是形容那滿路的大窟窿。我請西北大學派來那車，底盤較低，涉水跨坎，實在艱辛。好不容易跋涉到馬嵬坡，忽然憬悟，我人來此一趟都如此困難，當年唐玄宗逃難，大軍由西安經咸陽跋涉至此，無怪乎大家都又累又火，非殺了楊貴妃不可。遂作過馬嵬打油詩一首，曰：「弔古塗泥道，慨然過馬嵬。向憐甘役使，孰料憤刀錐？妃子銷香盡，君王束手爲。乃知行路苦，恚怨起殺機」。末句出韻，但無妨也。歷來詠馬嵬者，不曾道及此理。

也因爲如此，所以日本人獨來憑弔就更令人感慨了。日本人相信楊貴妃未真死於馬嵬，暫時上縊氣閉後復甦，化裝逃去了日本，故白氏長恨歌云方士嘗訪之於海上仙山。這當然是日本人一廂情願，但對此疑塚，卻也護持不遺餘力，這便可佩服。中國人都難得來看的地方，自行覓來，精神亦甚可佩。

由馬嵬經貞元，去武功，訪李世民報本寺塔。途中見龍王廟及東岳廟。東岳廟祀武成王，龍王廟其實乃全真教龍門派道觀，皆闃寂無人，一道姑臥榻清睡而已。塔亦閉禁。打門甚久，始有人來開門令入。因無遊客，那罕見的唐宋古塔，塔地上曬著棉花，塔身上打了掛釘，吊著一串串紅辣椒，正曬著呢！

繼而再去找蘇武墓。繞來繞去，才終訪得。但車沒法子走，棄車步行於泥濘中。摸到門口，也一樣大門深鎖，找農家詢問。說：「不用找人開門了，你們繞到後面去吧！」乃繞過去。這才發現原來墓園缺錢，圍牆只建了三面，後面是空的。整個墓園也只是一坏土、三方墓石。其中之一是畢秋帆任陝西巡府時立的，其一已漫漶不清。蘇武羈留匈奴，在貝加爾湖畔牧羊十九載，歸封典屬國，而已不及見武帝，唐人詩嘆其時但見「茂陵松柏雨蕭蕭」而已。今則茂陵已無松柏，漢典屬國蘇卿之墓亦淒涼如斯，令人不知說什麼才好。司機對於我一路顛蹶來找這些墳，很不理解，問我：「這蘇武是幹啥的呀？」我蒼然一笑，沒法回答他。

飛天神蝸

（2005．10．08）

今回北京。在咸陽，與林安梧聊天，他說五十歲時要寫《存有三態論》，我說：「存有三態其實很容易懂的，你是農夫態，根植於土地，尚未脫離植物型態；袁保新是鴿子態，飛來飛去，但終究要飛回家去；我則是蝸牛態，家就在身上，家就是自己。此即人之存有三態也」。他知我胡扯，哈哈大笑，說你乃飛天神蝸，否則哪有蝸牛爬得這麼遠的。

但鬼扯其實頗含至理，Meenakshi Mukherjee, *The Exile of the Mind* 一書，便分流亡作家爲五類：（1）從殖民地或鄉下流亡到文化中心去寫作；（2）離開自己的國土，但沒放棄自己的語言；（3）失去國土與語言的作家；（4）某一族散居在其他地區者，或殖民地之移民及其後代；（5）身體與地理上仍居國土，但精神上是異鄉人。第一類，例如移居台北而作文謳頌其農村漁港者；第二類，例如海外華文作家；第三類，例如用英文寫作的華人文學；第四類，例如東南亞華人作家；第五類，例如出國前的高行健。凡此五類，乃當今世界文壇之主流、大部分作家之狀態。不只中國如此，美國現代文化不也就是移民、難民、流亡者、異議分子所構成的嗎？存有三態，農夫態固難再予堅持，鴿子態也不容易。

倒是我這蝸牛態，既非農人又非鴿子，事實上也不屬於上述五型之任何一型。我不是從鄉下流亡到文化中心去寫作，也未離開自己的國家，仍在中國。可是我又已離開了台灣。有時精神上是異鄉人，有時身體上是異鄉人，時時轉換。或懷鄉，或不懷鄉。因家鄉有時就在自己身上，故不必懷；但舊居鄉里之情事，有時又不免關心，故又或懷之。

今知一事，略中隅見：補教及人力資源協會、就業情報雜誌等紛紛報導台灣目前碩士就業的困境。據統計，民國八十四年時，研究所碩士班計六五六所，學生三萬三千人；至九十三年，已暴增至二四七六所，有碩士學生十八萬人。而在補教界，每年去補習班補習，準備考研究所的，也還有九萬人。可是這麼龐大可觀的受教育人口，迎接他們的就業市場卻十分不景氣。目前碩士就業困難，所獲職務，不少是只需高中職學歷就可勝任的，薪資也不高，約在二、三萬元之間，縱或外國碩士學歷返台者，處境亦復相似。因此各界呼籲考生勿盲目報考，應考量選讀熱門行業所需之研究所，或跨領域應試，例如工科可以選考商管，數學可以選考財經之類，以便謀職。

此類呼籲，當然都發諸善意，因爲不忍見現今青年爲失業所苦，故有如斯提醒也。

但高教擴張是全世界總體的趨勢。過去大學生已是社會精英，碩士博士更屬優秀人才，爲社會所亟需，故就職容易且薪資較優。如今大學幾乎已是國民基本教育，升學率達到了百分之九十幾；比大學只略高深一點的碩士研究所，當然也就會是大部分大學畢業生希望再進修的管

道。大學生普遍不立刻就業，而選擇考研，正是順應此一趨勢。而碩士研究所既已蓬勃至此，碩士學歷自然也就成為許多領域的基本就業條件了。是必須的條件，但不能說擁有碩士學歷就可獲得好待遇。上述調查，反映的其實就是此一現實及趨勢。

我們社會上對此趨勢卻還不習慣，老覺得碩士畢業已經很高了，怎麼還會失業或薪資如此之低呢？恰好又碰上政府「拚經濟」無力，百業蕭條，遂愈發感到大學生碩士生失業已成了個大問題。其實，這是高教擴張後的必然現象，針對此一現象，除了要求政府儘速回歸正途，改善就業環境外，應該提醒學生們的，不是如何投機取巧，或如何迎合市場，而是紮實培養其基本能力。

因為在人人都是大學畢業生、都是碩士的時代，學歷已不重要。能提供競爭之資源與條件者，既不在學歷，那當然就只在學力上了。現今大學生，在校荒嬉散漫，根本沒學到什麼；碩士班又粗製濫造，品管稀鬆，才是社會上不願花大錢來聘雇他們做事的真正原因。如果有真辦得好的學校或研究所，其學生一樣搶手。其所以搶手，並不因他出身名校名所，而是大家對其素質較具信心。因此，學生們應於此知所抉擇。

以人為藥

（2005．10．15）

回北京兩天，便又飛成都，來川大開道教養生學的會。

舒大剛先生來機場來接了我，另約曾棗莊先生，同來商量《儒藏》推廣的事，晚上則與曹順慶等碰頭，第二天早上才趕去青城山。目前大陸編《儒藏》者三家：北大已出版精華版樣書一冊，人大則仍在準備中，唯獨四川大學動作最快，已整理出史部五十冊，選善本掃瞄，再施點校，也可省卻校勘之誤。川大這個團隊，原以古籍整理見長，過去做《全宋文》，很有成績。但我覺得他們長處在於篤實，短處也是篤實，默默做苦工，不善宣傳，故外界不甚知之。居今濁世，好人常是要吃虧的。

在青城山，我這次講的是中醫及道教中「以人爲藥」的傳統，後來有不少人又提供我許多偏方及證例，比方說手割傷了，滴眼淚就可以痊癒。不過王慶餘先生說眼淚是難得的，悲傷的眼淚才有癒合傷口的效果，聽來頗具哲理。王先生乃傳奇人士，少從歡喜道人李傑習醫習武，曾

見大俠杜心武。上年我來青城山開會，論道家武術，他引為知音，與我縱談杜心五、徐矮子、萬籟聲諸人佚事。他這一派，名爲筋經門，與自然門同源，醫道則以傷科著稱。曾數被羅致於中南海，近年則來往美國歐洲講學。文史亦佳，現爲四川文史館館員，因與我兄龔群相熟，故亦與我格外親近。

據他說，幼年曾被蛇咬，有乞兒以耳垢和唾液塗傷處治療之。又云尿除活血化瘀之外，也可敷面，爲美容嫩膚之聖品。友人林安梧，昔年曾行尿療法，晨起飲自己的小便一杯，可惜他不知此秘方也。又骨癌劇痛，可取人屍水和藥塗之，勝於嗎啡。凡此等等，所談皆涉掌故。

會中又逢李顯光，乃李子弋先生公子，在大陸求道修道旅行。所以約了逃半天會上青城山，由上清宮走下來，到天師洞用餐。青城山道士們擅長釀酒，製作一種以獼猴桃爲原料的洞天乳酒，配上青城山老臘肉、白果燉雞，乃青城之三絕。坐天師洞品茶、喝酒、吃雞，亦是三絕，無限清幽。只是我年紀老大，骨腿不俐落了，在山上蹦蹦跳跳下來，膝腿疼痠，走起路來有些齜牙咧嘴啦！

十四日去成都附近的洛帶客家村落參觀。這是由廣東江西遷來的客家村子，有湖廣、江西、廣東諸會館，建築頗見特色。四川客家，是台灣客家研究中較不重視的部分，今來考察，頗有斬獲。惜因辦慶典，人擠人，想吃一碗「傷心涼粉」都要排上半個時辰，故不能肆情盤桓。

乃又往黃龍溪古鎮。這個鎮就樸素多了，鎮上有古寺數處，河畔茶座酒樓亦皆幽靜可喜。下次若來，可在鎮上住一宿，在船上吃酒菜。

晚上去公共管理學院講儒家經濟管理學。十五日又去文學院講國學運動。吳銘能來訪，他自北大畢業後，返台供職一直不順利，在元智、中研院等處待了幾年，今毅然返大陸，就聘川大歷史系。夜中來談，自多感觸。台灣之人才，流散四方，幸耶不幸耶？非我所能知也！

大陸國學熱

（2005.10.16）

昨夜由成都返，虹影恰好也在成都，遂同去機場。虹影與趙毅衡夫婦，本來我在籌辦佛光文學所就想邀聘，後來因故趙先生無法來台，令我抱憾，不意在此遇著，甚喜。

回北京，即趕去與陳曉林碰頭。他休假來北京小住，故約了卜鍵、劉國輝等同聚。卜鍵兄等乃大陸武俠文學會骨幹。昔年馮其庸牽頭，群為金庸批點其小說。不料金庸對其評價另有期待，頗不滿意，彼此竟交惡，幾乎對簿公堂。因此說起金庸近日行事，例如重訂本《神雕俠侶》等，均無好評，只說找一天約馮先生來吃飯罷。

今早則因人民大學國學院要開張，故人大絕早便派人來接。去了後，為國學院新生講「國學之性質與方法」，講畢，下午才舉行揭牌開張典禮。

國學院由馮其庸先生任院長，聘季羨林、何茲全、葉嘉瑩、任繼愈、饒宗頤諸老宿為顧問，聘湯一介、龐樸及我等為專家委員會委員，下再聘若干人等來助拳。開幕儀式之隆重，在大陸各高校歷史上得未曾有，企業贊助也很熱烈，令人對大陸社會之國學熱，深有體會。

因會議，才得見著葉嘉瑩先生，先生八十二了，但神采清健，類六十許人。我來大陸，還是第一次與之相見。想起日前一位朋友轉述王基倫曾在課堂上感慨葉先生最終不留在台灣而選擇了來大陸，如今龔某人也去了大陸云云，不覺莞爾。但葉先生說她明年仍會回去幾個月的，特此預告。

國學院開辦，而以馮先生爲院長，不少人是有意見的。有人就說：「馮先生只長於紅學，這是辦紅學院，還是辦國學院吶？」我說，老兄有所不知——

大陸自九十年代起，就出現了所謂的國學熱。北京大學開辦了國學研究單位，並招收了號稱大師班的實驗班。基本設想，是想打通文史哲專業科系的局限，恢復中國古代「通人」甚或通儒式的教育模式，培養國學人才。其他南京大學、武漢大學等各名校也多有同類之試驗，成效不一，迄今亦未聞真陶鈞出什麼國學大師來，但但此類試驗不少衰。一方面是仍有許多學校跟進，例如今年北京首都師大就開辦了非師範性的國學實驗班。另一方面是大家覺得這些班沒培養出大師來，並不表示此一方向或理想不可行，而是到大學才開始栽培已嫌太晚，故此等通人大儒之養成還應提前紮根，從更小的孩子做起。因此國學大師教育駸駸乎乃有向下發展之趨勢。

今年人民大學又開辦了國學院，這個國學的話題自然更加熱鬧了。不少自命通達之士，對此現象並不甚以爲然，腹誹譃議，或竟去網上撰文批評，殊不罕見。但十五年來，國學熱不唯未退燒，反而越燒越似具有正當性，早已成爲大陸之重要文化現象，弗可漠視，亦非譏議反對所

能奏效，卻是反對者必須要認清的。

大陸現今社會文化領域概可分爲三大塊。一塊是「秀」的文化，亦即是時尙、流行、表現自我、敢現愛現。爲了要現，化粧、美容、塑身、健身、華服、轎車、豪宅、首飾、名牌等等自不在話下，吃喝玩樂，亦須盡情表現。第二塊是錢的文化，與前者著重於消費不同，此處重在如何賺錢。於是投資、理財、炒股、買樓、抽獎、上MBA、講人際關係學、看財經企管節目等，亦不在話下。除了這兩大類之外，就是文化的文化，亦即聊文化、侃文化、玩文化、做文化的文化。雖然做文化的，做出來之文化大抵仍是用來秀或用來賺鈔票，但操作著的，畢竟總是文化的內涵、文化的事務，非流行時尙大眾消費及營銷企管可比，故可獨成一域。

不過，做文化玩文化談文化的，又有什麼可談可玩的呢？

馬列毛那一套，不要說在文化界學術界站不住腳，就是現在共黨正如火如荼地推動著的「保持共產黨員先進性教育」，也不再談那一套了。資產階級自由主義，亦久矣不復新鮮，且經九十年代中與新左派幾場鏖戰下來，在學界文化界勢力日蹙。社會上又因承平日久，人民貪圖經濟富裕的生活，對民主不民主，並不那麼在意，是以自由主義也無啥可說，至於歐美新思潮，現代化理論，乃是八十年代的熱潮；九十年代以後，流行過一大陣子後現代。如今則是後現代之後，正不知該談什麼的時期。

在這種情況下，你說，不回來談國學，還能談什麼呢？

國學，在晚清，具體內涵其實是指經學。因此絕沒有一個弄詩詞戲曲的人會被稱爲國學大師。到了五四以後，國學就變成了史學，胡適傅斯年所謂「整理國故」，均是將國故視爲史料而整理之，史學家錢穆也寫過一冊《國學概論》。如今呢？國學也者，範圍指涉大異於前，實只是中國學問之概稱。中國固有之學問，如經學、宋明理學、佛教、道教、孫子兵法、詩詞歌賦，固然都可列入國學之林，就是中國學人文化人想要發展成具有「中國性」、「中國特色」的學問，亦都可以號稱爲國學。

如此一來，國學就大可供喜歡玩文化談文化的人馳騁了。社會上與國學相關的文化活動，包括兒童讀經（**其實是讀各種文化典籍，甚或包含學古琴琵琶等才藝**）、文化講座、書院（**其實就是私人文化講座或講會**）、禪修、雅集、茶舍、中國風服飾製銷、中國風油畫水墨搖滾等。學界中號稱國學或新國學的刊物裡面，也是什麼都有，敦煌、考古、民俗、現代文學、比較文學……靡不可見。

這時，若腦子裡仍是晚清那時的國學觀，以爲現今講國學就是要恢復那「窮治語言文字以通經學」的學風，可就大錯特錯了。現在大陸上講國學，只是在文化及信仰空虛的情況下，回歸文化母體，想重建文化主體性而已。

此等文化的心理需求，又是與大陸政治經濟發展相應的，大陸目前整體感覺是自己已經「和平崛起」了，民族自信心及文化自豪感隨之增強不少。人窮時，總是怨天恨地嫌娘醜；一旦發達了，就不免敬宗孝祖、建祠堂、修家譜，大陸目前正是如此。再說，一個自命已然和平崛起的大國，在學術文化上沒有一點自己的貨色，光靠稗販洋人的東西，像話嗎？此所以非講講傳統文化、非昌復國學不可也。

今年，大規模舉行祭孔。北大、人大及四川大學又都不約而同地在編《儒藏》。四川大學進

度最快，但北大最會宣傳，在李敖的演講會上，以精華版《儒藏》送給了李敖。那個畫面，不知有多少人注意到了它的意義。什麼意義？北大原本是以五四新文化運動見重的學府，昔年倡議西化、打倒孔家店、拋開線裝書的這個學校，如今卻以重編《儒藏》來介紹自己。把這套書送給以講「全盤西化」起家的李敖，更是耐人尋味。時代真是不同了啊！

文化產業基地

（2005.10.23）

大陸一單位來邀我爲南極一些山峰命名。原來南極自開發探險以來，各地探險者、研究者去了南極後，紛紛爲此無人之地命名。可是這些名字都與中國沒份，或與中國文化無關，因此有人想到去聯絡爭取，要命名權。現在手續辦妥了，具體要叫什麼山什麼峰，反而拿不出主意，因而上網去徵求，由新浪網之網民投票命名，然後找世界華人間一些知名人士來評選，例如金庸、李敖、龍應台等。不知爲啥緣故，居然也找上我。我覺得好玩，便答應了。

結果主辦單位把網民投票出來的一堆名字寄給我，令我笑破肚皮。排名第一的是丁穎，我根本不知是誰。其他人名，則有孔子、后羿、嫦娥、梅蘭芳、齊白石、雷鋒、巴金，乃至中華鱘等等。試想一座山，被稱爲雷鋒山或熊貓山，多麼滑稽？更可笑的是東海、南海、長江、黃河、日月潭或松竹梅之類，想那些山如何稱之爲黃河山南海山呢？南極冰峰、又怎麼會有梅花？還有些是神話人物，如女媧、夸父等，皆令我不知如何評選。

暫不管這閒事。先寫畢〈唐代中葉的文人經說〉論文，交清華大學，準備開經學會議用。然後赴上海，來交通大學「國家文化產業創新與發展研究基地」開會。

交大這個基地是與文化部合辦的，因此文化部來了幾位司長，台灣則文建會一處老處長林登讚、新處長蘇忠，台北文化局長廖咸浩兄亦皆來與會，所議亦頗與文化產業發展之政策有關。

對大陸文化部文化產業司和統計局所做的文化產業相關調查統計，例如從業人員有多少，占ＧＤＰ多少、行業分佈如何等，我都不相信。因爲那個「行業分類表」本身就有問題，文化產業也根本不能由那個行業分類中去看。對大陸文化產業之佈局，我也頗有意見。兼以發言鯁直，所以一石激起千層浪，讓會議增加了對話的趣味。

文化部把文化產業基地設在上海，自有它的道理。自一九九七年起，上海、深圳、台北、就有個城市論壇，每年舉辦。另外，自一九九七年起，亞太十四個城市的藝術總監也有個民間網路的組合，以香港爲主。一九九六年起文化、環保等基金會，又組成了一個亞洲基金及組織網路，推動跨國公民社會，總部在馬尼拉，上海也都有參與。它和聯合國之關係則更密切。文化園區則已規劃了十八個。文化產業之發展，非北京所能及也。

咸浩當官極忙，廿二日晚上十二時許才到，廿三日上午報告完，下午便要趕回台北，匆匆幾乎無法敘舊，但老友能在此地見面仍是高興的。前幾天，因陳曉林休假來北京，劉夢溪先生邀李澤厚與我等夜飯，曉林把高信疆找著了，幾個人異地相逢，也一樣感到高興，所以吃完飯還去紫雲軒夜話一番。此次在上海，廿三日晚上去「新天地」，張毅楊惠珊請客，我就想起當年此地剛規劃開發時，我領了北市文化局同仁來此考察，並向上海市提建議的往事。那年又與咸浩來此，夜坐在熙來攘往、小資氣氛迷漫的燈影歌聲中，印象極深，可惜今夜沒法一道喝咖啡了。

夜風中歸來，聽說北京正在辦紀念台灣光復五十週年的活動，甚是感慨！

小評汪榮祖先生論圓明園

（2005．10．27）

汪榮祖先生來北京，今在萬聖書園辦新書發表會，談近日在大陸出版之《學林漫步》《追尋失落的圓明園》。汪先生對圓明園一往情深，透早就要先去遺址憑弔，我無法追陪，只好逕去萬聖會合。萬聖近年異峰突起，在海澱地區聲勢漸壓風入松、國林風，與它常辦此類沙龍有關。但我總覺它那「萬聖」二字用簡化字寫來就成了「万圣」，所以通常都喊它做萬怪書園。

汪先生論圓明園，功力深厚、徵引浩博，運用中西史料甚備，故甫出版即獲美國研究圖書館權威期刊《選擇》選爲二〇〇一年度各學科最佳學術著作之一。我當然也是佩服的。本來打算寫一書評揄揚之，來不及了，只能在新書會上略申欽敬之意而已。

小有補充，除了以前在這隨筆上寫過的之外，如汪先生說道光皇帝在長春園內建戲台，「據說可以容納數百名演員和女伶在台上表演」，「根據一則清宮祕史，某年某場大戲正表演時，道光突然興起，走到演員和女伶之間，跟他們同台演出」。他依據的傳說，可能本來就出於杜撰，因爲宮中不可能有女伶。乾隆嘉慶道光朝皆禁止女優，故戲中旦色均改用男童扮演，《情天外史·後序》云：「司坊色藝無過都中，扮美妓、作名優，插宮花於帽側，飾小童爲小女」，正其時也。當時《燕京雜記》《日下看花記》《金台殘淚記》等皆可考按。女伶復興，時在光緒中。

又，汪先生謂圓明園畔熙春、近春二園，後來成爲清華與北大校區，亦不然，二園皆在清華。

至於琉璃瓦，汪先生說琉璃二字乃由梵文valdurya譯來，由西南亞傳入，經五百年才成爲建築之基本材料，唐三彩即用燒琉璃瓦之技術。這一點我還有些疑惑。唐三彩乃低溫釉，與琉璃瓦之工藝關係如何，仍俟考訂。宮殿建築用琉璃瓦則早在北魏平城時期已然。

中午，江蘇教育出版社請客，該社表示近日台灣作者之書正在大陸熱銷，一般比大陸作者賣得好。我以爲是因介紹到大陸來的，大抵多是高手，故平均勝於大陸作者之故。社長呼延兄說：不然，同是大陸著名學人，亦往往不如台灣學者，因此是社會對新思想的需求問題。萬聖的劉蘇里亦有類似之看法。

回想我在書肆所見，略能印證其說。如今各地盜版翻印，不再是印什麼暢銷言情或淫穢、暴力、發財書刊，而是全套唐君毅、全套錢穆、全套史作檉、全套牟宗三地在賣，一本十元八元。這是可驚的！試想牟宗三的《中國哲學十九講》、錢穆的《朱子新學案》、唐君毅《道德的自我建立》之類書，在地攤上大賣特賣，這是從前能想像的嗎？現在台灣的文化人大概也很難想像這是什麼情景。我那本論閱讀經典的破書，一樣也有盜版，足徵市場供需之效。爲了提

供這飢渴的知識胃腸，看來我們非多加努力，創造些更好的作品不可啦！

鹽文化發展之道

（2005.11.01）

廿八日陳曉林邀宴，在「蒙古人」烤全羊，寧宗一先生也由天津來會，見之甚喜。先生曾爲我序《說劍》，惜此書被蘭州大學拖積至今，尚未處理。已去電劉志偉兄請取回，我另行付梓便是。其他與會者尚有陳墨、劉國輝、卜鍵、鍾潔雄等。在屋子裡擺蒙古包，侷促可知。待蒙古族人來敬酒、獻哈達、唱歌跳舞時，當然就更擠了。因此吃起來倒教人懷念那年在佛光大學裡烤羊，多愜意呀！

二十九日去參加國際儒學聯合會辦的「世界儒學高峰會」。本會只邀了二十來人，台灣只有我與林安梧，但北美的成中英、杜維明其實也出身台灣。既是高峰會，論來頗不寂寞。郭齊勇由武漢來，告訴我他們辦的國學班已有學生升入研究所了，平實低調，希望能辦出些成績，邀我得暇便去支援，我自然也是樂意的。

晚間李顯光約了我與朱越利先生見面。朱先生除在統戰部供職外，也兼川大宗教所教授，帶

博士生。他除道教外，也研究藏傳佛教，能兼此二者的，世上不會太多，故聊來也很盡興。飯罷便逕登火車，一臥而抵揚州。

至則旅遊學院派人來接去冶春茶社吃早茶。吃畢大隊人馬去汪氏小苑，我則獨返揚州大學。扔下行李後，便溜去瘦西湖逛了一大圈。湖水無恙，菊花數百品，尤為清妙，只是畫舫遊船愈發可笑了。

以前揚州之畫舫，乃是駁鹽船改裝的，所以形式各樣，如今卻千篇一律。從前有酒船，可在船上治庖飲酒，今亦無之。故甚單調。

為免單調，現在增加了一種唱揚劇的船，可在舟中聽曲。但伶人可怕：打扮作清朝皇帝嬪妃太監狀，傅粉勒紅，如在舞台。而人又都太老，居然白晝現形，除可怕二字外，無法形容。人客未來，則或摳衣、或省涕、或抽煙、或梳帽辮。那辮子是黏在帽子上的，摘了帽來整理辮子，露出一個大禿頭，更為可笑。

下午去鹽城，抵東台。經泰州、興化等地。一路車行，無數人文掌故就掠過心頭，感慨萬端。至，打一電話給李紀祥，他老家便是鹽城。告訴他我正在鹽城呢，他大驚，相與大笑。

我到揚州及鹽城，是應黃俶成之邀來參加鹽文化研討會的。鹽城東台一帶，古係鹽場，故以鹽為名。出的鹽，送到揚州轉運，所以鹽田鹽場鹽工在此地、鹽商在揚州。明清時，鹽之稅利，幾同田賦，故此一帶皆殷饒，如今就差了。江蘇省，富在蘇南，蘇北近始急起直追，東台又為蘇北縣級市中最佳者，但已不業鹽而改為養蠶了。蠶絲出產，本以浙江嘉興等地為盛，今則俱衰，而以東台居冠，時移世異，有如是者。

早起去黃逸峰故居看鹽文化展覽，除圖片外，沒什麼東西。圖片中有以揚州汪氏小苑的廳堂爲景，而用電腦配上「新安會館」的字樣矇混人的。繼而去王艮墓，王東崖墓在其旁。另建一屋，題東淘精舍，然非舊制矣。王艮乃陽明門下傑出者，鹽民出身，往訪陽明，具古衣冠，執笏立中門求見，乃豪傑之士也。但與會者多不知其人其事，一老者問我：「那艮上面少了一點吧？」令我不知如何回答。現在東台市政府把王艮當鹽文化之一部分來推重，我亦以爲小視了泰州學派。王艮固然是鹽民出身，但泰州王學與鹽文化有何關係？

下午去瓊港看漁民採捕，又去東海森林公園。園乃古鹽場鹹鹵之地，現在卻已全用來種樹了。萬木參天，廣達三十平方公里，在林中左穿右斜，歷時甚久始出。我因感冒，疑是禽流感，故一路昏睡，只覺顛得厲害，如騎烈馬。另一輛車上一位老者就慘了，他帶一枴杖，杖子跳起來把他頭臉都打破了，血流如注。

十一月一日早上仍開會，我略說了鹽文化發展之道。大意謂鹽在古代爲重要民生物資，今已不然，鹽業在整體農工產業中重要性已降低（古代鹽業占中國銷售收入和稅收比重約百分之六十到八十，現在鹽業收入不到百分之一，利稅也只有百分之零點一）。且飲食習慣改變，保鮮之方法也極進步，所以用鹽日少。目前食用鹽不到百分之二十五，故一方面應開發化工鹽、養殖、鹽生物工程、生活用鹽等等。一方面應放棄歷來專賣管制之辦法，進行鹽業體制改革。三則須改進技術，提高生產。目前大陸每年仍須仰賴大量進口鹽，而外國鹽既好又便宜（海鹽出廠價就要每噸三百五十至四百元，市場價那更不止，外國進口鹽卻只要三百二十八元左右，純度又更高）。但不論如何，鹽業從現實上看，確實是沒落且無競爭力的，能發展的，只有鹽

文化。

發展鹽文化，又不比茶文化，茶與人們之生活情趣有關，鹽則除用以調味之外，現在的研究僅限於鹽政之政治面、鹽稅之經濟面、鹽商之社會面，與一般老百姓關係甚少。且茶可常飲，鹽不可多吃。若想發展鹽文化，就須著重於鹽之生活面。目前食用鹽之比重本已降低，生活用鹽之用量漸增，在生活上，浴鹽、軟化鹽之推廣、鹽生化產品之開發，才能讓人體會到鹽與日常生活之關係。

茶文化又因與文人、藝術、禪結合，故有精神性之內涵，鹽則沒有。故茶多歌詠、鹽少論述。歷來鹽文化研究，偏於生產面（**鹽場及制鹽、採鹵、曬煮等工序**）、管銷面（**鹽政、鹽制、鹽運等**）而缺乏民眾用鹽、食鹽史之討論，更不重它與文學藝術之關係，現在要談人物、事蹟，只能談些鹽官、鹽商，否則就東拉西扯，幾乎只要吃過鹽的人，都被撏撦近來，產鹽區的史事也都可算入。如此空泛，正因缺乏具體之精神內涵，故只好東拉西扯而說之。

下午返揚州，祁龍威先生壽辰，揚州大學諸君爲之祝嘏。我如寥天一鶴，翩然蒞止，眾人皆驚，祁先生也很高興。飲了酒，揣了一包鹽，即告辭，搭火車返北京啦！

霧鎖北京

（2005.11.06）

李紀祥來北京，參加清華與新加坡國大合辦經學研討會。此會原係上次佛光與清華合辦清代經學與學術思想會議之延伸，上次會議，在大陸仍有顧忌，故不敢明建旗鼓，標舉經學之名。但因爲開得甚好，此番乃大揭旗幟，且出版《中國經學》。開幕也很堂皇，似一派經學復興之模樣。可惜這樣的會，本來是要繼續與我們合辦的，我既卸任，斯事遂罷，倒讓新加坡國立大學出了風頭。

在佛光的網上，見到新教務長吳青衫寫了一文，問佛光所接櫫的傳統書院精神到底是什麼，學生把從前開立校精神研討會的老資料發給他參看。其實青衫兄也可去查一下我那本介紹佛光精神的小書，答案都在裡面。只是，如今還有人願繼續發揚立校精神嗎？

青衫兄又說：「龔校長一連爲佛光山星雲大師創辦了南華和佛光兩所高教體系的學校，可謂備極辛勞。而佛光人文社會學院在經濟這麼吃緊的情況下，從上個年度至本年度，提供給龔校

長全薪的休假，不用負擔任何教學研究的義務，可以自由自在地講學於世界各地，應該也算得上對龔校長的感激」，原來如此，哈哈，領教了！

與李紀祥約了任定成、王駿去吃羊蠍子。聊得盡興，定成與紀祥竟喝醉了。把紀祥扶回房去，我乘夜風歸來。風甚大，把樓下的腳踏車全吹翻了。北京這幾日塵封霧鎖，十公尺外，不辨人面，幾條高速公路都封了。

北京的霧，與台灣頗爲不同。台灣的霧飽含水氣，故有清逸入雲之感；此間霧如沙塵暴，灰濛濛的，把人裹得幾乎要窒息了。有時竟是灰黑色的，彷彿煤煙一般；又像風景畫刷上一層泥水後乾了的景象。唯有風刮起來，才能吹開塵霧，復見清明。

果然今早起來，陽光明媚，城市又出現了。走入清華，銀杏一樹樹，全像金幣，把一個深秋景致，粧點得熱鬧非凡。

會議內容，不必贅述。倒是見到林慶彰能來會，很高興，他病後不常出門，此番來北京，看來氣色不壞。中研院文哲所經學組，近年能在學界形成這麼大的影響，他和經學組的朋友功勞不小。其成績，在創所時可能是想不到的。大陸經學之不講，已數十年矣，如今能打開這樣的局面，殊非易事。我治經，跟他不同路數，但不能不佩服他的專力篤行。他與紀祥又都善於帶領學生，我也不及。

夜蔡長林約了車行健與岳麓書院吳仰湘、北大喬秀岩、浸會陳致、盧鳴東等同來北師大找我，說要去吃狗肉。北師大附近無狗肉舖，找了幾處館子，大夥均不中意，乃又乘車返清華，找一路邊攤飲酒閒話。我輩飲饌，非求甘旨，但藉此一聚耳。是以大店不如小舖，精潔不如土俗，分餐不如合食，而物美則不若話清也。夜話至中宵始散。

夜甚寒，明日蓋是立冬。九歌出版社寄來我《孤獨的眼睛》，今已收到，凡收遊錄四十九篇，加一序，恰符「大衍之數五十，其用四十九」之說。

歲寒覓友

（2005．12．02）

連續幾篇隨筆都談台灣的教育，友人說：「你近來沒喝酒吧？怎麼老要談這些無趣的事？再寫這些東西，隨筆就沒人看啦！」我想也是。台灣的事，烏七八糟，本不好談；我人又不在臺灣，何苦又老惦念著那些事？只不過人情戀舊，不忍見家鄉繼續沈淪罷了，偶爾議論一番，觀者或應矜其愚誠。

由台灣歸來後，與謝正觀合辦了一個建築風水研習班，由台灣來了一批建築師，此間安排講課。風水一道，向稱迷信，然今之建築環境業中頗講此學，雖小道，亦有可觀者，故略講習之，或亦爲通人所不廢。

風水於《漢志》屬形法類，主相宅相地。唐宋以後，分爲兩派：講形法巒頭，專指龍穴砂水之相配合，爲贛派；講理法，以五行八卦定生剋者，爲閩派。至明清而形勢一派愈勝於理氣，我江西祖籍地尤多名家。家伯父乾升公即爲此道高手，既與老天師誼結金蘭，復持羅經以遊世。我曾隨他去尋山覓水，打羅盤、定穴位。當時年少，只覺得有趣，聽他講說相關掌故，尤感娓娓動聽。當時他在銓敘部做司長，論休咎多驗，故官商兩界找他看陰陽宅的人甚不少，如自由時報的林榮三就是。我伯侄倆常在他下班時去南門市場對面小魏川菜館吃豆瓣魚、荷葉排骨，聊勘輿之事。星期假日則隨他去山上跑。於今想來，都是三十年前的事了。正觀要我來上這類課，我觸景傷情，且書又都未帶在身邊，忙推辭了，另請陳進國、余希賢他們幾位來上。

北大與首都師大的課，仍在繼續。今有學生為搶位子吵了起來，令我有些不愉。另有友人還揶揄我，說：「我看你這些粉絲（fans）越來越囂張了，錄音也就罷了，現在還公然來錄影、站起來拍照。也許你已經習慣了，可是在我們這兒其實很少見呢！」我說：「大家好奇或好玩嘛，不必認真。」

我從前剛教書不久，《民生報》創刊，策劃了一個校園十大名師專題，選了十位校園名師來做報導。不知何故，把我也選上了。記者來我家拍了張我著短褲坐在椅上看書的照片登在第一版上，被老婆好生笑話了一陣。那當然是個噱頭，但爾後媒體就再也沒興趣報導什麼校園名師了，他們只會報導校園十大美女之類。故我之遭遇，亦可以徵世變。北大學生的表現，則綽有古風。

此間氣甚寒、風甚緊，樹葉皆已掃盡，冬天真的來了。在北風淒緊的路上，丟失了電話本子，更驟然添了些心頭的冰冷之感。與友人的聯繫忽然間彷彿都要失去了，一時感觸莫名。

深圳東莞記事

（2005.12.08）

四日絕早，便由北京飛深圳。寒風刺骨，云已零下八度。抵深圳，則十七八度，陽光明燦。但據稱已降溫，前一日還有廿六度呢！

深圳今已爲大陸第三大都市，人口千餘萬。唯此種人口統計，殊不精確。因外地人口多，無戶口，難以推估。大約戶籍人口與非本地人口，比例在一比十之間。一區一鎮，若本地三萬人，則外來移動人口在三十萬之譜，用孔子的話來說，就是「庶矣」，人多。其次則是「富之」。深圳什麼都貴，人均所得亦最高。只因鄰近香港，物價比諸香港，當然便宜，所以港人來深圳旅遊、置產、購物者，川流不息，市面之繁榮亦與香港相彷彿。

晚上陳潔請客。黃坤堯知我來深圳，特由中文大學趕來，飯畢再搭火車返，盛誼可感。座中另有郁龍余及毛少瑩。郁先生精研梵典，爲中印比較文學之業。少瑩則剛辦完台北、深圳、香港、上海的城市文化論壇，以及深圳的讀書論壇。

次日我又絕早便起，去蛇口搭船。因深圳是長型的城市，我住羅湖區，在東；蛇口在西，車行居然花了一個多小時。抵珠海已十一時。天候不佳，海象昏濛，蒙古來的冷氣團，已追蹤而至，因此這南國炎方也漸次降溫了。風大起。抵珠海聯合國際學院時，因這個北師大與香港浸會大學合辦的新大學，校址暫借北師大珠海校區內，而這個校區，又是珠海政府為改造珠海，闢了大批土地，劃為大學城，招攬中山、北師大、北京理工等名校來此設分校，所以地闊人稀，彌覺清曠寒肅。

聯合國國際學院現由浸會大學校長掛名，郭少棠任常務副校長，實際操辦。下學期命我來講文化課程，所以要來商量一下。我這十幾年來，皆與新辦學校為伍，在中正時，中正就是草萊初闢的，假日連碗泡麵亦買不著。接著到南華，也一樣買不到泡麵。然後再到佛光，情況亦無改善。篳路藍縷，以啓山林。因此來看郭先生他們創校，自是深具感觸。

下午轉去東莞。昔年曾來此籌設佛光之推廣教育班，面向台商。蓋東莞有三十二個鎮，合起來有台商六七千家，且有台商小學，頃又準備建五十層的台商會館大樓，做為東莞的地標，實力可見一斑。凡此台商及幹部人員之進修，至為重要，而國內無人注意及此，我因與該地主事者商量開設此類培訓課程。一切就緒後，卻因我卸任而作罷。如今房子還留在那兒，我不好意思不來收拾，替佛光做點臉面。

晚上即宿在東莞。東奔西跑，夢裡不知身是客。憶得上回來，在街道深巷中見一攤賣貓肉，拉林信華去同吃。信華面有懼色，乃大笑而罷。此番頂著寒風出去找牠，卻已不見，想是「煞死（SARS）」肆虐時，遭了取締，真是可惜了。

六日又絕早趕回深圳。毛少瑩已替我安排了去龍岡、坑梓等處看客家圍屋，遂接林榮禎、梁芳祥同去。

深圳在一般人看，是缺乏文化歷史的地方，只是改革開放後，憑空建造的一座新城市。其實哪是如此呢？只因外界對它不瞭解，本地人又多是外來移民，更加不懂，不曉得此地有六千年以上的新石器時代考古遺物，一千七百年以上的東官郡設置史，六百年以上的大鵬所城城堡史可考。大鵬所城，是明洪武年建的千戶所，今爲廣東省重點古蹟，深圳又稱鵬城，即緣於此。此外就是我要去看的客家圍龍屋。

深圳居民分兩大塊，一是廣府文化，一是客家文化。現在說的圍龍屋，主要是指客家文化區的圍屋，我佛光的謝劍先生是客家研究的專家，從前在南華時，我替他出版過《圍不住的圍龍屋》，就是以客家圍龍屋爲討論對象的。此爲國際學界通例。但事實上，圍，不是客家的專利，乃是閩粵共有的民居型式。把鄉村聚落合攏起來，建成「圍」，旨在防禦。防誰呢？一是海盜，二是少數民族，三是閩客、粵客械鬥時的另一方。台灣的地名中，也有這種遺存，如宜蘭的壯圍等地就是。閩南人、廣府人、客家人都建圍屋，可是近年閩西客家土樓聲名大噪，加上客家學者推波助瀾，遂令人有圍屋乃客家文化之代表的錯覺。實則就是在深圳，屬廣府文化的南山區、寶安區，也都有圍。只不過，廣府區之圍村，不受重視，連深圳市裡做調查，也只出版了《南粵客家圍》《客家圍龍屋》等書，所以我這次也只好又去看客家圍啦！

客家圍與廣府圍不同處，在於不只圍村，還形成圍樓和圍屋。而深圳的圍屋，跟閩西土樓、贛南土圍子、粵北四角樓比起來，規模特別大，形制類似城堡，如鶴湖新居和大萬世居那樣雙圍十角樓的，全國僅見。而且規制完整，有歐洲中古城堡的架勢；圍牆上設槍眼，屋前甚至還有大砲，情況也與城堡相似。

因天冷，在龍岡、坑梓一帶跑，凍得不行。幸而中午吃了一頓客家菜，燉狗肉尚不惡，否則無法禦寒了。七日參加學前教育研討會。這次是中國管理科學研究教育所等單位舉辦，主題是腦力開發，大陸一些主要做腦科學及教育應用的單位都來了。我講一題，談創造性思維，教人如何開發創造力。

大略謂：古代對天才的解釋，概分爲聖人說與巫人說，聖人乃天縱之聖，亦即天才；巫人爲神暫時下降，人乃通靈，即後世之靈感說。天才既由神賜，故亦無法研究、無法複製、無法學習。十九世紀末，一八七〇年高爾頓才由遺傳學角度開始研究。接著是心理學界，佛洛伊德、榮格二人以個人潛意識及集體潛意識解釋天才，但把天才視爲病症，把作家視爲做白日夢的未長大之兒童，另開天才解釋之一路。再一路則是生物學、腦科學之研究。

一九七五年，科學界首先測得生物電，一九二九年用之於人腦研究，發現了腦波，可測α、β、θ諸波種及其幅度、振頻等。一九四〇年以後，運用腦科學研究而講腦力激盪、腦力開發者日漸普遍，如奧斯本所創世界創造教育基金會，或麻省理工學院，每年都有相關研發與課程設計，企業界用之亦多。八十年代，強調右腦開發，在日本尤爲風行，影響漸及台灣大陸。但我對左右腦不平衡諸假說，頗有質疑，故主張全腦開發，至於怎麼做，嘿嘿，付錢給我或請我喝酒，我才告訴你，此處就不說啦！

講畢，去毛少瑩處。她那特區文化研究中心，乃深圳文化心臟，中午遂與文化局長尹昌龍、中心主任陳新亮聚餐，喝了酒才上飛機。席間略論深圳文化發展之道，諸君當不以吾言爲河漢。

夜抵北京，已十時許，寒氣已重，與去時相似，夜中但見樹木禿落得更厲害了。

煙波盪東湖

（2005.12.18）

十日在語言大學，高旭東兄召集了一個青壯學者的聚會，談兩岸文化之接軌與整合，由我與葉舒憲引言。據云此類集會已辦數次，會後聚餐，接著去打保齡球、唱歌。旭東意興甚豪，曰：不到兩點不准走。我第一次參加，又畏冷，飯畢便返，所以也不知他們玩到幾時。倒是藉此機會與陳曉明、王岳川等人見了面，否則在北京等閒也見不著。

次日鄭龍水由台北來，約了與楊光友兄弟、馮卓志、孫曉郁等碰頭，閒談傾酒，不在話下。但兩岸關係漸就鬆緩，因此與台辦系統人士相見竟少了話題，唯說近況而已。馮兄甫自台灣返，言大陸旅遊局此番赴台之行，卻還有些趣事可聽。

十三日飛往武漢，武大辦國學實驗班已數載，頃已有碩士矣。郭齊勇兄云辦得士氣高昂，但也十分辛苦，要我去助拳。我最喜歡做這類事了，因此便到了武大。去年這時候也來過，是在中文系與哲學系（**現在都稱院了，此為現今風氣**），與這次情況不同。

共四講，國學與新國學、現代與反現代、方法與方法論、小說與小說史，每日講一趟，詳情不用細表。對國學之熱忱，在武大師生身上很容易感受到，也令我很感動，以後有機會，再來支援吧。

此行逢尙永亮兄。前年在蘭州開會，同去甘南草原玩，接著便不相見了。去年我來武大，他去了京都，屆今才再見著。友朋聚會，輒如是也。他甚懷念李紀祥、劉國威、翁玲玲、趙孝萱等當年同遊諸友，可是我跟他們也同樣是難得一見的。

講課之餘，當然故態復萌，仍要去遊山玩水。我先去了趟赤壁。昔年在黃石辦弘道大學，在大冶、黃崗一帶考察了十幾處，帶著袁保新他們一齊跑。保新本來不願來，我與他約了說月夜裹隻燒雞，同去赤壁泛舟，他才願一道來。結果顛沛道途，什麼苦都吃了，就是赤壁沒去，燒雞也沒吃著。後來再拉他做事，他每以此爲口實。其實不只他感遺憾，我也遺憾哪！此次特去赤壁，即爲補憾。

東坡赤壁，頃已在城中，距江甚遠，唯舊堞半存。臨水一漥，猶能彷彿昔日倚杖聽濤之情境。古物古蹟，皆渺不可見，僅挹爽樓有景蘇園叢刻存焉。其餘碑刻題記亦多可觀者。拓得〈寒食帖〉一紙返。帖云：「自我來黃州，已過三寒食」。東坡在黃州，殊不只此數。流離劫餘，於此注《易》，塡詞、作字、築雪堂、泛江月，禍事翻成韻事。君子於茲亦可以啓悟矣！

當然，遊歷武漢，亦不須遠涉，城中即多佳處。琴台黃鶴樓我不擬再往，乃遊其東湖。

東湖極廣闊，水面比杭州西湖大好幾倍，故杭人謂揚州之西湖曰瘦西湖，武漢人又笑杭州西湖甚瘦。腴瘦本無關美惡，伶俜臞弱，往往勝似癡肥。然湖面煙波，浩淼者自具江湖之想，佳處當勝小景。我歷年來武漢，均僅由沿湖一線，逕入武大，故於東湖全貌，實未窺得。此次李瓊託她在湖北大學的同事帶我整個湖跑了一遭，始驚其汗漫。磨山、梅園、疑海、梨園，俱可觀。據云毛澤東凡來此渡假五十幾次，可見此君會享受，懂得霸佔風月。我遊了半日，才在梨園僱了條扁舟請老婆子緩緩盪回武大清波門，自覺甚韻。

夜間演講畢，走出來，皓月冰輪，不輸東坡赤壁泛舟所見。學生纏著我一路問問題，我則儘顧著看月亮，一心只想再去湖上泛舟。問了些人，都說現在已不准夜航，且也無人願涉險陪我去，乃作罷。看來要如東坡出遊並不難，難在不易找到玩伴也。曾問老婆子，扁舟一舸，只須數千元。將來在湖畔覓一椽茅廬，日日打槳盪入藕花深處，豈不妙哉？

十七日中午講畢第四講，即搭機飛南京，再轉無錫，逕入太湖，宿於煙波致爽樓。樓係梁思成手筆，面對蠡園，長堤疏柳，湖波如鏡，與東湖風光又自不同。坐落地窗台外，看暮色蒼然漸至，令人魂消。

晨起，則紅輪乍現於湖靄蜃氣中，疏寒特甚。自來觀日，亦未見此清景也。

乘快艇至三山仙島。島上有天都仙府、玉皇殿、月老祠、文昌閣。黿頭渚公園管理處擬將之改建，聘劉建華規劃。建華欲將此改為太極島，故拉我同來斟酌。我全島粗看一過，認為可設一世界道學中心，建華及公園顧文品主任皆首肯之，遂略擘畫。其事是否可成，將來再看吧。

此地佛光文學所學生第一次移地教學時曾來，如今春花冬梅，情景既殊，人事亦異，唯山色湖光，聊相慰藉而已。匆匆一遊，便又往南京。車行在高速公路上，心思卻彷彿仍在船上。搖呀搖，不知湖波要把我這船漂到什麼地方。

悅樂神州繼絕學

（2005.12.25）

北大的課，本周結束。有學生寫信來說上課時心情很不好，因爲課就要結束了，令我很驚奇，平常我們在台灣上課，豈不是巴不得早下課、早放假嗎？

課要結束了，我才問學生選課之狀況。選修了的學生，得給他們分數。結果又讓我吃了一驚。原來這門課開課時間較晚，學生早已選課完竣，所以只是得到消息了跑來聽，所謂「聞風而至」，沒有人是要成績的。如此這般每週來上課，而根本非爲學分之故，在台灣我也從未遇過。他們幾乎從不缺席，上課亦極專注，是以我也從未覺察他們全是「旁聽生」。如今才發覺，讓我直呼有趣、有趣！

有次與友人談及此一情況，友人說這顯示大陸現今對文化之渴慕，內在的需求是巨大的，所以現在的問題是如何促進外部之需求增大。外部之需求，指政府及社會得要感覺得到國學中國文化的重要性才行。目前大陸的學科編目表尚無國學、儒學、經學等名目，因此開什麼國學班等，均只能掛在其他學科底下，例如以中國哲學、漢語史、中國文學等去招生；學生將來畢業或考碩士班，也都是成問題的。此一困難，非台灣所能想像，故促進外部之需求，包括提供課程、師資、教材，均甚必要。

王基倫來北師大，參加散文研討會，聊起此事，並問行止。我便略舉此類事例爲說。謂我輩文化人，不揖諸侯、不事公卿，國家興亡，不甚相干，但頗以天下興亡爲己任。天下興亡者，文化之繼絕存亡也。在台灣，所奮鬥戮力數十載者，無非爲此。但如今台灣社會似乎用不太著我了，在台灣也沒什麼事可做。若只是任一教職糊口，豈不辜負我一身學問，亦對不起孔孟？倒是大陸國學已絕數十載，目前能淹貫四部、綜攝九流、總說三教者，尙無其人。我在此，還可以發揮點作用。爲天地立心，爲生民立命，爲萬世開太平，也許談不上。爲往聖繼絕學，則捨我而誰？因此我也許暫時不回台灣了，還會留在此地一段時間。

二十二日上午，去人民大會堂。文津閣四庫舉行新書發表會，冠蓋雲集。此書歷經三載辛苦，才得圓滿推出，盧仁龍兄厥功甚偉。我只在倡議時出了點主意，一切操辦，都是他的勞績，如今卻形成了四庫的熱潮。浙江文瀾閣下個月也準備印了。傅璇琮先生來邀我去杭州參加印製前的討論會，我感慨莫名，當即答應了去幫忙。

可感慨者甚多。其中之一，就是想到昔日倡議印文津閣時在佛光山受到的譏訕。譏訕者不識之無，不曉得此一倡議是我通讀四庫諸閣本而後才有的見識，隨口雌黃，我本以爲是針對我個人而發，今首都師大程恭讓來訪，談起來，才知小闍黎一向如此。他替佛光山編大陸博碩士佛教文庫，也是一肚子苦水。恭讓妙齡好學，頃又鑽研梵典，重譯《維摩詰經》《俱舍論》，又

能酒。縱酒傾談佛學，此等快事，豈闒黎所能知耶？

二十二日北大下課後，即去湯一介、樂黛雲先生家吃水餃。北方冬至，較少吃湯圓之風俗，大抵就是吃水餃。湯先生編《儒藏》，樣書第一冊已出版，收何晏、皇侃、朱熹、康有爲諸注。皇疏康注過去未真究心，今再通讀一過，收穫不少，康注尤有趣。李澤厚《論語今讀》引用康注不少，然論旨迥異。李氏書，三聯出版，不知何故，錯字極多，幾不忍卒讀。但首揭《論語》悅樂之旨，頗有見地。佛家說苦、耶教說罪，唯我夫子，張揚樂教。禮樂之樂，固不用說，《論語》開卷，就是獨學既樂，友朋講習亦樂，人不知，而我亦仍是樂。自稱云樂以忘憂，不知老之將至；贊顏回，則曰不改其樂。後世講孔學的人，不知何故，都不解此旨，把孔子畫成一幅愁眉苦臉、棲棲遑遑的樣子。要不，就是把孔子莊嚴呆板化，真是豈有此理！

武漢大學適有學生來信，說我去演講後，造成很大影響，學生們決定也要對國學下苦功，苦學一番。我就說：別、別、別！讀書是快樂的事，苦什麼呢？苦學是絕對學不好的。此理，宋代理學家略略窺得，所以他們教學，常要學生去思索「孔顏樂處」爲何。但不幸這些呆子，把悅樂當成苦思之題目，讓人想破頭去猜孔子顏回爲啥子那麼樂，結果悅樂也變成了苦差事。正如人悅則笑，現在叫你去想人家爲何笑、如何笑，且命你學人家笑，嘿嘿嘿哈哈哈嘻嘻嘻，笑就成了一樁可笑的事了，學生如何悅得起來？

二十二日晚，杜潔祥又到北京，二十三日遂約了高信疆、張頤武同去拜訪人大副委員長許嘉璐。許先生現又爲民主促進會主席，民主黨派在大陸雖說是政治花瓶，但既爲執政團體之一，若有心，未必就不能做點事。人大近年也較有做爲，通過之議案，未必便無作用。因此我們也認真提了些建議。許先生乃黃侃弟子陸宗達門人，曾任語文工作委員會主任，與我可算同一學脈，八十年代便有來往，故聊學問、談掌故，亦頗盡興，不表。談次，在民進中央用餐，吃了點鹿肉，佛光文學所學生曾在網上留言，要我小心點，天氣冷，別吃到用藥餌毒殺的狗。哈哈，說人會用藥毒狗去賣，是恐嚇別人勿吃狗者的謠言，從來沒那回事。狗肉市場如此之好，北大學生食堂都推出狗肉火鍋了，商人還不大批豢養嗎？何須去找流浪狗的晦氣？倒是現今在台灣吃素常會得狂牛症，不能不當心。

問雪何所似

（2006.01.02）

卅一日，晨起，忽見簷外如有物下墜，睇視之，呀，是雪！大驚喜，這是今年第一場雪，也是最後一場。

忙把女兒喊起。她迷迷糊糊站到窗口看了一眼，說：「比去年小多了。」我問：「去年如何？」她說：「那時你去了南京，我一個人去未名湖上，大雪厚厚積了一層，走在路上，彷彿踩著一地麵粉。湖上石墩子被雪覆蓋了，胖胖的裹成一個鮮奶油蛋糕」。我說：「唉，人家古代稱讚女孩子，都說是詠絮才高。把雪形容成撒鹽，已經夠令人恥笑的了，我怎麼生出妳這樣的女兒，居然老想到吃，不是說雪像麵粉，就是說像蛋糕？」她說：「誰叫你把我吵起來？我正夢到吃烤豬排呢！再說，那天我看太陽，就在凍雲層裡，紅紅的，猶如蓮蓉月餅中的鹹蛋黃」。我呵斥道：「又是吃。別吃了，快起來，我們出去賞雪吧！」

她咕噥著，不情願地穿好衣服，跟我一道跑去國子監。

來國子監，是個好選擇。假日，別的地方都人多，唯有此處必然冷清。至則果然。空庭寂寂，殘雪遍地，愈覺清寒。辟雍裡沒有取暖設備，凍得服務人員捧著暖手袋跳來跳去，因爲若不老跳，可能就凍死在那裡頭了。但正因冷清，故感覺好。老舊的簷溜、屋頂，蓋上薄薄一層雪，寒鴉數點，上接著灰陰陰的天，自有寥廓蒼古之意。

由國子監出，再去孔廟。大成殿正在修，故只能看看題名碑及十三經石刻。關於孔廟及這部十三經的故事，我已寫在《孤獨的眼睛》中〈學堂行旅〉一篇中，此處自不用多說。只是孔廟之冷清亦與國子監同，唯有些老外來逛逛而已。廟門口貼了一張牌子，說劉墉在進士題名碑第幾塊，希望大家進去看，以資招徠。廟中說明，又錯字連篇，看了都令人喪氣。劉墉，在整個清代進士中算什麼呢？在孔夫子廟堂中他又算老幾？如今竟要藉劉羅鍋來替孔夫子招攬生意乎？廟中古柏下又懸著大幅廣告曰：有聖樂表演，四個女孩，奏笛吹壎。人人皆穿大紅官袍，上繡一品大員才有的仙鶴補服；腰綑藍布帶，又如工人狀；袖口翻起，則竟然是皇帝的明黃色大袖。這是什麼玩意兒？不待我批評，女兒已大大吃了一驚，說：「上回你去曲阜，回來說那時孔廟如何不合典制，我能理解，但不能體會，如今看了這圖才曉得有多麼令人驚嚇！」

孔廟後面，是條狹窄的巷弄，開了個小門，寫著遊客止步。因無人，我們就溜了進去，原來是個大院落。看情況，古代當是一寺院，如今成了某單位之辦公處。把古蹟隨意添牆打壁，加燈立柱且不說，空庭寂寞，一地石趺石獅石凳石佛石版陶甕古磚閒堆亂放，全是珍寶，把我們看傻了眼，咨嗟不已，又贊嘆又傷惜！

出了孔廟，心想鄰近雍和宮，不如順便去遊賞一番。不料甫入寺門，就被車水馬龍的人潮與

煙油廢氣給擊倒了，幾乎窒息。捂著鼻子跑出來，半晌才恢復。看來果然「儒門淡薄」，不及佛菩薩生財有道。

一日元旦，閉門思過。杜潔祥、謝毓斌來找，同去海雨天風樓吃火鍋，下午再到文學院去與王寧、童慶炳、張健……諸先生商量下學期的業務。據他們說，要我擔任北師大九八五計畫「文化遺產與發展」中心的首席顧問，另外也可以招博士生，港澳台學生名額不限。北師大與歐亞大學也可以合作，故一月中我們在馬來西亞所辦的會議，他們也希望派員參加。

我聽著他們的話，想起與童先生第一次相見，在一九八八年，快二十年了；與王先生相交，也差不多如此。我跟她一同在北師大商量合作，成立漢字所，也有十餘年光景了。歲月催人，又是元旦矣。去歲元旦，我在蘇州藕園茶樓上獨坐，聽樓下小舟打櫓泛過，曲音迴盪不絕。如今又是一年，學殖既荒，人物垂老，感何如之？今天中午吃火鍋時，潔祥忽問我：「你就要五十了，有何感想？」我說：「知天命！」這不是套孔子的老話，而是確有體會。子在川上，曰：「逝者如斯夫，不捨晝夜」，頃亦有同感焉！

補記：

聞沈謙夜間心肌梗塞遽逝，不勝震悼。把消息告訴女兒，她也很吃驚，因我們兩家有舊誼，沈妻施秋月，是她們自幼熟悉的，所以頗為他們家操辦喪事掛念。但隔了一陣，她說：「假如我早起發現你忽然死在床上，怎麼辦咧？」然後自言自語道：「那太恐怖了，我還是趕緊把你拖到陽台上去晾著，免得屋子裡太暖了，爛得快……」，我說：「我怎麼會有妳這種小孩？莊子老婆是用扇子搧墳，好讓墳土乾得快，以便去嫁人；妳卻要把我拖到陽台去凍成木乃伊嗎？妳這可真是後先輝映吶！抑或是後現代生死觀，拿死亡來搞笑呢？」她不理我，逕自上網去，進入超時空哈拉版了。

瀾波或亦動西湖

（2006.01.08）

在北京文津閣四庫新書記者會上，逢傅璇琮先生，約了一同來杭州參加文瀾閣四庫的會。但新春多聞不好之消息，知俞遜發肝癌，已住入醫院，乃先赴上海。

遜發的笛子，世稱魔笛，乃當世一絕。昔來台時，曾刻一印章帶給我。去年我請他到佛光客座，但他每次到校，我都恰好外出遊歷了，故竟未一見。不料如今見面，乃在此地，真是令人感慨莫名。門上貼一紙，曰俞老師須要休息，敬謝看望。因我與杜潔祥遠來且係老友，特予通融。遜發見我等，亦甚激動感慨。雖說話已較吃力，但仍樂觀，說要再闖一闖這一關。我對他是有信心的，但擫笛之妙，或不易再聞矣！

由醫院出，隨張曉峰先生赴太倉。張先生爲名作曲家，所撰新春別、竇娥冤等名曲甚多，善能翻古劇爲新聲。閔惠芬、俞遜發所奏，多出其手。近年隱居老家太倉，推動江南絲竹之研究與演出，貢獻甚鉅。而性情夷悅，談諧傾酒，老輩中少見。與潔祥爲老友，潔祥於一九八九年即在上海爲之辦專場音樂會。我則爲初識，然握手如平生懽。

四日，與張先生去文化局拜會，對太倉目前準備建設爲中國江南絲竹之鄉之做法，有了總體之瞭解。五日則去張溥故居、江南絲竹館、南園。南園乃明王錫爵故宅花園，如今重葺。舊宅則僅存一門面，內皆古董商攤，寥落已甚。不過四壁所嵌碑刻極精采，有明萬曆帝敕札、吳梅村文廟碑、康熙臨峪書等。趙孟頫數碑尤精，而向不見拓本，亦未發表。我欲得一拓，詢之，則云權不在太倉，須得蘇州批文乃可，只好作罷。

夜在張先生家喝酒。張先生精庖治，絕早便去採買螃蟹。我本以爲如此寒冬，蟹早已不美，孰知膏腴出乎意料。張先生意興甚豪，竟又覓出十七年前杜潔祥在香港買來送他的一瓶XO來，把潔祥灌醉了。席間另邀高佳音吹笛、張佳林拉二胡，飲次閒話藝事，二君伴奏，快何如之！至於如何發揚江南絲竹，此處從略，不必再發議論了。

六日清早即由太倉赴杭州。吳光、徐斌等來接，並往蔣莊，遊馬一浮紀念館，嗣再入住汪莊。汪莊乃茶商汪裕泰所建，占得湖山最勝處。爲政府取得後，曾爲毛潤之頤養之所。故今仍深雅可喜，唯少人文氣耳。汪氏雖巨賈，然來往多雅士勝流，舊有琴堂，貯古琴甚多，抗日軍興，爲日人掠去。其餘書畫文物，頃亦邈不可見，只能欣賞湖光了。

七日，舉行文瀾閣四庫整理編纂會議，學者僅我與傅先生等數人，餘以政商相關人士爲主，且多未曾寓目文瀾，遑論文津文溯。故知此事敲鑼喝道者雖多，真賞殆寡。幸而風雅一道，亦須有若干附庸風雅者以爲羽翼也！作詩二首：

一

可能天意慣焚書，輯比叢殘待後儒；
我自南來說掌故，瀾波或亦動西湖。

二

淵津瀾溯歷劫存，太乙分青有化身；
湖上蜃雲頃作雨，潤濡大地欲呼春。

文瀾四庫乃太平天國劫餘，丁丙丁申兄弟輯補者。後又經錢抄張抄，如今得以影印出版，化身千億，可免湮沒，而文風再舒，亦猶春來可期也，故詩中云云。

晚將返北京，十一日就要回台灣，還有一堆事要辦，故不能在此多事盤桓，辜負盛景，自覺也頗遺憾。

歲末多感

(2006.01.26)

歲末多感，自古而然，但親身遭逢，感受又自不同。沈謙之喪，昨出殯矣。前甫由吉隆坡返，聞杜潔祥已由大陸歸，且來電，問何事，則竟是俞遜發已歿，聆之悄然。遜發雖罹病，然倔強不從命之神情猶在眼前，誰知竟去得如此之快。幸而當時迂道往視，否則最後一面便不可見了。潔祥與林谷芳兄弟，手中各有俞之版權若干，頃由鄭龍水出面，予以統合，擬編一特集，發行以資紀念，所得則捐予俞兄家屬，爲教育費用。友朋義舉，於斯世亦爲難得者矣，然亦可哀也。

又去電張師母處，方知師母中風，刻在長庚急救，忙趕去。張眉叔師過世後，師母抑鬱寡歡，常獨酌遣懷，不料酒後中風，而老年體弱，醫者不敢下藥，囑爲靜攝而已。我們去，亦只能替她按摩而已，唉！

可感慨者，還有年前過世的魏子雲先生，及年前因性騷擾疑案而返上海的王小盾兄，但不多

說了。中年哀樂，王羲之所慨，唯願新年吉祥，一切友朋俱皆無恙。

回過來說去馬來西亞的事吧。此次在馬，凡開三次會，一爲管理學會議，一爲歷史學會議，一爲文化文學研討會。楊松年先生在佛光這幾年，推動世界華文文學及南洋研究不遺餘力，促進台灣與東南亞文化文學國際研討會，已辦二屆，此爲第三屆。前此論文集俱已出版，在國際間頗具影響，栽成學生後進亦極具效果。因每次都帶有移地教學的性質，現地考察，故能眼界大開。

除三次研討會外，在怡保辦了一次文化下鄉。所有教師，分四批到安順、太平、紅土坎及怡保去開講，號稱「捲起千層浪，把文化深入民間」，在大馬恐怕還是個創舉。

另因我在倫敦終身教育學院擔任董事，又辦了非營利事業歐亞大學、馬來西亞華人政黨「馬華公會」與我商量創辦中央黨校。我在台灣，也兼民主工黨黨校的校長，但對在馬來西亞推動黨務畢竟不熟悉，因此這個黨校我只能從旁協助，具體負責的，乃是王琛發兄。此次趁我們到吉隆坡，馬華公會在黨總部舉辦中央黨校開課禮，並由我與楊松年、李紀祥等開講，談全球化趨勢下大馬華社該怎麼做、如何提升公共領域的人文素養，及華人世界之前途。黨校校訓「仁民愛物、止於至善」是琛發所擬，我寫的字。這樣的黨校，實在有趣，未來在歷史上定會記上一筆。

在檳城和吉隆坡，還與南洋商報辦了兩場「黃河、長江與海洋：歷史中的華人世界之版圖與文化視野」論壇。李紀祥強調海洋觀念，我因此想到長江黃河海洋都是水，故以爲可再衍生說水的觀點。水與土是相對的，中國歷來以水譬況德行，如老子說「上善若水」或孟子說「盈科而後進」。也以水形容人民，如孟子說爲政以德，則民之歸往，如水之就下；若爲政無德，則老百姓老者死於溝壑、壯者散之四方。老百姓就像水，是會向有糧食、有道德、有溫暖的地方流動的。因此古代稱民爲氓，《詩經》氓篇就是明證。可是執政者總是以土地來束困人民，要把人民困在土地上，不准人民流走四方。凡「流氓」均是政府所要對付的，流氓乃因而汙名化了。可是人民能被困住嗎？北方政權太兇了，人民就向南方流走，以長江來阻隔它。長江也擋不住了，人民就流走到海上。到台灣、到南洋，利用水，延後政權的土地擴張。因此水的觀點也就是人民的觀點。

人民的觀點，其實也是中國的觀點。「中國」自古以來就不是一個土地屬國的概念，而是一個文化觀念，所以顧炎武特別強調「亡國」與「亡天下」不同。亡國跟老百姓沒什麼關係，乃是執政者的責任；老百姓只對文化興亡有責任，人民並無愛國效忠國家之義務。如今華人屬國不同，應關懷文化則一，正是此義。孔子當年準備乘桴浮於海，可說是早期準備移民的先驅。與中國相反的，是外國之殖民擴張，乃利用海洋以達成其領土之佔有。故海洋不再是人民利用水以延緩政權的土地擴張，而是把海洋當成政權之延伸，因此才有所謂「海洋國家」之說。海洋國家其實不是海洋觀點，而是土地觀點、權力觀點。這是現今台灣一些反中國、去中國化、誇言建立海洋國家的人所未及思量的。

悲喜交集

（2006.02.03）

《中華詩學》去歲冬季號，新春假期中才收悉，開卷即是龔嘉英、馬鶴凌二老去世之各哀輓詩文聯語。龔嘉英先生乃我江西耆宿，且為同宗，於我獎掖甚至，嘗序我詩集云：「吾宗世代出奇才，……，儒道兼含金粟影，當年筆底動風雷」，馬鶴老則為馬英九兄尊翁，於我亦多提攜。二公皆中華詩學研究所副所長，秋間遽逝，我在大陸，遂不及弔，憾甚。

於刊中又見春人詩社社長廖從雲等亦逝世，老輩凋零，誠如龔稼老所云：「蓬嶠豈少紅唇族，詩苑偏多白髮人」，益多感嘆。今日詩壇當然仍多吟事，但多不成語，如「天下興亡人有責，家庭和睦弟兄扶」「口齒清新情態好，良師自是意中人」「今日正是中秋節，泉州兄弟共嬋娟」之類，劣於薛蟠體矣。一些聯語，如「落山風，風落山，山風落；瘋狗浪，浪瘋狗，狗浪瘋」「金絲猴，金絲燕；白烏龜，白烏鴉」，品格尤下，讀來令人笑也笑不出來。聞陳冠甫兄頃於淡江設立楹聯研究所，期望能稍挽頹風。

老成凋謝之感，又因韓秀大姐來信而更增。韓大姐提到魏子雲先生。魏先生其實一直在學院派主流之外，獨力治學，蹊徑自闢，但也踽踽涼涼。連現代文學創作，亦總在鎂光燈照射之外，猶如山花自媚，獨開獨落。平生甘苦，恐只自知而已。一九九〇年曾同去南京師大開兩岸小說研討會，同團以他最為老宿，而謙不肯領隊，命我代勞，老輩撝謙，風範往往如此。後來他幾本書都在學生書局出版，我也很高興能替他服務。我有作品，他也不忘來商榷。一次我批評江西南昌青雲譜八大山人紀念館，說那根本搞錯了，八大山人從沒住過那兒。八大是和尚，青雲譜可是個忠孝淨明道的道院吶！他就把他有關八大的研究著作都寄來給我參考。此亦老輩風範，今不易見著了。

年節前後過世者，還有賴宗賢。賴桑講靈學，辦有靈乩協會，曾出版道學靈學書刊甚多。我也替他辦過一個「尋根文化中心」，為社會人士講文化經典，仍今日讀經運動之先導。又曾得他贊助，舉辦過道學研討會，柳存仁、饒宗頤諸公都來參加。隨後去全省兜了一圈，日與那些講靈的朋友臥處，大家都覺得十分新奇。但賴桑不是一般乩童，他後來去四川大學讀了博士，在峨嵋青城修證過一段時間，如今歸真，令我不知應悲抑應喜。

大過年的，講這些死生契闊的事，未免大煞風景，沒什麼好吃好玩的事嗎？啊，當然有的。母親無恙、諸妹俱安、得天下英才而教之，孟子所謂人生三樂，王天下不與也。過年期間我就充分享受到了這種快樂。我一些老學生，吆喝來聚了幾次。聚談，殊覺快暢。談起學問事，我就準備今年再辦一次「中華文化的詮釋與發展研討會」，以後成為年刊，當成一個師友進德修業的媒介。另外，「人文講會」也準備如此做。除此樂事外，把《明儒學案》等好好又讀了一

遍，更樂。我太忙，否則當可再寫一部。梨洲所談每一人，均可檢尋其文集，再做考案，與其發明。今既無暇，僅略草一短文，論梨洲蕺山一脈心學經世之風而已。

還有什麼樂事呢？一時想不起來，只記得在馬來西亞時，要去吃鱷魚肉沒吃著，僅吃了蝙蝠松鼠等等。此番在台北找著一處，吃了鱷魚掌、鱷魚尾、鱷魚腸等，吃畢還把鱷魚頭帶走了，準備熬完湯後拿來做個標本。若問我鱷魚好吃麼？咳，我吃得嘴都糊住了，就不說啦！

我看聯合國際學院

（2006．02．19）

魯迅在《三閒集》裡提到：「有些人們每當意在奚落我的時候，就往往稱我為雜感家，以顯出在高等文人的眼中的鄙視」。他顧慮的，顯然是他那些隨筆雜感不能獲得文壇之好評。倔強如此君，尚有此顧慮，我當然有時也會對自己寫這些亂七八糟的雜感有何意義產生些懷疑。固然藉此可以向還關心我存歿，掛念我是否仍在人間喫狗肉、罵禿驢的朋友報平安、說近況，但雜言剩語，無當著述，不無浪費筆墨之嫌，所以有時想想就懶得寫了。然碰上旅中無聊時，藉此塗鴉，以消永晝，又不免隨意扯淡一番，想來更覺可笑。

二月十四日由台北飛澳門，台北駐此間之官員，亦我陸委會老友張多馬不在，故僅與大陸駐此之陳永浩、沈兵秋見了面。陳先生由遼寧調來，乃舊識，昔我赴大連，陳先生還專程由瀋陽趕來相會。沈君則為新識，不料竟與我為小同鄉，亦江西吉安人。稍談，即轉拱北口岸入珠海，再由聯合國際學院派車來接我入校。

聯合國際學院，常被誤稱為聯合國之學院，其實乃香港浸會大學在珠海所辦，給發浸會文憑，教學管理體制皆能自主，不受大陸體制之限。例如課程可以自己規劃、可以不設黨組織、校長亦由港人擔任等等。此乃大陸境內之一國兩制，故為創舉，乃大陸教育與境外合辦、接軌之一實驗，十分值得觀察。與英國諾丁頓大學在寧波、歐盟在上海所辦者又不相同。

該校為體現此特色，強調國際性，以與大陸其他大學相區隔，採英語教學，未來也可能逐漸發展為多語。學費甚昂，學生每年須繳三萬多人民幣，即十幾萬台幣，未來還會調漲到四萬多，因為也向香港招生，還準備招台灣及外國學生。

我來此，是郭少棠先生力邀。他負責校務，我來助拳是應該的，但每月只能來一次，跑多了我也受不了。而我之所以願來，更是因為對此一實驗的好奇，希望可以切身體會觀察，且我自己辦大學，都是新創的，我有我的做法與經驗，所以也想看看人家是怎麼辦一所新學校。

看的結果當然感觸良多。例如行政人員之熱誠、效率；課程規劃之用心、創新；師生之融洽；校園之曠寂……都是我所熟悉的，南華、佛光早期的情景如在眼前。跟從前南華與佛光最相像的地方，一是強調全人教育；二是配合全人教育，辦了一些特別的訓練營，他們引進的是美國的資源，我用的是傳統的，例如成人禮、鄉飲酒禮等；三是重視師資，向全世界徵才外，更重要的是禮聘大學者來授課。今年招生才二百餘人，卻已請到像我這樣水準的美國、奧地利資深著名教授，跟我們從前極力爭取資深教授及香港大陸著名學者，正是不謀而合。可見辦好一所新大學，某些原理，仍是共通的。

當然，吃泡麵裹腹，對新學校教師來說，也是個相通的經驗，哈哈哈！

悼逯耀東先生

（2006．02．28）

於台灣赴澳門珠海期間，聞逯耀東先生去世。各報鮮有報導，唯聯合報發一消息而已。於逯先生平生學術都無介紹，獨云其好吃懂吃，能考證台灣川味牛肉麵乃在臺眷村軍人創出等等。此豈知逯先生耶？

台灣牛肉麵到底如何起源，殆難確考。我父在台北小南門及台中賣牛肉麵時，固然與岡山、左營、台北諸牛肉麵攤毫無淵源，年代又更早，故他老人家常自認爲是台灣牛肉麵之始創人。但我知道別人家也有別的來歷、別的做法，故誰屬第一，我不敢如他老人家那般自信。舉此爲說，只是要說飲食一道，人人都有經驗的局限，未食天下菜，誰敢自誇知味？逯先生亦只是嘴饞而已，非知味者也！其平生足堪記述者，豈在此乎？

逯先生在史學界，固然有開發飲食史研究之功，但比起另三件，此功就較膚末了。一是他對長城的研究，《勒馬長城》一書，文采思致均佳，時稱名作，相關之拓拔魏研究亦可觀。二

是對中共史學的研究。三是對史學界曲學阿世，附合李登輝陳水扁政權「去中國化」之風的針砭，給弟子的公開信，大義凜然，足徵風骨。而其寂寞辭世，報導寥寥者，或亦爲此。

近數日，新聞最熱鬧的，當然是陳水扁之「廢統」，以及配合二二八，史學界又一堆曲學阿世者出來刊佈所謂研究報告，直指蔣中正爲「元兇」等事。黃彰健先生另提一調查報告，撥亂反正，而亦不獲重視，令人益感慨憤！黃先生將近九十了，老驥伏櫪，彌可感佩。他與張眉叔師相熟，昔曾想介紹我入史語所，幸而我因故未能去，否則我現在會更難受！

在北京，學校新開學，雜事還不多，抽空就把幾篇論文寫了，並跑了少林寺一趟。少林寺正大興土木中，嵩陽書院、中岳廟則雪中岑寂、荒鴉古木如故。

嵩陽書院乃天下四大書院之一，與白鹿洞、嶽麓齊名，二程兄弟講學處也，南軒與朱子亦曾來此。中嶽廟則爲漢魏以來祀中嶽者，寇謙之在嵩山得道奉《太上老君音誦誡經》，與此亦綽有淵源。雪中來遊，感覺尤佳。因爲白雪遮蓋了一切衰破殘舊之象，特顯清穆，且無人跡。古人云：「不踐前人舊行跡，獨驚斯世擅風流」，此境難到。不常隨眾擠在一條路上走，我倒還能試試，所以常喜歡這寂寞少人的處所。

唯因大雪封山，因此廿七日本想飛回北京就耽誤了，與盧仁龍在鄭州多留了一宿，雪阻歸程，理當有詩，但貪看雪景，也就忘了作，同時也忘了這是個惱人的日子，二二八！

雪讀臺靜農先生《中國文學史》

（2006.03.12）

由少林寺返北京時，因大雪，機場關了一天，故第二日機場大亂，我與盧仁龍好一番折騰才得返回，委頓不堪。所以回來後歇了幾天，等閒不太出門，只與吳興文、王瑞智喝了一趟酒。

徐秀榮兄把臺靜農先生《中國文學史》寄了來，正好就看了一過。臺公此書係何寄澎等人據遺稿整理，既爲未成稿，自然不能以著作來要求，體例頗多可商，亦看不出整體文學史觀。但文章醇雅，雖不經意之筆，亦爲今日難得者。今人不會寫文章，學術論著都疙疙瘩瘩，藉洋腔洋調及黑話術語壯膽，尤其是筆舌木強而競談文學，豈不可笑？臺公說理敘事，輒見春雅，具體見解，雖不見得都能令我心折，但文字起碼不令人討厭。而就是具體論文學史事，亦有自家心得語。看得出每論一人一代，臺公都把那些集子翻了翻，非同稗販。故無論說法或體例，均有獨到之處。此，老輩之可敬處。《中國文學史》，我也是要寫的，怎麼寫，還沒想妥，但至少應如臺公，把那些文學作品都再讀一遍再說吧！

南大周群先生來約，遂又去了一趟南京大學。去年南大思想家研究中心即聘我客座，校長發了一聘函，我一直沒空去取。周群先生既來約，我也覺得不好意思，所以只好走一遭。

在南大，參加了個頒證儀式，並作了場演講，談「文質彬彬：文學思想中的辯證思惟」。因該校正在舉行辯證法之系列講座，我純是配合而已。住在南苑，園中紅梅盛開，令我北來之人，望之忘倦。

在南京又抽空與社科聯諸友人聚了聚。前此曾代辦諸君來臺，諸君均感滿意，因此中午吃飯時就聊起要再找一狗肉店來謝謝我。夜果覓得一徐州館。尉天驄令弟天驕亦來會，談起赴台見聞，深覺國民黨黨員保險制度及農村農會體制，可供大陸參考，我亦以爲然。近日大陸正在開「兩會」（**人大與政協會議**），農村問題乃一大熱門。由台灣叛逃來大陸的林毅夫，炙手可熱，我看電視，甚至有人說他可能會得諾貝爾獎。他正是研究「三農」問題的。其實研究農村或改善大陸農村現況，台灣來的人，大抵都能提供點意見，台灣農會之經驗，更可以斟酌採用，尉先生的觀察是對的。

由南京轉上海，返北京。霜風凄緊，日昨猶有雨雪，遙念江南花光，不勝眷念。

五十小述

（2006.03.15）

今天終於把圖書證辦妥了，此可說是來北京後大事之一。

去年在北大，原擬去好好讀書，不料圖書館正維修，辦證件也不順利，因此竟到我離開時還沒取得。初以爲是因我由外地來，故如此。後發現不是，因小女在北大註冊讀書，也一樣到學期末快要寫報告了，圖書證才姍姍遲來。爲何如此之慢呢？原來是此中手續繁雜，超乎想像之故。

以北師大這次辦證來說吧，我八月到此間，一月中要回台灣了，才在人事處辦好相關人事手續，但人事處另開了幾張文件，要我一一跑到。例如去銀行開戶、去網路中心辦上網的事、去圖書館辦證、去餐廳辦卡等等。看這些，你就可以想知前此半年，我的生活狀況了吧。台灣邀聘教授到校後，必不會拖這麼久才能把這些手續辦妥的。我的例子特殊，從前沒辦過，協調費時，乃原因之一，另一原因則是由於行政管理體制不善。

單講辦圖書證。我持人事處開立之文件去三樓借閱室問，說沒辦過，得請示。問了一通後，說可以辦了，但只能閱覽，不能借，如何才能借？又詢問了一番，說可以借，但得交三百元押金，那就交吧。不行，已十一點半，您下午再來。「什麼？不就寫張卡發給我嗎？一分鐘便可，何須讓我回去，下午再跑一趟？何況才十一點半！」——當然這話我沒說出口。十一點半便下班回家吃飯，乃大陸行政人員之天賦人權，誰敢惹他們生氣？

下午二點半才可能替你辦事，因此也不能太早去了。二點半準時趕往，開了一張單子，我就立刻把錢掏了奉上。不是，不在這兒交，得拿此單子去財務處。財務處在哪裡呢？在一公里外。於是只好摸摸鼻子，下樓，去財務處。找著財務處後，先在一處又開單，開完一保安來領我去另一處交錢。交畢，再持紙奔回圖書館三樓，說：啊，您辦好了。再開一單，說，請您下一樓去找著照相室，拍張照再回來。便再奔下樓，尋尋覓覓，找著了，說您怎麼沒工作證，沒工作證怎麼替您辦吶？於是再請示。偏偏電話又壞了，弄來弄去，沒法修好，算了，出去找人協調吧。我便呆坐在拍照椅上沈思冥想，等她協調回來。說：好了，來拍吧。喀嚓，拍了一張齜牙咧嘴、似哭似笑的大頭照。再轉回三樓，做好了一張借書證，大功終於告成。我默計了一下，總共走路二千二百三十七步。不唯於我鍛鍊身體大有好處，亦消磨火氣之良方也。

我毫無批評北師大的意思，它們行政人員對我甚爲和善，亦無刁難之意，而是在大陸辦事，程式往往如此，什麼地方都一樣。過去大家常詬病大陸行政人員貌似晚娘，兇狠異常。如今早已改善，但態度和善，手續繁雜，依然讓人吃不消。我有時就會想：大陸跟台灣的學術交流，可能除了教授之外，最該做的就是行政管理經驗之學習。大陸目前，最迫切該改革的，也不是政治民主化，而是行政管理體制。

又，今天過生日，明芳從台灣用網路訂了個蛋糕送來，還有一大盆花，指定用黃百合等。也許因天氣尚寒，花不好找，配了些黃菊花來。女兒回來，看了說：「哈，老爸，你怎麼插上菊花了？」害我作勢打她一巴掌（一般哀輓的花圈都以菊花為飾，故她如此開玩笑）。倒是老妻不無感慨地對女兒說：「想不到妳爸也活到五十了」，令我有些感觸。

我自幼體弱，不好帶，什麼病都得過，有一陣子還得了小兒痲痺。父母耗盡心血，才得保住我一條小命。後來還讓我拜天師爲義父，希望藉天師威靈，助我壽庥。

我後來練拳習武，身體卻還是壞的，且因乏人指導，亂練一通，有時走火入魔，有時跌打損傷，不在話下。到大學時，才四十幾公斤，成天乾咳，如肺癆鬼一般。老師們都憐我體弱，恐我夭損，有意無意就會用古代才豐命嗇的一些例子來勸我少斂才華。

像張之淦師每次聽我咳就發怒，要我愛惜身體，詞也不准我塡。說他自己少年時，亦多愁善感，以才人自喜，作詞咯血。此體易於動情，故不令我作。我每撰文，輒作哀音，感時傷逝，慨嘆良多。他老先生也大不高興，說：「此非壽徵也。爲文宜沖淡和平、條暢大雅，方足以養和增壽。你年紀輕輕，不要學李賀、李商隱！」可惜我一直改不過來，他也就一直替我擔心。

後來我於「八九事件」後去蘭州，逢柯楊先生，爲我把脈，還說我須吃十全大補湯，長期調理。某次，在天帝教總壇清虛妙境，帝教朋友爲我發功治病，運作良久，皆無效果。因爲他們這一派的功法，法用先天，乃是要催動被治人本身的氣來相配合的。可是提來提去，都提不到我的氣，只能說我屍居餘氣，殆若槁木死灰，大約是沒救了。

這樣的人，竟也活了過來，仍在人間飲酒、作文、罵人，而且好像越來越元氣淋漓的樣子，不亦怪哉！老天厚我，親友師長調護攝習我，乃有今日，實該感恩，善哉！善哉！

春風又綠燕京柳

（2006.03.27）

邇來事雜，隨筆遂寫得少了。但春風又綠燕京柳，時序催人，雜事亦偶有可記者，聊誌一二：

一、去年秋間入住北師大以來，宴居夷然。但近日因台胞證屆期，須辦延長簽注，赴入出境管理局辦理。結果，哈，不行！爲何？去年我辦時，說要取得工作證明。當時是在南京，故由南師大開了證明，由南京國安部朋友陪我去跑了一趟，才順利簽得。因此今年我就特地請北師大也開了一紙證明。前此在珠海時，珠海地方政府也要求我去辦工作證。拿了這些證去，想來必無問題了，誰知此番又不要工作證明啦，要居住證明。詢之，曰：去你住的派出所辦。乃飛車去至北太平莊派出所，結果戶籍科說該處不能替我開立證明，因我住的不是民房，而是學校的公寓，所以該由學校開。我抗辯道：「稍早我女兒也來這兒辦過居住證明。」他們否認，道從前不曾辦過，必是我弄錯了。無奈只好跑回學校，到外事處。外事處轉人事處，人事處轉保

衛處，保衛處轉資產處……。總之，折騰了好大一圈，終於辦成了。不敢抱怨，但此等事例，近一二周內遭逢多起，益發令人有著大陸宜速進行行政體制改革之感。舉一反三，其餘的就不再贅述了。

二、住在北師大的房子，三月底屆期，要搬家了。因此近又忙著搬家的事，新住處在校外。北師大這地方，名叫鐵獅子墳；往南走，叫冰窖胡同；附近還有一處叫索家墳，地名都不甚佳。唯新住處所在，有個好名兒，喚作「小西天」，路則名爲文慧園路，看來尚切我之身分。故將暫居之處取名「如來藏」，謅一詩曰：

身存如來藏，家在小西天，吾廬雖芥子，廓然蘊大千。

想去歲在北大，住勺園；在清華，住地名棲德園；今則居然自作佛祖矣，有趣！

三、在網上，看見佛光大學ＢＢＳ上烽火連天。師生痛批佛光山，護教護山者則認爲師生是蝨子上了獅身，還食獅肉，不知感恩。如此如此，令人慨歎。星雲老闍黎上周在湖南嶽麓書院演講，我聽到消息，深爲憫之。老先生八十矣，尚如此搏命。可是他也許不曉得佛光山因如今辦南華及佛光兩校之種種行爲，已在學界博得了他所難以想像的惡名。故看見他如此賣力演出，反而倍覺其淒涼。甚哉，凡事之宜善其始，而尤當慎其終也！

四、不管如何，嚴冬已逝，春天又走入生活。每天都會有一株樹、一叢花、一地草，迸出來嚇你一跳。昨天可能還枯乾黑焦，宛如死絕了一般，今天就活綠嫩黃、揚眉瞬目起來了。北師大景觀遠比不上清華北大，但也有些梅呀、杏呀、桃李櫻柳之類的，幾株木蘭，開得尤其好，彷彿樹上長著一朵朵白蓮花。一些迎春花，也鬧得很。柳樹抽了條，更是如煙似霧，看著春光如此，卻令人越來越擔心。天氣暖得太快，北方尚且有不少桃花已飄散一地，南方可怎麼辦？我下周要去西湖看花，若趕去時竟已花事消歇，可如何是好？古人詞：「若到江南趕上春，千萬留春住」，想必即是此等心情。

五、有謠言謂聯合國將取消繁體中文字體，消息傳來，台灣嘩然。馬英九在美，呼籲聯合國應考慮此舉對中華文化之傳承會造成不良影響。鳳凰衛視則有談話節目討論此議對香港之語文環境料亦引起衝擊。有些簡體字的擁護者色然而喜，以爲是一大鼓舞。實則聯合國乃一機構，此機構中，中華民國人員退出，中華人民共和國人員進入，該機構之使用文字竟還能保持三十餘年，仍使用正體字，著實不易。如今該機構之中文使用人慫恿其主事者改用簡化字，殆爲方便其工作人員之故，亦因我政府近年在國際上缺乏強勢文化做爲使然。

但聯合國若改用簡體字，正體便途窮日暮了嗎？那又不然，事情不是這麼看的。大陸將來認得並樂用正體者多了，情況自然又不一樣。而文字之應用，必然是朝文雅化的方向走，不可能長期因陋就簡的。大陸這些年，若非官方用行政力打擊取締不規範字（**把正體字也視為不規範字，豈非可笑？**），民眾用正體字的情況還會多得多。長遠以觀，成敗便與此一時之勝負頗不相同。我在網上，偶然發現去年我在北市文字研討會上那篇論文，竟流散轉貼多處。也有一些毫不相干的網，忽談起推廣、熱愛正體字，表示尋獲同道之喜悅等，都令我大吃一驚。當然，捍衛簡體字的，也大有人在，近來方舟子便貼了幾個帖子。但方君雖文風悍恣，然於文字一知半解，以「古已有之」或「從俗簡便」來替簡化字辯護，其實是講不通的。我近有一文，略論此事，在此就不說了。

師生漂遊

（2006．03．29）

歐洲中古時期設立的大學，都有國王或教皇的許多特許權利，其中之一就是對「往來符契、關稅、人口稅」之豁免。例如海德堡大學在創辦時就得到過一紙許可令，謂：該校師生人等，於來往途中，「經過吾所有屬地，無論在任何情況下，均不必擔負任何義務，並免除扣留、土貨稅、雜稅、入口稅，及其他各種需要之事」。

學校人員來往，須有此特許權利，固然是因主政者對大學之禮遇，亦顯示了學校人員是流動的。當時教師常有一種教師通行律之保障，得在各處講說。而事實上，就是大學本身，也是流動的。各地君王爭取大學遷往該處，指定城邑，提供給學校安家落戶，並有上文所述各項禮遇優惠措施。歐洲大學之所以能形成獨立的學術王國，便與這一段歷史有關。

流動性最大的，當然還是學生。學生都是由家鄉遊離出來的青年。或因慕義向學，故不遠千里，往投名校名師；或根本就是嚮往那流離出故土的快樂生涯，所以到大學裡來享受新生活。

當時甚至還有種漂流學生（wondering students），與行乞僧侶一般，頹唐遊嬉，醇酒婦人。《中世紀拉丁學生歌曲集》中不乏歌曲，吟唱道：「嘻，吾人之漫遊兮，實侈費而無憂，食既饜夫六箸，飲亦適如其度，笑必期於捧腹兮，懸鶉衣而爲服」。吟這些歌的人，也許還會結些社團，如古烈亞（Goliardi）或遊蕩子（vagantes）之類，流風所及，直到彌爾頓，都還主張教育必須依靠旅行才能成就。

我在大陸上，碰到日愈增加的外國留學生及遊學者，就愈會想起這一段歷史。可是它有趣的地方，不在歐美學生延申其漂遊習慣，到大陸來遊旅學習，而在於大陸愈來愈像中古歐洲。

近年大陸高教擴張，大專學生人數倍增，都是離鄉背井，在大城市邊讀書邊漂流的。教師也流動得厲害。前些年號稱「孔雀東南飛」，如今則是南北東西，隨處都在挖角搶人。兼職或兩邊掛聘，也極普遍。加上會議遍地、外國邀約不斷，因而愈來愈常宿在火車飛機上。各地諸侯則爭取大學設校，或遊說遷校，或則競相圈地建大學城。招徠名校去辦分部，如北大就在深圳、北京師大在廈門及珠海，均有分校。教師飛來飛去支援，亦是常態。我在珠海看見哈爾濱工業大學、北京理工大學、暨南、中山等學校時，就知道那固定校園的時代，大概已與其戶籍制度一樣，日薄西山了。大陸的新移民、新遊牧時代，事實上早已悄悄進行著啦！

餘姚訪古

（2006.04.01）

飛抵杭州，轉餘姚，參加黃宗羲民本思想研討會。餘姚乃歷史名城，河姆渡遺址在焉。從前解釋中國文明，都說發源於黃河流域，河姆渡稻作遺址等長江流域的文化考古，證明了中國文化乃多元並起之格局，因此它甚爲重要。但河姆渡挖掘也帶來了新的爭論。本地人把它跟虞舜的傳說關聯起來，認爲上虞餘姚一帶，便是虞舜故里。舜，古稱其爲姚舜，有虞氏，世所謂姚墟，猶如殷商之「殷墟」，有三處，一在山東荷澤縣，一在山西永濟縣，一就在餘姚。三處爭聖賢做他們鄉人，由來已久。如今餘姚拉河姆渡做幫手，講得就更起勁了。市中街道也全是此類文化符號，如舊鼓樓，光緒十一年所建，連接著三孔大石橋，爲市府重點保護文物，即名之爲舜江橋。可惜，推崇先聖先賢，仍停留在觀念上、口號標籤上，舜江樓闢爲上海造幣廠銷售點，賣著文玩假古董呢！

餘姚文化之可述者，除上古文明之外，便是嚴光、王陽明、黃宗羲、朱舜水四賢，而尤以後

三人爲要，對近代思想文化影響甚鉅。餘姚人對此也很自豪，因此張羅了辦黃宗羲的會議，賓館所在，則爲舜水路。城中還有一山，名龍泉山，山上有井，王安石有詩題詠，又有陽明所題祭忠台等遺蹟。山上另建亭及四賢碑，亦皆是紀念他們的。因此整個城市可說都洋溢著文化澤蔭之感。我在街上看人烘燒餅，攤名南雷小吃店，想起黃宗羲的文集名喚《南雷文定》，心中實有異樣的感覺。庶民生活與先賢遺澤，似乎混融交織爲一體了。

可是，龍泉山上有中天閣，乃陽明講學處。清光緒五年建爲龍虎書院，現設爲梨洲文獻館。據說藏有黃宗羲著作及《竹橋黃氏宗譜》，我去看了，啥都沒有。有一文物陳列室，但只是在廊下柱邊掛一牌子而已，堆放著仿的秦兵馬俑。旁邊有一城隍廟，同治初年物，移來放在中天閣旁，頗嫌不倫不類。而又不奉祀、不做古蹟看待，設了個陶藝教育基地，讓小朋友在裡面玩泥巴。中天閣下方，係呂文安祠，今則闢爲太極拳館；文昌閣成了紅陽武術館，均有些不知所云。

龍泉山腳下，有一寺，寺畔僻巷藏一舊宅，是朱家老祠堂，今改爲朱舜水紀念館。我獨自覓往，空階葉落，鳥啼花開，幽靜如在深山。大廳內昏昏暗暗，我用盡目力，才看清壁上說明，謂朱舜水東渡日本，爲勝國賓師，平生學術，力反程朱「脫離實際，虛僞浮誇之形式主義學問」云云。嗚呼！朱舜水乃朱子學派，此處居然全說反了。看來：崇慕鄉賢、推尊文化遺產，固然有心，卻是尊之不以其道。斯乃大陸現今之通病，倒也不必獨咎餘姚！

為有源頭活水來

（2006.04.07）

在餘姚召開黃宗羲民本思想研討會，說來曲折：友人吳光主編的黃氏全集，送給了一位老幹部，其人恰好與溫家寶相熟，便轉贈予溫。溫回函道謝，並謂原即喜讀黃宗羲書，對黃氏「以民爲本」之思想頗有體會，執政者亦當遵循其言。此信後來公開發表了。又恰好學界正針對政府減低農民稅的問題提出批評，云黃宗羲即曾指出政府每次爲農民減稅之後不久，農民負擔都反而增加，成爲「積累莫返之害」，學者稱此爲黃宗羲定律。溫家寶則認爲對農民除減稅外，應改革鄉村行政體制，否則脫不出黃宗羲定律。此等設想，能否實現，是另一問題。但經過主政者加持後，黃氏的地位陡然上升，餘姚乃趁勢與浙江社科院合辦此會。

這番經歷，對我們說來頗不陌生。老蔣喜談王陽明，於是草山改名爲陽明山，軍中皆讀《傳習錄》。李登輝初執政時，覺得他所講的耶穌教義未必足以令國人悅受，乃思提倡朱子學。當時我有一友人在聯合報工作，綽號老怪，銜命就來召集我們一幫朋友，談如何爲李登輝籌措推

展朱子學之事。我於此頗存疑慮，雖覺有趣，但不擬深入。後來李總統改組文化總會，發行《活水》期刊，即取義於朱子「爲有源頭活水來」之義。又在中研院辦朱子會議，且在總統府接見與會學者（**包括大陸學人**）。如此推闡了一陣，大約作用不顯，乃轉而高談本土化，以台灣史台灣文學輔政臨民。如今老怪已逝，推揚朱子學亦成前塵舊事，豈不令人慨然？大陸的情況也一樣，黃宗羲全集，由一九八五年印到九四年，拖了又拖。所以後來其師劉宗周之全集就乾脆拿到台灣來出版了。爾今領導人重視，情境頓異，餘姚辦這場會，花銷人民幣六十萬，足證榮枯矣！

黃宗羲墓，頃亦修葺完善，列爲重點文物，與會者咸赴弔祭。但事實上，墓早在文革期間便已破壞，墓內壙誌皆不復存，故今來祭，亦聊表心意而已。世事不恆，政權起滅無常，政權對某一學說某位學者之推崇與抑制，也是隨時改易的，可是學人之被認同，之所以能讓世界一群學者齊來弔祭，難道只因他獲得政權之推重嗎？黃宗羲、顧炎武、王船山諸大儒，生在明末清初，整個清朝都不肯將他們列入孔廟從祀。光緒中下禮部議，還有一批官員拿著黃氏批判君權的學說爲罪狀，力詆之。康梁以後，黃氏《明夷待訪錄》才大受重視。但仍有李滋然一類人，撰文糾謬，唯恐世人受了黃氏影響，要提倡民權反對君權。如今君固無矣，但主政者之昏庸未必不勝於古之帝王，故黃氏一類學者思想之重要性，仍應顯示在他對時代的批判性上。

在餘姚開完會，便與吳光同去千島湖。吳光乃淳安人，淳安被水淹了，成爲千島湖，舉家遷至桐廬，屢爲我言其家鄉事，因此也屢與約來千島湖。然均未果。此番好不容易抽了個空一道來玩。

台灣朋友聽說我要去千島湖，都開玩笑說：小心被劫了。聽得我哈哈大笑。當年台灣遊客三十餘人在湖上遭劫殺，震動一時。然今非昔比，湖上治安極好，遊客亦如蟻聚。湖畔別墅，每棟數千萬人民幣，而皆銷售一空，可見景區盛況。

抵淳安，方燠熱，夜中大雷雨。起而山湖如洗，青蔥翠碧，令人倦眼乍明。登舟入湖，曲折蜿蜒如在山谷中行。上梅峰觀之，則如視盆景，群峰錯落雜出碧波間。此景似越南河內下龍灣，而較秀幼，於大陸卻僅見。然微惜其樸野，乏人文潤澤之感。

例如淳安乃徽杭名城，商貿孔道，唐宋以來又爲科甲聖地，朱熹且在其瀛山書院講學三載，「半畝方塘一鑑開，天光雲影共徘徊，問渠那得清如許？爲有源頭活水來」之句，即作於此。方臘起事，亦在該處，有武松獨臂擒方臘等故跡。於新安江水庫建成後，全遭淹沒，數十萬居民勒令搬遷。其間相關史事民俗，多有可資弔記者，而湖上迄今俱無搬遷史料館、淳安故郡展覽館等。瀛山書院併已不存，僅餘石峽書院及複製海瑞祠可供摩挲而已。遊客來遊，但於蛇島鳥島鎖島諸處恣其嬉鬧，豈非暴殄天物乎？

宿湖畔陽光大旅邸，縣府所安排。於壁間見某書法名家大作一幅，看得一頭霧水，開頭說湖光如盆載，末云青碧落於幾案。想了半天才恍然大悟，原來此公把盆栽誤爲盆載，几案誤爲幾案。大陸實施簡化字數十載，偶爾有文化人要舞文弄墨時，輒不免常要鬧這一類笑話。

由千島湖往杭州，逢王翼奇先生。與之十數年不見，相見欣然。聊起湖上見聞，王先生說：「那不算什麼，一本散文集裡還把老兄你本家龔定庵寫成了龔定闇哩！中共建黨八十周年獻禮的大片，獲五項一等大獎的鉅片『日出東方』，北伐誓師大會場景的橫標，則赫然寫作北閥誓

師。凡此等等，不可殫述。舊有〈西江月〉五闋專詠其事，送給你看吧！」

幸而西湖美景，可慰余心。湖側新闢西溪濕地公園，古籍出版社尚佐文兄偕往遊之。蘆汊一篙，幽趣如出天外。水畔有秋雪庵一處，清周慶雲建，附設歷代詞人祠堂，去歲重葺。祀兩浙及宦遊流寓方外閨閣諸詞人。詞客有靈，託寄遙深，尚可略存人文故國之想像！

破除科教興國迷思

（2006.04.17）

由杭州轉無錫，宿太湖煙波致爽樓。湖上花光甚艷。抽暇遊錫惠公園，泉聲山色亦無恙也。唯遊人之多，前所罕見。由四川借來熊貓，在園中展覽，故幾於傾城縱觀，兒童尤多。用繩索牽著，一排排一絡絡，以防走失，喧嬉跳擲，歡忭難已。令人想起那無緣赴台，台灣兒童也無緣一見的熊貓，別有感觸。

無錫東林書院，舊甚衰敗，今亦修葺一新。旁且闢有廣場，又把一國小遷走了，造出個疏林野水的趣味。各項標示，則均列有韓文。近年大陸遊客中韓國人比例越來越高，這就是個徵象。相較之下，台灣無論遊旅、投資、留學，人數似皆不及。

在太湖勾留數日，才返北京。不慎於遊途中閃了腰，又幾乎癱了數日，才勉強赴清華演講。清華近年經費寬綽，各界捐助不絕。我這次這個講座是法鼓山捐立的，人選則由清華自定。剛好外文系要慶祝八十周年，故趁便邀我來講，論人文大學之建設。此爲清華近年之目標，該

校口號就是「人文日升」，但外界評價或有不同，因此要我來談，大約用以相互砥礪吧。

其實我也不知該如何措辭。因爲兩岸在人文教育上半斤八兩，人文大學，都只是喊喊，並無實績。我自己在南華與佛光的實驗，如今亦如水月鏡花，難再捉搦，可還有什麼好談的呢？故僅溯源考古，發揮了一通理想而已。

不過，大陸近年重視人文教育，漸成趨勢，倒也不應小覷。一九九三年中共中央與國務院發布了《中國教育改革和發展綱要》，明確指出：「中小學要由應試教育轉向全面提高國民素質之軌道」。一九九九年第三次全國教育工作會議，又作了《中共中央、國務院關於深化教育改革、全面推進素質教育的決定》，強調教育改革就是要「建構終身學習需要的教育體系」。因而推展通識教育、建立學習型社會，事實上就是大陸教改之內容。

它與台灣的教改，頗有可資比較之處。但我這只是隨筆閒扯，未敢深談。只能說它所談的人文素質教育，目前重點還不在大學，只在中小學，包括學前教育部分。大學之素質教育，受限於專業框架，尙難真見績效。其次是談人文教育卻強調要「全面貫徹黨的教育方針，造就全面發展的社會主義事業建設者和接班人」，殊覺牛頭不對驢嘴。因爲人文教育的核心意義，正在於反對教育國家化黨化。教育不是爲了黨政之需要，而是爲了受教育的人。故非「科教興國」，乃是科教爲人。這一點若不能把握，人文素養教育怎麼可能辦得好呢？

掙脫大一統的教育

（2006.04.23）

北京上週大風沙，每平方公里落土十噸，如降土雨。行人掩袂，天地昏冥，非我台灣住慣了的人所能想像，記得那年我在陸委會任職時，兩岸才剛剛開始協商，海基會由陳長文先生率團到北京。也是四月，甫住釣魚台賓館，就因大風沙，把眼鏡吹落進池塘裡了，後來連忙去補配了一副。當時我們在後方督陣的人都不太能體會：風怎能這麼大，如今才算領教了。這樣的沙塵暴，由於環境惡化，只怕將來還會更嚴重。

但在北京吃了滿口沙之後，忽然飛抵珠海，在聯合國際學院講了幾天課，卻極不適應。澳門珠海均極燠熱，著短衫，猶汗涔涔下。講課下來，汗都結成鹽塊沾在衣服上了。南北差異如此之大，當然也就不難揣想如此大國的區域政經文化差異會大到什麼地步。

然而，政治上強調大一統，卻往往迫使大陸在許多方面朝一體化、同質化方向發展。未改革開放以前，此一傾向尤爲嚴重，都市面貌單調雷同。改革以後，出現許多特區。特區也者，便是可以特殊化的地方。不過，特區其實亦未針對本身之歷史地理特性發展出什麼特點，基本上只是模仿與加工。在產品上如此，在城市風格上也是如此。如深圳便大規模仿效香港，高樓櫛比，車水馬龍。繼而老城市想改造，也走類似之路線。上海利用浦東新區建立另一個彷佛深圳的繁華市容，便是鮮明的例子。如今更以紐約爲模型，打造城市風華。其他後續發展之城市，則學深圳、學上海，也建高樓、炒房價、闢商圈。而且每個城市都要建一條步行街，用硬鋪面、精品店、景觀燈、造景、雕塑來彰顯它已非吳下阿蒙。於是，又漸漸同質化，面目模糊了起來。每個地方，都在「城市更新，舊貌變新顏」的熱情下，拆光了老城區，然後再用水泥造一批彷佛是一個樣兒的仿古建築街區，供人發思古幽情。

其他政經文化各方面，大抵亦然，不太看得出區域特性與多元發展，邇來喊得震天價響的西部大開發，其實亦是如此，乃是針對西部特性，思量著如何將之馴化、同質於沿海開發城市，而非就西部特點走出一條不一樣的路，文化上更沒什麼特殊政策優惠。

當然，此中亦不乏自我特殊化的個案，例如上海交大及復旦近日便公佈了他們「自主選拔」預錄名單。這是整個大陸大學入學考試招生方式的改革實驗，有五千多學生申請。經申請資格測試、交送申請資料、面試後，錄取了五八二人。輿論反應不一，但大致認可，謂爲入學考試多元化之嘗試。事實上，上海交大與復旦也是藉這個機會搞特殊化，以區隔於其他的學校，來和北大清華等名校爭取優秀學生。此等多元之發展，未來當會在許多領域不斷出現，讓我們拭目以待吧！

校稿度日

（2006.04.28）

近日除了仍四處遊走以消磨時日外，校稿耗神，近視恐怕又添了好幾度。

一是《文學散步》準備出大陸版，煩請溫儒敏、黃維樑、黎湘萍諸先生作序。維樑兄廿四日先寫了傳給我，該日他喜獲麟兒，那飛揚的喜悅，全表現在文字中。他說我「逍遙論文學」，其實我看他心底下彷彿正被精靈呵了癢，神氣飛動著，才是真逍遙快樂呢！要恭喜他們！

另一冊是《中國傳統文化十五講》。我在校長不幹了那時，就打算寫中國思想史。動筆後，卻碰上因校長更迭而發生的風波，謗辱叢至，每天都有人來潑糞、丟臭鴨蛋。上電視、上報刊、上電台，與人鬥口。還有人要告我，我也準備要告人家。紛紛擾擾，不可開交。那時，人人都以為我定是焦頭爛額了，宿敵新讎咸皆撫掌稱快。其實我與孟子差不多，四十而不動心，在紛擾中仍繼續寫我的書，從上古講到周公周文化。

那時恰好北大邀請我擔任蔡元培講座、湯用彤講座，所以把前幾章摘去講了。後來輯編入

《文化符號學導論》中，整體結構便有了些改動。接著又在北大開講中國文化史，那剩下的稿子竟成了現成的講義。講來講去，頗憐聽者錄音整理之苦，遂想不如先行出版了吧。北大本有十五講通識名家系列，所以就附廁驥尾，改題《中國傳統文化十五講》。我講思想史，本來就從文化上講，與馮友蘭、牟宗三、勞思光乃至西洋哲學史式講法頗不相同，嫌其概念太多而文化常識太少，故所言不免於「隔」。是以原先思想史的稿子改名為論古代文化，亦是合適的，只是校對辛苦罷了。

新浪網同時來邀我在網上建一「博客」（blog，亦即部落格），所以將來有些隨筆或其他文章可能就會放到那兒，有興趣的朋友不妨去那兒檢索。

在新浪的博客，才剛掛上幾篇東西，便有一人留言說前兩年在四川內江師院讀書時曾聽過我演講，令我大生感懷。內江乃張大千故里，那年我去內江，恰是中秋，皓月冰輪，桂子飄香，演講出來，與林信華、郭冠廷坐太白樓上玩月，又到江邊坐談至午夜三時許。持螯酌酒，清韻獨絕。如今此君說起，著實憶念，希望還有機會再去。

但最有趣的回應還不是這個，而是一人來說：「看來你經常旅行，要打折機票嗎？請與我聯絡……」看得我哈哈大笑，果然網路世界商機無限。

避世遊

（2006.05.04）

今逢「五四」，台灣不知有何紀念活動，大陸卻是沒有了。道理很簡單，五一放大假，一放一周，公司行號、機關學校全都不見人影，紀念活動自然辦不起來。在這春末初夏的時光，楊樹飛著絮，泡桐開了花，風定沙輕，天候漸暖。這長長的假期，便如午後一場懶懶的春眠。一切都鬆弛了，靜待睡醒了才好去應付那漸熾的陽光。

當然，城市的慵散鬆弛，並不代表所有地方都能有場美美的春睡。數億人流動返鄉、探友、遊旅，各地可熱鬧著吶！車票猛漲，各處人滿爲患，乞丐與騙子也大批出動，弄得許多人肝火上炎，罵不絕口。我在新浪網有個博客（部落格），貼了一篇短文，講大陸不合理的旅遊區門票收入，兩天內湧入三萬名閱覽者，留言附和，大罵或報告旅中被坑被騙等不愉快經驗者數百人，可見問題之嚴重。

我既深知這五一假期只便於睡覺，不利出遊，自然不會輕易造次。不過也許人棄我取，找些

僻無人去的地方逛逛也無妨。因此就與女兒到白塔寺、廣濟寺、護國寺、歷代帝王廟、梅蘭芳故居等處去轉了一圈。果然，此類地區都甚爲清靜，護國、白塔，舊爲西城廟會勝地，如今早已無之。廣濟寺乃佛教協會之所在，根本非旅遊點，也不收門票，故均可從容閒步。歷代帝王廟新開放，遊人還不曉得，所以也少喧囂，只不過新簇簇、光亮亮的新造古蹟，沒啥看頭就是了。

但由梅蘭芳故居穿過胡同，走近恭王府，情況就不然了。喧鬧如市，越走近越恐怖。待衝鋒陷陣，在人牆中一番推擠才得竄逃出來後，幾乎是全身虛脫，連抱怨的氣力都耗盡了。這都怨我。我從前來恭王府時，門庭蕭瑟，萃錦園中，猶可想像昔年溥心畬住在此地與張大千論畫談藝之景象。誰知如今開發旅遊，名園如遭劫火，差點毀了我對這個園子的所有美感與歷史感。

園子裡人多還不打緊，全園不談恭王、不談《紅樓夢》、不談溥心畬、不談輔仁大學，只說和珅，騙人發財、騙人去買那裡面一個福字碑上的福字。把流杯亭的曲水流觴，講成福祿壽；把廳堂改成賣場。我聽著那些導遊，每個都在胡扯那福字碑如何特別、如何靈驗時，不禁匿笑，又不禁浩嘆。清代每逢臘月初一，例由皇帝親筆寫個「福」字賜給文武大臣，定爲制度。除在京大臣外，各省總督、將軍、巡撫也都有的。慈禧時也賜字（**具見楊鍾羲《雪橋詩話》等書，其實是極平常的東西**）。負責營運的旅遊公司，欺負老百姓無知，藉此牟利，把一座避世遊心的花園，弄成一處招財納福的財神廟，豈不令人浩嘆？

舉一例而可以概其餘，其他著名旅遊點，大抵也差不多，更堪浩嘆！

張愛原來是大千

（2006.05.08）

在大陸旅行，最有「山河不異，而人事已非」之感者，厥惟滿目的簡化字。整個社會的文字符號，隨處都在提醒著我：這不是台灣，更不是傳統意義上的中國。

在這個世界裡，文字從左到右，看得人猛搖頭，因為是橫排之故。字體亦歷盡滄桑，繁華消褪，僅餘殘餘的骨架在支絀度日。

這個骨架，用來指涉豐饒的中華文化是不夠用的，因此原以爲可用它來提升民眾之文化水準，結果卻反而降低且混亂了人們的辨識能力。以至於姓范的人去印名片，印成了範先生；故宮博物院要辦中秋音樂會，請柬也印成爲「但願人長久，千裡共嬋娟」。

這不是民眾無知，因爲即便是故宮的大專家也一樣會搞錯。而且北京師範大學，簡化字寫作師范，但看見門端毛澤東題的字就分明是師範，焉得不以爲姓范的原本也應是範了？

此等錯訛，看得越多，就越令人心驚。偶與大陸友人言及，人人皆有同感，而礙於時政，莫可奈何。憋著一肚皮怨氣，有時就只好付諸笑談。杭州王翼奇先生曾示我〈西江月〉五闋云：

（一）

小夥居然英傻，孤臣自是忠憨，龔君何罪定需閹，欲與馬遷為伴？
又有曉嵐方朔，欣然握手江南。秦瓊關羽戰來酣，直是山搖地撼！

英俊小生，誤爲英傻；明代名臣楊繼盛，謚忠愍，書上誤排爲忠憨。江民繁《優遊書蠹》序文校樣中則把大名士龔定庵誤爲定閹。還有報上撰文者說紀曉嵐與東方朔相逢於江南。因紀氏有〈詠東方朔詩〉，故誤以爲兩君是好友，嘗贈別於江南云云。

（二）

才子青春作賊，佳人妙妓文娼。刁民二字更荒唐，竟是巍巍校長。
張叟易名為愛，陳思改姓成王。一枚紅杏出高牆，何等春光駘蕩。

諸葛亮舌戰江東群儒時，有「青春作賦，白首窮經」之語，一新刊《三國演義》印成作賊。一女畫家佘妙枝，被印成妙妓；越劇女演員王文娟則成了文娼，北大校長蔡孑民更慘，成了蔡刁民。陳思王曹植，華東師大出版社《詞學通論》標點成「陳思、王植」二人。一枝紅杏出牆來，某電台主持人則頻念成一枚。倒楣的還有張大千，先生名爰，結果電台一藝文節目介紹他時，主持人屢稱：「張愛、張愛……」，故王先生另有詩曰：一枚紅杏占春先，張愛原來是大千。

（三）

順治安知宣統，福臨非喚溥儀。欣逢有美一人兮，不覺詩吟別字。

既是提筆捉刀，何來斧正堪疑。一封奏摺罷鴻禨，果是言官難禦。

電視劇《孝莊皇后》中，順治誦《詩經．野有蔓草》：「野有蔓草，零露漙兮。有美一人，清揚婉兮」，把漙念成溥，字幕也打成溥。另一劇《太平天國》，演曾國藩寫畢奏本後，對左宗棠說：「季高，你給我提筆捉刀，斧正一番」。顯然編劇不知提筆捉刀爲何義，故編戲說曾國藩要左宗棠拿了刀斧來替他改文章。還有一齣《走向共和》，演監察御史吳毓鼎彈劾瞿鴻禨，奏本上竟大書「禦史」，還用了個特寫鏡頭。

（四）

豈有文驚海內，可憐空喊江干。三百篇中有〈伐檀〉，名句聲聲柔曼。

北伐北洋軍閥，分明不可相纏。千秋雄鬼上鞦韆，唯有一聲長嘆。

杭州有江干區，但浙江省市乃至該區之電視台都老是把它讀成江幹區，不知江干也者，即

《詩・伐檀》篇所云：「置之河之干兮」。杜甫詩：「豈有文章驚海內，漫勞車馬駐江干」。簡化字把乾、幹、干混用，餅乾成了餅干，乾坤成爲干坤，乾爹也常錯成幹爹。而電視劇《日出東方》，乃中共建黨八十周年中央電台獻禮大片，獲五項大獎，居然把北伐誓師大會時，橫標把北伐寫成北閥，彷彿是北洋軍閥的誓師大會。又一劇《紅岩》演其「烈士」龍光章，輓聯「做千秋雄鬼，死不還家」，千秋二字赫然寫作韆鞦。

（五）

杭州奇聞快報，楚天消息何如？大江東去句無殊，只是將詞作賦。
償債何言賞債？九儒擅改十儒。垂楊古岸注兼疏，兩度衣冠南渡。

武漢楚天都市報，把「大江東去」一詞，誤以爲是〈赤壁賦〉中語。又有一律師赴東京參與對日索賠，此本是好事，可惜此君把賠償都念成賠賞。還有某公見人寫「九儒十丐」，謂爲不通，改爲十儒九丐。有人提醒他：此乃元代情況。他還不以爲然，說：十個學者九個窮，這不是十儒九丐嗎？另有一本詞注，把「南渡垂楊古岸頭」的南渡好好發揮了一番，引東晉南宋兩次南渡事大注特注，不知此只是指南邊的渡口。

這些詞，當然是文人牢騷，跟政治笑話差不多，但亦足以見大陸人文景觀之概況。這裡面，有些是程度問題，如我聽過一些學者說某人聲名鶴起，某君造旨甚高，某某文章宗詣爲何等等。有次赴宴，餐廳牆上有人抄寫了一幅白居易〈憶江南〉，某君便大聲誦出，曰：「江南好風景，舊曾諳日出，江花紅勝火，春來江水綠，如藍能不憶？江南白居易」。誦畢，顧盼自喜，回頭對我說：「哈，那如藍想必是白居易的小妾！」這都是學人基本文史程度太差所致，台灣也有類似之例，杜正勝部長「音容苑在」的輓額，就是範例。

但另有一些是大陸特殊的，那就是左右排和正簡體字所造成的混淆。例如又有一次，也是赴宴，餐廳懸一老子語：「治大國若烹小鮮」，書法家兩字一行由右直排寫去，某先生見之，曰：「好句，鮮烹國治小若大！」然後向在座諸人闡說了一番爲何鮮烹國治小若大的道理。

正簡字相混，則如上文所說御禦不分、秋千鞦韆不別之類。溫家寶前此發表一親筆信，論黃宗羲，報社就誤爲新筆信。余秋雨，某次我亦見人誤寫爲餘秋雨，遭人指正後，解嘲道：「啊，反正余秋雨現在也像食客一樣了，加個食字也應該」。一次去弔唁，則見輓聯下署名不蕭男某某，原來是把肖寫錯了。

易經上說：「觀國之光」，現在講的旅遊觀光一詞，即出於這個卦。可是該卦論觀，重在觀國之祭禮，也就是觀光應著重觀察一國的人文狀況：「觀乎人文，以化成天下」。如今遊行大陸，觀此人文錯訛之景，誰不感傷？舊有詩記，錄以示慨：「文言錯畫久參差，訛正歧分論亦嘩。知識狂花生客慧，篇章斷簡墜流沙。但云文化能託命，誰解支離說破家？我自傷心悲禹域，小樓獨坐望天涯」。

生態

（2006．05．16）

北京初雨，牡丹已謝，芍藥漸次登場，紫藤亦甚爛漫，不料春已盡了，北方還有此等風情。由北京飛杭州，雨意更濃，西子湖畔，輒令人徘徊不忍遽去。但我無法在此盤桓，必須趕赴無錫，故隨著雨勢迤邐而往。

按理說，春末而楊梅雨季尚未來到，不應南北都在下雨。可是如今天候不正，五月才動驚蟄之雷，穀雨卻延至夏初，氣象簡直全亂了套。之所以如此，固然是全球氣溫變化之故，但大陸水土保持不良，更是直接因素。前陣子北方大風沙，便是其徵象之一。據水利部八日公佈的報告，竟有四十二個水土流失重點預防保護區、重點監督區及重點治理區。凡列名這三區的，情況當然都極嚴重，而其區域遍佈二十五個省區市，總面積高達兩百三十萬平方公里，占大陸總面積的二十三點二。而流失的水土面積有九五平方公里。目前大陸是全世界水土保持最糟的地方，以上只是最嚴重的地區，若以全大陸計，則水土流失達三百五十六萬平方公里，超過國土總面積的三分之一。情況之惡劣，自不待言。

關於這個問題，不必細述，大部分人都能領會。前此溫家寶舉行記者會時，周幼非先生驚動警衛，特意向溫提出的也就是這個問題。但此一問題也有另一面。

例如杭州最近添了個新景區，就是上次我去玩的西溪濕地公園，此雖舊景（其中如兩浙祠人祠堂等，都是早已存在之景），但堙沒已久，整個濕地公園的概念及其整治，更是新東西。而這類濕地公園，並不是西湖一地之創意。全大陸我不清楚，而僅長江三角洲，在建造和規劃中的濕地公園，就多達十六個，總面積約三百平方公里。今年五一才開幕的有紹興國家濕地公園，南京最近也有兩處已局部開放。另有無錫長廣溪、常熟尙湖、泰州姜堰市溱湖。據我聽聞：寧波、溫州、常州也都在規劃，全國則可能多達五十幾個。

目前濕地公園不僅多，規劃也一個比一個大，如慈溪杭州灣那個，就有四十五平方公里。這種景象，一方面是大陸城市間發展競爭使然，有點一窩蜂，搞轟動效應。一方面則是對從前破壞水土之罪愆深感歉負，一種矯枉過正的調整。另一方面，則也不能不說是大陸民眾生活品質提升後，重視保健、休閒、自然的一種投射和需求。

但濕地公園放在文化生態旅遊的概念中運作，仍是頗堪商榷之事，濕地旅遊成風，對濕地之生態保護，其實並非好事。它主要應將氣力用在減少汙染及生態研究上，旅遊應以此爲主軸去規劃，這樣才不會讓人在欣慶之餘又替它揑一把冷汗！

行者之遊

（2006.05.18）

自九日由北京赴杭州以來，轉無錫、飛重慶。昨又由重慶飛珠海。抵珠海時已深夜，颱風甫登陸，鄰居者談起風雨中降落之險狀，均心有餘悸，我則風波已慣，較為淡然。想征途尚遙，過兩天還得去廣州、轉成都，再由成都回無錫辦會，會後再返台灣，然後再去北京，一路上少不了折騰，擔心也無從擔心起。

這兩天，太湖正在辦徐霞客紀念大會。因近年各界提倡旅遊，而尚缺一行業神來膜拜，以資凝聚心志，故擬推尊徐霞客以為旅聖也，略如工匠之推尊魯班一般。那日在湖畔與主事者聊起來時，就有朋友開玩笑，向黿頭渚顧文品主任說我乃現代徐霞客。此一封號，我何敢克當？且我自是孫行者，亦不必如徐霞客。徐氏為遊而遊，與王士性均為彼等所謂「遊道」中人，我與孫猴子卻是心中另有縈注，另有道的追求，不能為遊而遊的。只不過彼此都一樣在遊，遊蹤也較廣些罷了。

舊曾在河北教育出版社出過一冊《遊的精神文化史論》，近兩年，遊以踐言，亦以此自顯我自己的精神史。偶有記錄，略敘遊履，已輯刊爲《北溟行記》、《孤獨的眼睛》。還有些亂七八糟的隨筆札記，則散在台灣與大陸兩個網站上，茫無詮次，宗旨也難說。勉強說，那就只是遊，顯一遊之精神而已。

旅中隨筆，因落筆倉促，且乏書參考，當然頗多錯落。前此與尚佐文兄遊西湖西溪濕地，弔秋雪庵詞人之靈，述及《黃宗羲全集》編纂事，說昔年浙江古籍出版社稿子一拖十年，根本就不想印。佐文兄來信曰：「不然，當時係首次整理，難度較大，而主事者孫家遂、方福仁等先生審稿認真，稽考文獻，斟酌標點，頗費時日，絕無拖宕之事。先生居高聲遠，一言之褒貶，關係敝社聲譽不小也」。我說：「呀，對不住，我誤信人言，只以爲一書編印如此之慢，必是拖延，豈知正是精審所致！可見凡事只就表面掠影浮光地看，往往是不牢靠的」。旅中隨筆，似此之例太多了，不及一一補正，只能提醒看倌小心一二。

當然，旅中除了文章寫不好，想辦的事也未必辦得成，匆匆來去，真如掠影浮光，有時乘興而往，到時才發現事情並不如預期，恐怕難以措手。有時事亦未必不能做，但旅人又無此時間、無此精力。此番去重慶璧山縣，看孔廟，亦是如此。廟已殘敗，修繕時不如法，等於又大破壞了一次，現今兩耳房之配享全都不存，倒闢了一文物商攤及呂鳳子紀念館，地方上不懂事到此等程度，我除了嘆氣還能幹什麼？邀我去的陳耀儒，乃一儒宗信徒，我看他名片後面印著：「堯舜禹湯文武周公孔子道統傳人」，心中不免惻惻然。旅人，或許也因行走得多了，看見這些狀況，感嘆也就更多些了。

找不到定位的城市行銷

（2006．05．21）

抵重慶，踏勘璧山孔廟。這是重慶僅存的一處，但亦殘破不成模樣了，廟址已大部分闢爲道路及水泥廣場，僅餘一大殿及兩廡，然皆空無一物。租了一間給古玩鋪堆破爛，一間則被呂鳳子紀念館佔用。呂氏固爲地方名流，但兩廡配祀，連曾子、孟子、荀子、朱熹、王陽明都無位置，而呂氏獨占一廡，毋乃不知倫類乎？殿後山壁間雜置漢代石棺六七具，佛道石刻數十尊，皆由各處拆鑿時撿拾而來，故多殘斷。重慶轄域，如大足、璧山等縣，夙爲石刻淵府，不意地方不知愛惜，又乏管理，竟至於此，觀之悵悵。

由璧山往永川、宿在箕山。此山如箕，俗謂諸葛亮嘗過此，嘆爲足以隱居，故號稱「天下隱」。這當然是附會青城天下幽、峨嵋天下秀而來。但近年箕山遍植茶竹，號爲茶山竹海，深碧確堪長隱。其茶曰秀芽，台灣不甚知名，然在西南可稱名品。竹海則張藝謀《十面埋伏》在此拍攝後，更是聲名大噪。山莊亦以此爲招徠，標示出金城武住過哪間、劉德華住過哪間來做廣告。我那間，據云是章子怡套房。惜我腰弱，睡不得如此香軟大床，依舊在地板上打地鋪。

以茶山竹海和職業教育城來自我定位，爭取城市競爭利基的永川，和尚在摸索中的璧山，正是重慶區域發展之寫照。重慶是個山城，區間發展殊不均衡。城中各區，那真是物華天寶，流金溢彩，半夜二、三點都還是車馬喧嘯、燈紅酒綠。南濱路、北濱路，沿著長江、嘉陵江，盡是茶樓酒舍、歌台舞榭。朝天門碼頭上，簡直如紐約曼哈頓一般，更勝上海浦東；可是山區及三峽水庫區就窮了，目前仍在掙扎著找尋自己的發展方向。

重慶本身顯然也在找自己的定位。去年，辦了個亞洲市長高峰會，如今更努力在做城市行銷。其特徵之一就是盡量與四川切割開來。她已升格為直轄市，人口三千萬，故早已不是四川的重慶，而是重慶與四川。十四日恰好有一甘肅牌照的車子，行經九寨溝時墜河了，車上有二十一桶甲苯二異氰酸脂掉進河裡，報上標題赫然是：「四川危化物品墜河，我市監測水質」。對於如此嚴格區分四川與重慶，我起初還真不習慣，感覺就像紐約最近在鬧獨立似的。但她欲凸顯自己城市的角色，卻是明顯的。

另一特點，就是行銷，包括開市長高峰會之類。可惜人在急切時就不免瞎攪和，去年推選的十大城市名片，第一張居然是美女，第二張是火鍋，什麼歷史、文化、城市產業都不談，只談飲食男女，這是什麼品味？今年則有人提倡拍一部美女火鍋版《大長今》，以向全球推廣，或乾脆就拍《重慶美女》。相對來說，通遠門城牆公園中三塊浮雕卻把歷史都搞錯了，讓宋代將領死守明代才建的城門。如此建設城市、如此行銷，我甚憂之。

成都晤友、太湖論道

（2006．05．26）

廿日由廣州飛成都，次日在川大口試博士論文三篇。吳銘能來訪，談及這半年在川大執教狀況，頗為學生之好學感動，示我考卷數紙，果然。遂約了幾位去望江公園喝茶。公園乃薛濤井故址，頃正舉辦竹文化節。坐松竹間茗談並打牌，乃成都人度日積習，無處不然。故次日又約王慶餘先生去園中喝茶。

王先生為傳奇人物，平生九死一生，多歷江湖事，敘來佳妙動聽。彼出身武術世家，幼嘗見徐矮子、杜心五，且由杜心五介紹，拜入歡喜道人李傑門下，住青城山。該派武術號筋經門，擅打穴、封穴，閉穴、傷科尤精。後遭逢時亂，輾轉為中南海所物色，入禁中為諸顯貴治痺癒癱，並調查氣功術士等。又協助大陸奧運選手奪魁數度。歸川後，主持宗教研究所，又廣赴歐美講學。與吾堂兄龔群交善，故相見甚親切。某年在川開會，我論張三手武學，先生大為印可，遂執手交定。今覓一空檔，聚首喝了一趟茶，總是不錯的。

廿三日便再約了徐新建、吳銘能等同遊青城。先去看了青城派掌門人劉綏濱的新武館，再到建福宮午膳。吳銘能來成都已半載，竟未嘗一登青城，此次來飲洞天乳酒，吃老臘肉、白果燉雞，不禁大爲驚艷。飯畢登天師洞，飲數盞茶，看到綏濱打拳，他就更傾倒了。

由青城歸來已甚晏，連日奔波亦甚疲累，早上去文學院講道教身體觀畢，便躲到吳銘能處小睡了一會兒。但睡也無法睡，電話老響，聯絡諸般雜事，真是苦也。

夜由成都飛無錫，開始「太湖論道」研討會的進行。此會，是我以北大文化資源研究中心、北師大文化遺產與文化發展研究基地名義召開的，由黿頭渚公園管理處具體操辦。本來在大陸辦會是有些規範的，尤其辦宗教性的研討會，須事先送佛協道協批准，再呈宗教局。今年手續來不及了，故令底下人辦事頗存顧慮。但我邀了許嘉璐（人大副委員長）、張繼禹（中國道協副會長）來背書，各有賀辭；又請朱越利先生代表中央統戰部宗教局蒞會，因此開得很順利。與會論文五十八篇，學者由美、韓、台、港、馬來西亞及大陸各地匯集於太湖之濱，於煙波島雨中坐而論道，其樂也融融。

其中多老友，如劉介民，十八年不見矣。當年在香港一晤，替他出了一本書，竟分袂至今。而劉介民與王明蓀一見，亦大驚，說十八年前我介紹明蓀與王樾、李景旭去東北找他，在他家喝了一趟酒，王樾還大醉了一場。而王國華也說那年我率團去海南，明蓀和李澤厚也去他家喝過酒呢！張朋川先生由甘肅博物館長調來蘇州大學，不見亦十餘年，出示當年陪我攜兩女往遊青海瞿曇寺照片一幀，也令我大生感慨。那次我們還去做了古墓考古，說起墓中經歷，真覺人生恍若一夢。

錫山惠泉文史錯謬

（2006.05.29）

今日辦完會，把人都送走後，帶著元之、張曜鐘、陳怡君去東林書院、南禪寺小遊一番。五年前亦嘗率曜鐘及文學所師生來此，昔之破敗與今之簇新，當不可同日而語，然對文化之缺乏瞭解，恐怕仍無大異。

昨天招待與會來賓遊錫惠公園、看寄暢園、品二泉茶，導遊的介紹就老集中在康熙和乾隆身上，野史稗聞，談之不厭。可是對於錫山惠泉之人文歷史，實在著墨不多。偶爾敘及，便多錯訛。例如說文徵明唐寅都是沈周的學生；辦二泉書院的邵保任南京兵部，並無實權；顧憲成高攀龍等創辦了東林黨等，皆不確。文、唐非沈周弟子。明代南京乃南直隸，非虛職備員而已。東林則歷來無自稱黨人者。自漢代鉤捕黨人、出現黨錮之禍以來，皆是秉權者指人爲朋黨，予以株除之。故漢有黨錮、宋有元祐黨人碑，明則閹人指東林爲黨，東林斥閹人及其徒眾爲閹黨，相與對諍。閹人且有《東林點將錄》之類，比東林爲水滸匪類。可見黨乃他人所賜之惡稱，謂其結黨營私。朋比爲奸也。今在東林書院，竟見一新刻碑，亦大標高顧諸賢如何倡議組織東林黨，真是令人又好氣又好笑。壁間所繪孔子聖跡圖，更多誤，如云孔子在野外受孕；孔子住的宮牆很高，所以不容易令人瞭解等，如此尊聖祀賢，聖賢蓋亦將哭笑不得！

回頭來說這次會議。這次「太湖論道」，乃是配合黿頭渚公園的太極島規劃而辦，故主題一是太湖的道教文化，二是太極文化，三是道教資源的現代開發。論旨特殊，故與會者既多高道及道教研究名家，亦不乏現代文化產業規劃者，兼且綜合道樂、道家武術、儒道釋關係等，論來頗爲熱鬧，可謂生面別開。無錫水仙道院的道樂演出，兼帶儀式，高功法師禹步踏斗，演九幽破穢儀等。道家武術，由林明昌論鄭氏太極美人手，劉綏濱論青城武術，無錫武協演示太極刀劍等，既有理論又有演示，皆頗獲好評。

想去年我便在北大、清華辦過「中華文化的詮釋與發展」研討會，此次會議，規模更大，因與德國一同類會議時間衝突，許多人不能來此，但論文已近六十篇，明年再辦，規模就更要盛大了。台灣學者能在大陸號召並主辦如斯會議者，大約也不會有第二人。哈哈！

不過，話說回來，無錫的徐霞客旅遊節剛結束。浙江寧海更早在四年前就推出了「徐霞客開遊節」，以徐氏遊記由寧海寫起爲由，大辦特辦，去年產值就達到三億多人民幣。今年無錫所辦，更是亞運開幕的規格。相較於這些文化產業化的熱鬧景象，我們文人坐而論道，畢竟還是淡泊的，而且也仍以淡泊些好。因此，會議雖然看來也頗熱鬧，但我可不會爲此而昏頭的。

俠客難敵錯字

(2006.06.18)

在北京待了幾天，便又南下無錫。舟車勞頓，竟若尋常生涯，或許命中注定是旅泊之人罷！到無錫，是為了規劃俠客島，本擬今年在太極島辦個道家武學博覽會，此番來勘探了一下場地，並詢查了當地的配合情況，發現可能延到明年俠客島建起後再一併舉行為好。本來這個博覽會已請高傑（釋延功）及劉綏濱兩兄協助規劃聯絡，大體定案了，如今延期，還得向他們解釋解釋。不過，待俠客島建成，再辦這類會也更好，俠客島還有許多可玩的東西，正符合我好玩的脾性，將來不妨拉夥結伴，一同來玩玩。

因要規劃俠客島，所以到無錫後就立刻去了趟水滸城。中央電視台拍攝水泊梁山，基地其實在無錫，利用太湖水域，營造梁山水寨之氣勢。可是去看後大失所望，一是所謂水泊梁山根本沒有水寨的搭景，大概現在人也不曉得水寨應如何搭建。其次是介紹與告示頗多錯誤，陽穀縣均錯成「陽谷」，武松均錯成「武鬆」，這是繁簡字體轉換時出的錯。該城為營造氣氛，說明及一切牌匾招貼均用正體字，這原是好事，但繁簡轉換，缺少專家覆核，所以御製均錯成「禦制」、御告均寫成「禦告」（當然，御告、御示也是不通的詞），武松則成了肉鬆稀鬆之鬆。我前此曾有一文，參加台北市政府所辦漢字研討會，講的就是這種正簡錯訛的現象，此處恰好也是一現成的例證。正簡錯訛，看起來是用字習慣之問題，其實是文化問題。對於古代文化太隔閡、太不熟悉，所以才會出這些錯。就像那高築的縣城門口，貼著一大張告示，捉拿李逵，結果落款時間是宣德四年，於是就成了明代人貼告示捉拿宋代人。偌大一座遊樂區，貼此告示在入門口上，而竟不知是錯的，不可笑嗎？

本來此次來無錫還想去找錢穆先生的墓地。來之前，卓克華兄已替我查了資料，知道大體位置，但因非確址，故亦未能訪得。無錫人現在知道「無錫國專」的歷史者已少，知道錢賓四先生者似更少，我念先生，頗爲悵悵。

老北京誰說還活著呢？

（2006.06.19）

離開北京，難得大陸內外遊歷了一個月。再回到這個城市，感覺最明顯的，就是又拆了不少房子。

似乎北京整天拆、整年拆，一條街、一個區地拆。所以離開不久，回頭再一看，地貌全變了。許多地標業已更改，許多舊鋪不知遷往何處？令人在瓦礫與新的水泥墩子之間有些怔忡。近年北京流行一股懷舊風，談說老北京的街市、廟會、吃食、胡同、民居、掌故、店鋪，蔚爲時尚。真正的原因，或許恰好是因爲它老早就消失或正在快速消失中，故引來不少憑弔及唏噓。可是這唏噓聲也不會持久，年輕人的城市記憶馬上就跟那憑弔中的老城毫不相干了。我在一條將拆的街鋪上，看到店家用墨汁在門牆上寫著：「拆遷在即，泣血出清」，關了燈，點上白蠟燭，幾個人無言兀自坐在閃爍的燭光下，格外感到那彷彿就是在悼念一座城市的死亡。城市也許不會死，可是記憶中的城市，所謂的老北京，誰說還活著呢？

據說，當局正在規畫新北京，而且這個新北京乃是以文化見長的。市委宣傳部之宣傳云：北京現在已經有了十個文化創意產業園區：北京數字娛樂產業示範基地、中關村創意產業先導基地、長安街沿線文藝演出聚集區、潘家園古玩藝術品交易區、琉璃廠文化產業園區、高碑店傳統民俗文化產業園區、百工坊傳統工藝美術基地、大山子文化藝術區、通州宋莊畫家村、什刹海文化旅遊區。未來規畫再增八個：東城區、文化產業園區、國家新媒體產業基地、中國影視生產基地、三辰卡通動漫網遊產業基地、北京歡樂谷主題公園、新國展會展中心、德勝園工業設計創意產業基地、朝陽公園文化園區。準備拿出五個億，做爲扶植專項基金，四年內即將增加產值人民幣一千個億。

做官的，氣吞河嶽，當然是好事，起碼比起台灣政府近年之毫無作爲好得多。但氣吞河嶽，規畫如此大餅，是準備把北京建成一座什麼樣的城市呢？主軸何在，殊不明顯。且這個基地、那個園區，重疊者有之、虛有其表者有之、矛盾者有之、不知所云者有之、沒什麼文化創意的俗濫商圈有之。統計局統計的文化創意產業，又分新聞服務、出版發行、版權服務、廣電電影等十一大類。這些產業，如何在新聞封鎖、管制、出版發行受壟斷的情況下，變成文化創意產業，更是令人好奇。

不過，北京的命運本來也就不必吾人瞎操心。旅人暫宿、聊爲居停憂之，或許還要惹人嫌呢。若不管這些，北京這趟回來看看還真美：客舍青青柳色新，幾場雨，洗盡塵埃，顯得清爽怡人。碧空因雨洗過，也雲霧褪散，一輪皎月，每天都出來害人。滿城人發瘋似地抱著電視看世界盃足球賽，我則爲月所媚，每夜都關了燈，在一地月光下發呆。

落齒記

（2006.06.19）

昨日忽然落齒一顆。想起古人說人之將老，頭童齒豁，不免悲從中來。當是齒牙已不堅牢，故啖大餅時，忽爾崩斷。赴醫院檢查，云內中尚有殘根，須予剜出。乃施藥鉗取，血流如注。返家委頓，不敢見人，又不能吃東西，只得喝涼粥。女兒一睡醒來，發現老爸竟成了缺齒人，拍手大笑：「你掉的恰是門牙，笑起來豈不正像一顆南瓜燈嗎？哈哈哈！」

張曜鐘知我落齒，寫了一詩來，更令劣女笑不可遏。詩云：「皓潔白布衣，卻可萬人敵，天賜千鍾粟，夜把瓊漿浴，終日聞正法，今朝為舍利，此處圖希珍，還請做法器」。她看了說：「啊，你這是佛光山的佛牙嗎？」我牙痛，無法與她鬥口，且由她去。

牙疼不能出門，又無書可看，只能上網。找著不少舊聞，是前此各式人等或轉貼我的文章，或評論我的言行，或表達憶念，或引申慨嘆，我過去都不曉得，如今才檢索到，不禁頗有感觸。那裡面，有南華的學生懷念我的，有佛光學生說希望畢業典禮時由我去頒證書的，有我江西老家鄉親討論我能不能稱爲第一才子的，千奇百怪，看得我哈哈大笑。有一篇最奇，乃一武俠小說，名《武林殺手》，第三十四回道：有一劇匪李宇夏，作惡多端，然人皆以爲是一大善人。有書生龔鵬程狀告其罪，縣太爺費孝通竟與李勾結，反誣他私德不謹，有玷士行，將他下在獄中，甚且株連親屬。

作者顯然看過我反對費孝通先生的文章，故安排費老藉此報仇。但讓費老去當這與僞善者勾結的角色，未免太委曲了先生。作者顯然也熟知我與佛光山一段恩怨，因此假託故事，影射前塵。只不過，作者不知爲何緣故，竟將大惡人賜名李宇夏，此名想是由李宇春化出，或許此君非其粉絲，故特弄此狡獪罷。李宇春之謗譽，皆由「超女」而來，當時比賽，粉絲團各爲其主，廝殺好不激烈，不想戰火延燒至此。從前，河南梆子戲，捧常香玉者，名聞香隊；捧陳素真者，名捧狗團，因陳小名狗妞。張伯駒〈紅毹紀夢詩〉云：「難把東西論後先，聞香一隊滿秦川，洛陽因預同場會，我亦名登捧狗團」，即指其事。餘風未沬，竟至於今！

上網檢索，還見一趣事。從前我師黃慶萱曾在電話簿上查到七八人同名同姓，遂約了一齊聚會。我當時固然以爲是佳話一樁，但料定我自己不會與人同姓名，故從來不曾想過也要辦這樣一種聚會。誰知今日上網一查，居然還有一龔鵬程在南京當律師，一龔鵬程在慈溪賣電器……。凡此等等，具見天下之大，無奇不有。網上閒逛，以代遠遊，亦復不惡。

瘋世足

（2006．06．25）

有時人一生病發了燒，就什麼事也不想幹了。社會也一樣，某些事，引得大夥兒發了熱，其他的事就擲下了。不想幹，也幹不了。台灣的熱，是政治。談起政治，人人腦發脹、身發燙、旁的事兒似乎也不太想得起來，就想起來也沒勁，或者老會覺得要等政局穩定了，某人下台了或某人上台了才好說。大陸這會兒的熱，則是世界盃。

街頭巷尾、計程車上，鋪天蓋地，全在談世界盃。餐館酒吧，以此為招徠；廣告促銷，以此名目。電台闢了許多節目，網上多了不少爭論，例如李宇春的球評到底寫得好不好之類。雖然本屆世界盃並無中國隊出賽，但以關心世界盃作為參與世界盃的一種方式，表達成為世界公民的一種盼望，仍然在社會上形成了熱絡的氣氛，弄得像耶誕節似的，有嘉年華會的感覺。其他政經社會問題，就暫拋一邊吧，等世界盃結束了再說。

這種情況，很難評論。有人說瘋球總比瘋政治好，有人卻說正是因為政治沒法參與，故只能去瘋球。有人說別人喝湯，我們喊燙，不是神經嗎？有人則認爲體育超越政治，精髓便在於此。不然看球老是跟愛國主義精神教育扯不清。可是也有人批評道：體育永難脫離政治，日本隊出賽就沒什麼人巴望他們贏，誰說體育真能獨立？世界盃本身不也是各國伸張其國族主義的大舞台？又有些人以爲：世界盃的真正邏輯，其實並不是政治，而是商業利益伴隨的炒作。以緋聞、花絮、球技、國族情緒爲炒作之道具，與情人節兜售愛情一樣。愛情和足球皆爲商品，刺激體育消費而已。有的人卻覺得：消費及商業運作，只是一種過程或方式，在消費活動中，消費者獲得的並不是商業盈虧，而是愛情的感受、足球運動的體驗。而那才是重要的，論者不能買櫝還珠……。

凡社會發熱的事，都是如此爭議難定的。就像在台灣政治熱中，藍綠陣營各有論述，誰也不能理解對方、更不能說服對方那樣。爲了避免紛爭，有許多人就會躲開，不去碰這熱題，好讓自己清靜清靜。

在北京的世界盃熱中，我選擇的也是這條路。倒不見得是爲了避免紛爭，主因還是由於不太懂，又沒太大愛好。對於諸般體育活動，爲何大陸上獨沽一味，唯對足球如此熱衷，十分不解。

我發現：其實像我這樣的人，在北京還頂多。別人都在熱時，恰好可以藉口不去湊熱鬧而獨得幾天清靜。偶有事相約，也總說等過了這幾天罷！世界盃倒成了個擋箭牌。據商場上做調查的朋友說，世界盃期間，商場營運，有些地方不升反降。其原因，或在此耶？

民辦教育的理想與憂愁

（2006.07.02）

北京今年天候甚奇，南方來的朋友尤其感到此地涼快，類如來此避暑了。這是因爲雨水多，連續幾場震雷暴雨，自然清爽怡人，與去夏此時之酷熱乾旱，不可同日而語。

據老北京說：「早期北京天氣即是如此，都是文革那十幾年搞壞的。所以，你看北京從前是水源充足的地方，海澱區就是水積澱的意思，哪像現在到處缺水，圓明園也快乾涸了？」斯語我無法判斷真僞，只知北京缺雨水已甚久，故城市建設，於街道邊區根本就沒考慮修下水道。如今遽逢大雨，便處處淹水。

雨間適逢感冒，在家中委靡數日，啥事也幹不了，讀了讀袁枚的《子不語》，聊與鬼狐妖怪爲友，趁便就寫了一文，論乾嘉時期知識階層之心態與意識。略謂經學考據非其主流，談狐說鬼，以言果報命數，才是風氣。

可惜現實世界的事總不似鬼狐世界那麼好玩。五月中，濟南法院起訴了兩位南洋學校的校長及財務主任，指其非法吸收公共財產。我消息閉塞，如此才知，不免惻惻。

南洋教育集團是大陸民辦教育的龍頭，在全大陸擁有十二個從幼稚園到高中的一貫制學校，廣及南北各地，總產值十幾億人民幣。二〇〇四年還被中國教育聯合會授予民辦學校最佳品牌稱號，不料如今垮得如此悲慘。我當年也曾與南洋教育集團有些來往，商量合作在大陸辦學。後雖未果，對其辦學方式及績效，頗有體會，原以為她會成功的，知此乃益唏噓。

我在新浪網的部落格網站，此時也恰好有一老友留言，說：「十年不見了，由於創辦弘道大學的艱辛，深深地刻在我們的記憶裡，給我帶來了刻骨的傷痛，我清晰記得在武漢江鷹飯店的最後分別……。」這話使人既驚喜故人重得聯繫，也與之一樣，為那一段辦學經歷感到愴痛。

他指的，是我於一九九四年在湖北黃石辦的弘道大學。昔年民辦學校條件殊不具備，吾人徒恃理想，自然衝撞得遍體鱗傷。如今十餘載過去了，大陸的民辦教育似乎也還未登坦途。辦學者，不能抵押，不能貸款，不能破產，不能重組，不能參股，而且用什麼書、上什麼課、用什麼人，政府都要管，又無免稅等優惠措施。故除非是藉辦學之名義炒地皮，否則都難以撐持。即或勉強撐持了，積久恐亦會生問題。最近，台灣育達的王廣亞先生在鄭州的學校，因不再發鄭州大學的文憑而引發學生的抗議，即其一端。看來教育要回歸於民間，脫離國家化之控制，還早著呢！

夏日瑣事

（2006.07.09）

時序入夏，學校都已開始放假，學生不是返鄉，就是在慶祝畢業，氣氛又鬆弛又熱烈。可是畢業也是幾家歡樂幾家愁。找定了工作的，忙著規畫人生，奔向未來；迄今還沒找著事的，則棲棲遑遑，仍在覓路前行。偏偏近年大學生就業率偏低，故人心不免浮動。

所謂就業率，不只是冷門科系畢業生才不好找事。恰好相反，一些熱門科系，如法學、工商管理、計算機等，據北京青年報之調查，竟亦分別以百分之三十五點六、百分之三十一點七、百分之二十一點一排名在「滯銷榜」的第三至第五名。大陸廿五至六十四歲的勞動人口中，具高等學歷者僅占百分之五，爲何卻有那麼多大學生失業，而熱門科系也居然失業率這麼高，更令人難以索解。想來原因不外以下幾點：

一是雖然勞動人口中高等教育者偏低，可是許多職務恰被這些人佔著了，遂使剛畢業的大學生不得其門而入。二、大學近年來高教擴張太快，社會固然需要人才，但同一時期同一類人大批畢業，社會實無法吸納。三、近年大陸的高校擴張，還有點盲目趕流行的毛病。法學熱門，一堆學校就拚命擴招法學專業；工商管理、電腦等科系或學校，近年也不曉得增加了多少，學生多如牛毛，怎麼會不滯銷？台灣近年法律科系也不是如此嗎？搶熱門的結果，必然如此，倒也不足爲奇。四、近年大學量產成品既多，市場上當然就要比貨、挑貨。教學品質差或品牌不夠好的學校畢業生乃漸漸乏人問津。故從某些方面看，大學生失業率高，反而是刺激教育逐漸從量產到注重品質的因素，不一定是壞事哩。

時序入夏以後，還有一特殊現象可述，那就是兩岸文化交流的旺季又開始了。兩岸經貿來往，與季節關係不大，但學術文化交流大多仰賴暑假期間。本來寒假也便於交流，但寒假較短，又卡了年假，且天候太冷，許多地方不適合台灣人來往，暑間便都無此類顧慮，學校人員尤其願意利用這段時間辦會議、做活動。許多在台灣不經見的朋友，常會在北京街頭或校園不期而遇；有些則是特地約了來喝酒。還有不少學生團，或自己組織了去大陸參訪遊覽，或應大陸台辦台聯各系統之邀，結伴而往，是否爲「統戰」，早已無人過問。

近日台灣友人便因此而頗在北京相聚。我雖掉了牙，又感冒，也不能不出來酬酢。他鄉故知，甚暢吾懷。又因故赴無錫，幫日月潭和太湖鼋頭渚兩地聯繫了，結爲合作景區。陳振盛兄率原住民歌舞團來，踏舞縱歌，一時幾乎忘了身不在台灣。此，夏日之瑣事，而亦時代之徵也。

華語熱不敵洋文熱

（2006.07.16）

日前全球三十七個國家八十所孔子學院的代表，才在北京召開全球孔子學院大會。距二〇〇四年底才在韓國成立第一家孔子學院，迄今不過一年半，就發展到這個規模，實在可驚。全球華語學習勢頭之猛，略可想像矣。據大陸漢語辦公室的負責人說，今年會增加到一百所。而這個機構對於如此大好形勢，卻是煩惱多於欣喜，因爲師資與教材皆大成問題。

據估計，全世界學漢語的人口超過三千萬，師資需求當然甚殷。可是大陸的對外漢語教師資格證書是管制的，目前領有這種證書的，不及五千人。杯水車薪，當然供不應求。許多人都看到了漢語教材研發及教師培訓的市場前景，但何時對外漢語教學才能市場化，誰也不曉得。悲觀的人，覺得事涉教育，當局決不會放手。樂觀的人，則期待由此打開一個教育市場化的契機，讓教育可以在「輸出國家軟實力」的大帽子下，掙脫國家化的格局。未來到底會如何發展，還得看華語熱這個「勢」如何走。

在台灣，今年大學科系調整，也有不少學校呼應了華語熱的情勢，設立了華語教學科系；社會上則倡議拿漢字去申請世界文化遺產。顯見在回應世界華語熱這個題目上，兩岸是可以相與喁和配合的。只不過，大陸是政治行爲太多，台灣又嫌政府行爲太少，令人感到無奈罷了。

大陸上推廣漢語政府熱、民間冷的另一原因，是內外有別。「對外漢語教學」縱然熱火燒天，內部漢語文教學卻未獲等量之重視或起相應之作用。內部社會的思想意識乃至教育政策和環境，仍是獨尊英語的。孩童自幼牙牙學英語，家長勒緊褲帶送寶貝去上雙語學校。直至高考、研究生入學或畢業，英語都是關鍵，有時甚且是門檻。英文不好，專業再好也沒有用。情況比台灣還畸型。

其實如此大規模學英文，乃是民族智慧、人力、財力之驚人浪費。我們有許多留洋讀了博士，甚或在德國法國日本執教、任職的優秀傑出人士。去問問，誰是從幼稚園起就K德文啃法文的？大抵只是入了大學才開始學，或竟是到了德國才進歌德學院、到西班牙才去塞萬提斯學院學語文。其成效，則是一年半載就足以遊其上庠而窺其堂奧，何需在國內虛耗十幾二十年，童而習之？結果一傅眾咻，除了應付考試外，毫無用途。

如此明顯之事實，說了也無人理會，仍在那兒死鑽英文。今年香港的大學到內地招生，網上大吵，爭論香港的學校有何優勢，有人就舉全英語教學爲說。民情如此，除了長嘆，還能怎麼辦？

社科院與曾蔭權

（2006．07．23）

由北京過香港，準備返台兩周。

香港的熱門話題之一，就是七月十五日特首曾蔭權在訪問新加坡時說的：香港二〇一二年民主普選有望。

過去大家開玩笑，說台灣有民主而無法制，香港有法制而無民主，可是回歸大陸之後，香港的民主環境已有顯著變化，民主意識增強、民主行動也較前熱烈。二〇〇三年七一遊行以來，十萬數十萬人之遊行，屢見不鮮，連台灣也未必有此盛況。對時政之不滿（**如基本法廿三條倉卒上馬、貧富差距惡化、居留權取得困難等**），勾起了對中共的抗議（**如不平反六四、打壓法輪功等等**），結合成一股民氣。董建華之倒台，即爲其具體成果之一。

曾蔭權上台以後，除了提升經濟之外，政策上最大的特點，乃是充分利用葛蘭西所說的轉化方案（transform is tproject），把反對者的訴求接收過來，創造一個自己更有利的新位置：「你講民主，我比你還講民主」「你是民主派，我也是民主派」。爭取二〇一二年普選，一時之間竟成爲統治者與反抗者共同的話語。不但令一向爭取民主、批評中共及香港統治當局者驚疑不定，就是一向爲現行治港模式辯護者亦頗不適應。

但，民主情勢看來亦不容樂觀。不少親中央的學者已指出：香港的民主發展不可能脫離中國的全局考慮，在大陸尚不準備民主化時，香港就不可能走得太遠。而且一貫的「外國勢力利用與滲透」思維，更影響著香港民主普選之進程，中共絕對會擔心萬一普選出來的特首跟外國勢力交好的後果。除非它能掌控結果，否則即不可能開放普選。在此情形下，曾蔭權說二〇一二年普選「有望」，聽起來更像一種策略性的辭令，未必足以視爲行動綱領，香港之民主前景，仍待觀察。

相較於香港，大陸的民主化更爲有趣。中國社會科學院日前公佈了四十七位學部委員的名單。大陸社會及人文學科沒有院士，只有理工科才有，因此本次學部委員也被外界稱爲「社科院士」。雖然因引起爭議太大，不能如台灣之選中研院院士一般，廣徵各界人才，而僅局限於社科院內部，但社會矚目之情，殊無二致，選出來的汝信、葉秀山、楊義、卓新平等，確實也是不錯的人選，但馬列專家多達六人，四十七人中也有四十五人是黨員，學部章程草案中更規定委員必須「擁護中國共產黨領導，熱愛社會主義祖國」。這不是自己授人以譏諷之話柄嗎？看來社科院執事諸君，連曾蔭權的智慧也沒有。

汙染與治理

（2006.08.12）

返台期間，少不得呼朋引伴，爲濁世之歡。

但有趣的是：不少友人目前卻去了大陸。除赴大陸供職謀生者外，趁假期出遊者更多。現今大陸似已成爲台灣人最大之出遊地，出團情況要超過歐美紐澳。尤其今年歐洲酷熱，令人懼畏，去大陸的彷彿就更多了。

盛夏當然也非遊歷大陸最好之時機，許多地方，熱起來，並不比台灣歐洲遜色。且不說幾大著名「火爐」，就是江湖河海也熱得嗆。

有一年我去遊三峽，船艙裡熱，搶不到冷氣房的床位，幾乎熱得無法入眠。江面上更熱，偶有風至，皆如焚劫，毛髮欲燃。沒風時更糟。有一夜，船泊在白帝城附近，因不走動，故亦無風，整個人被一團熱氣裹住，幾乎要投水自盡以求解脫。回來以後，惡補了幾周，重讀三峽有關詩文，才漸漸恢復了對三峽的美感與歷史感。因此常勸人：某些景區千萬別去，在家看看圖片、讀讀詩文遊記便可，若一定要去，也得挑對了時間去。

長江的問題不僅是熱，更是汙染。江上如此溽熱，亦是因岸上草木不甚繁滋之故。江水染汙，則使其調節空氣之能力下降。目前長江汙水量占全大陸百分之四十以上，且百分之八十之汙水未經處理。而沿岸各大城市卻仍在拚命衝專案、搞開發。高汙染、高耗水之重化工項目越來越多，以致淨水問題迄難改善。

不只長江本身如此，其流域四千多個湖泊，半數以上也均有優養化現象。就像太湖，近年治理算是較有績效的了，卻也仍是藍藻肆虐。湖面青碧如抹茶，漸則泛藍，太陽曬死了，就發出惡臭，令人不敢嚮邇。

扯到環境汙染問題，實在扯遠了，但「汙染」與「治理」不斷重複對治的邏輯，或許正是大陸社會的一個重要面向。河川不斷加重其汙染，而亦不斷增加治汙的投入，兩者相扶而長，越治越汙，越汙越治，竟成一詭異之循環。

自然環境如此，社會亦然。近年官箴不肅、貪腐嚴重，不就是汙染嗎？政府一下要提高共產黨員先進性，一下八榮八恥，大動作不少，敲鑼打鼓，好不熱鬧。可是越肅越貪，越貪越肅。肅貪之力量越來越大，貪瀆看來卻也有升級之勢。

文化環境呢？近年文藝整風及左派舊調已然不復重彈，舊的許多汙染，似已得獲治理，例如民國史事漸被合理對待、階級鬥爭史觀或農民起義漸少人說了、民國時期的學術史漸漸成為現今學術發展之基礎等都是。但新的禁制消息，實仍不絕於耳地傳來，且常是以治汙為名義的。這不令人感慨嗎？

虛耗

（2006.08.13）

三日過港，轉飛上海。

不料飛機抵香港上空時，機長才報告說是颱風，前此幾班均已因無法降落而返航。正忐忑間，飛機竟順利著陸，慶幸之餘，渾未料到抵港以後才更糟糕。

香港天文台對此次颱風之測量，只掛了三號風球，所以民眾仍以爲飛機是能飛的，機場也未關閉，只能視狀況決定。故或飛或不飛，一片混亂。受影響之航班六百餘，旅客受困者近萬人，乃赤鱲角機場啓用以來所未見。

香港公私機關，向以管理見稱，此番應變不足，不唯旅客抱怨連連，港人亦多批評。我在機場折騰至晚，才確定無法離港，匆匆聯絡了友人，入境投宿。四日又一早趕赴機場去等消息，折騰至晚間才能起飛。待抵上海，轉無錫，乃已半夜。人生苦短，而竟如此虛耗了兩日，又不能如古人舟行阻風便輒能留下幾首好詩，頗爲悶悶。

香港近正舉辦第三屆香港國際教育展，有二百多家院校及組織參展。四成來自世界各地，只有一成是大陸。可是實際上香港學生近年赴大陸就學者已漸多，而且情況與從前頗不相同。從前好學生主要留在香港或出國求學，部分到台灣，所以有人開玩笑說考不上的才去大陸。如今情形迥異，來台灣者漸少，去外國又太貴，因此入內地升學漸成不少家境一般而資質優秀者的選擇。今年三月，已有七千多學生赴內地就學。甫結束的大陸高考，也招錄了九百多港生。人數看起來不多，但那是比例問題，而且港生多半只集中在北京、上海和廣州，這些地方的高校競爭也較激烈，如港生分散申請，未來人數就還會再增加許多。

在內陸，對於今年香港學校赴內陸招生，而且搶了不少名校學生，爭議很大。但其實香港學生北上升學，或大學生畢業後赴內地就業，才是大趨勢。未來則青年學生之交流互動，勢將更爲熱絡，希望台灣與香港大陸的青年交流，未來也能如此。

離台之前，與馬英九兄抽空見了一面，亦聊起此意。想昔年在陸委會時，曾規畫採認台灣人士赴大陸求學之學歷，同時亦開放大陸學生來台升學。當時曾邀清大校長劉兆玄等人來商，咸以爲既可不佔台灣學生名額，又能另籌大陸學生來台讀書之獎助學金，對兩岸改善關係、降低敵意，利莫大焉。不料方案擬就，且獲教育部同意，而李登輝、黃昆輝大爲恚怒，其事遂寢。至今十餘載，略無寸進。此等虛耗，當然比起阻風而在機場困滯一二日更要嚴重得多。目前台灣各級學校都生源不足，開放大陸學生來台，才能解決燃眉之急。可是秉國者不此之圖。吾人也徒呼奈何。此類虛耗，近十餘年來，彌漫在台灣各層面、各領域，教育不過只是其中一端而已。

颱風之後

（2006．08．13）

由台灣到上海，在香港因颱風滯困了兩天。可是由上海去杭州，再返北京時更慘，竟然登機後在艙裡枯坐四個小時才起飛，抵北京已是深夜。原來近日雷雨不斷，航班多誤。一些朋友後來聊起，都說你這還算好的呢，許多飛機降不下來，轉飛天津，甚或還有國際航班轉到韓國去停的，旅客經此折騰，無不面無人色。

北方如此，南方更糟。繼颱風侵襲港澳粵之後，號稱五十年來最強勁的颱風「桑美」又重擊浙江福建，已有百餘人死亡，四百萬人受災。這已經是今年大陸第七個颱風了，據說這兩個月還會有好幾個。

本來大陸不比台灣，罕有颱風會登陸的。可是今年天候異常，太平洋上生成的颱風反而較少，偏偏這少數幾個颱風卻大量登陸。爲何如此？大陸的氣象專家說是青藏高原積雪減少之故。雪少，反射太陽能就少，夏天提早來臨，高原會吸收更多熱量，造成更多上升空氣，使西太平洋下沈空氣也越多，結果青藏高原就像吸塵器一般，不斷把颱風吸進內地。

若此說果然，則青藏高原的積雪只會越來越少，大陸豈不要進入颱風密集區了嗎？每年如此多颱風，對其經濟發展、糧食生產、交通運輸之影響，不可小覷。對一些事情的評價，可能也將與現今不同。

例如颱風之源假若是青藏高原，則開鐵路讓更多人快速且大量入藏，顯然就不是好事。大批旅客去西藏，且不說自然環境，就是人文歷史環境也吃不消。布達拉宮號稱每天只能容納二千三百人，全年八十三萬人。實則今年上半年已接待了六十萬人次，明顯超過負荷。不能責怪該宮超額售票。遊客蜂擁而至，有來頭、有背景、有辦法者多的是，管理單位攔得住嗎？長此以往，人禍只能帶來天災。

當然，現在說這些是沒什麼用的。消費青康藏、雲貴川，乃此一時代之大趨勢，其名目可能叫做西部大開發或什麼。總之，是東部人去消費去利用西部。西部也樂於讓人來消費利用甚或剝削我，以求脫貧致富。這與資本主義國際拓展之邏輯是一樣的。國族內部分區分工，西部為東部打工、窮人替富人打工、農民替城裡人打工、少數民族替漢人打工，賺取了一點利潤，卻也接受著剝削。整個社會如此，還有什麼好說？

在報上見一新聞，云《無極》在雲南香格里拉縣千湖山碧沽天池拍戲時，嚴重破壞了生態，中央建設部對此甚表不滿，罰了該劇組九萬元，並免職了該縣副縣長。《無極》耗資十數億，罰此區區九萬元，豈非笑話？只可憐那以為拍了戲就可宣傳地方、繁榮市面的小縣長。而這，就是今天這個社會的邏輯。

關於宋代文學編年史

（2006．08．14）

今天要去成都開會，論宋代文學。四川大學編《全宋文》，迄今二十年，才在今年正式出齊，實在不易，理當去道賀一番。前此，嘗爲曾棗莊先生《宋代文學編年史》作一序，即錄於此，以代鼓吹。序曰：

宋代文學，在某些人看來是無足觀的。宋犖《漫堂說詩》即云：「明自嘉隆以後，稱詩家皆諱言宋，至舉以相訾謷，故宋人詩集庋閣不行」。清初雖得吳之振等人揄揚，聲望仍然有限。除朱彝尊、曹溶等少數人外，一般人根本很少接觸過宋人詩文集。像以治杜詩著名的盧世漼，三十歲都還不曉得有黃山谷，其餘可知。時來運轉是在道咸以後。同光體諸家或言元嘉元和元祐「三元」，或言唐音宋骨，寖至於家東坡而戶山谷。

然不旋踵而風氣又變。五四新文學運動後，對整個古代文學有了一個新的解釋，把唐代視爲我國詩歌的黃金高峰期，宋代則僅取其詞，回到明朝「一代有一代之文學」的那一套觀念中去。所謂文學史，大體即依漢賦、唐詩、宋詞、元曲、明清戲曲小說這一序列來論述，於是宋代的詩、文、駢儷盡遭抹煞。劉大杰《中國文學發展史》把宋代形容爲詩的秋衰，行將入滅。馮沅君、陸侃如的《中國詩史》則乾脆不予敘述，只當它已經死了。

近代「中國文學史」這個學科建立以後，宋代文學的處境即是如此。在《中國大百科全書》的中國文學概述中，周揚與劉再復撰寫的這個詞條，關於宋代，只有「詞，達到了可以和唐詩並列的中國文學的另一座高峰，出現了一批大詞人，如蘇軾等」這一句話，此外一個字也未提及詩，即連古文也只是說唐代之韓柳，其餘宋代文學之發展與成就，就更不用說了。

風氣漸變，須等到上世紀八十年代。特別是在北京大學編輯了《全宋詩》、四川大學編輯了《全宋文》以後。全宋詩，本來台灣黃永武、張高評先生也編了一部，因與北大項目雷同，出版社不願付梓，遂使兩岸互輯之異同迄今無法考按。《全宋文》也因出版問題，延宕十載，方得出齊。這些，都降低了它們的影響力。可是縱然如此，對研究中國文學及文學史的學者來說，仍有視野洞開、天宇豁然之感，發現從前啥也沒看就信口雌黃，談盛衰、論規律，實近乎無知而妄作。

主持《全宋文》這項改造我們文學史觀大工程的，便是曾棗莊先生。先生篤實誠樸，自相識於今，十餘載間，無一日不治學，無一晤不論學。近來養疴蓉城，仍有著作不斷問世，頗令我輩愧汗。

我當然不足以知先生，但以我管見所及，先生治學有幾個特點：

一是善於組織，集腋爲功。治學，有人喜歡單打獨鬥，事實上做學問本來也就應該只是自己做，古之學者爲己，沒聽說老是搞集體生產的。可是，某些情況，獨木難支，個人力量卻也是做不來的。例如文獻之徵集整理，當然要眾擎才易舉。曾先生主持川大古籍所，對此特別著力，故學風樸實而成果斐然。許多學者，本身武藝雖好，卻不適宜指麾部眾、規模遠略，曾先生與之不同，他是很有將才的。

二是考述並重，文史合一。做文獻的朋友，擘積之功多，史考爲長。但往往因此而不能綜攬全局，或進而評騭論秩古人之是非優劣。也就是能考史而無力述史。述史須要綜合歸納的工夫及敘事的本領，與考史之分析枝末，著重於局部者頗異其趣。曾先生卻能兼此二事，所著《三蘇評傳》，均搭配以詩文選集及彙評，兩相輝映，足見一斑。而文史合一則更難。古籍整理本屬於史部的工夫，能得文章趣味者甚少。曾先生的文獻整理，卻始終關注於文學問題，希望能以其考案所得，貢獻於文學史研究，斯所以爲難能。

本編，我以爲就是在《全宋文》的基礎上，更集中發揮先生之長的表現。曾先生與吳洪澤先生仍採合作模式，充分顯示了我所說的第一項特點。他們曾合著過《蘇辛詞選》，也合編過《中華大典》的宋遼金元部分。本書之合作，亦屬天孫織錦，鍛合無間，看不太出來有風格或內容上的差異。在考述並重，文史合一方面，則本編在《宋人年譜集目》《北宋文學家年譜》等舊作的基礎上，對作品之繫年與作家之生平、仕履、籍里、交遊等等頗多著墨，以期因年繫事，即事考文。但又有論有案，或綜括每一期文學發展之脈絡、或分評一家之短長、或析史疑、或通積滯，體兼章實齋所說的史考與史著，而又足以見史識。

此外，編年史雖然是我國最早的史體，但用在討論學術思想或文藝上卻甚晚。宋元明清諸學案均是以人為綱，事實上仍是紀傳體之規制。直到民國時期唐晏的《兩漢三國學案》才以易書詩禮樂春秋為類，劉汝霖的《漢晉學術編年》才採編年體。本編則融通變化，以編年為主，而實兼紀傳及紀事本末。這應是本編創用之體例。我二十多年前作《江西詩社宗派研究》時，特列年表一種，以為論史之作，不能無表譜以為之輔。如今本編則是以年表為經，輔以紀傳與紀事本末，體若相反，其旨同符，觀之深感契合。

本書唯一可商者，或許在於他們所說的「宋代文學發展的規律」，把宋代文學劃為四期：北宋前期、北宋後期、南宋前期、南宋後期。這四期，一來不能稱之為「規律」，二來太像唐詩的初盛中晚之分，是否可另做區劃，宜再商量。但編年之書，以時為斷，釐為四卷，也沒什麼大錯，我亦不敢以此吹求。本編卷帙浩繁，創見迭出，足證功力。我粗窺堂廡，略述一二，其實無當旨要，姑誌欽遲之意而已！

丙戌芒種，寫於北京小西天如來藏

文化產業的迷惘

（2006.08.22）

十四日由北京飛成都。成都與北京全然不同，正被熱浪襲擊。

本來蜀中向以少見太陽著稱，所以「蜀犬吠日」。即使夏季，也甚舒爽。但今年是成都有史以來最酷熱的一季。整個四川都在全力抗旱，據稱旱災受害三百二十餘萬人，有四百五十萬頭牲畜飲水困難，在渴死邊緣。災區達一百零八個縣以上，直接經濟損失六十一億人民幣以上，區域限電或工商業限電中。大都市裡，重慶燒到四十四度，蔬菜飆漲了一半的價。成都情況固然比重慶好得多，但連市政府的照明與空調也都已限停。如此溽暑，悶在沒冷氣的辦公大樓裡上班，也真難爲了。

不過，我住的望江賓館似乎不受影響，冷氣開得很足。這個五星級大賓館原爲軍方招待所，林彪舊有一別墅在此。今改對外營業，正顯示了大陸軍方以其資源「創收」之態度。可是美侖美奐的大廳中，「花好月圓」錯成月園。「春日宴，綠酒一杯歌一遍」錯成緣酒，看來文化仍待提升。

會議期間，我循例抽空去逛了青城山、都江堰、武侯祠、青羊宮等處。在這些地方，也照例會碰上不少解說的錯誤。在青羊宮，終於忍不住了，打斷了一位導遊的胡扯，替一台灣旅遊團做導覽。大陸近年爲發展旅遊，杜撰了許多歷史與傳說、僞造了許多古蹟旅遊點、亂編了許多旅遊介紹辭，透過每年三億多的旅客量，正以驚人之速度在散播著。導遊並不會自己瞎掰，大抵是因其旅遊教育及教科書上本來就已是錯的。這些旅遊教材和亂編戲說的電視劇，是現今歷史知識之兩大殺手，不容淡然視之。

十八日由成都飛南京，轉揚州，參加兩岸中華文化發展論壇。南京現在號稱「博愛之都」，我不知道那是什麼意思。另外，該市現正以「民國文化」打造新的城市文化，還有人建議以民國文化去申報世界物質文化遺產，市內亦在開發民國文化旅遊新景點。例如總統府附近仿民國建築風格的「南京一九一二」，就是有意地營造一種民國文化氣氛，提供民國大餐、民國茶點。而所謂民國文化及其情調、內涵到底是什麼呢？據說是中山裝、旗袍、西餐、啤酒、咖啡、捲煙、人力車、洋樓、電燈等等。南京一九一二之類新旅遊點，事實上就是另一種上海「新天地」，只是以如此這般怪異的所謂民國文化爲其粧扮而已。此等民國文化，凡略對民國史事有知者，恐怕都是要驚詫的。

南京的表現，代表了長江三角洲文化產業發展的焦慮與困境。什麼困境？長三角的富裕，眾所周知，但人均文化消費占日常支出的比重，江浙卻不如成都、湖南。文化產業之規模又不如北京、深圳，品牌影響亦不如雲南、湖南，人才集中度更是不如珠江三角洲與東北。政府的文化投入則與居民之文化消費不對稱，體制上也僵化，人才流動困難。這些體制和結構的困境未能打破，當然就只能夠玩噱頭、耍花樣了。

取締私塾有用嗎？

（2006.08.27）

上海近日關閉了「孟母堂」，令各辦學機構不無惴惴，深恐哪一天忽然也說你違法，便把你的機構封了。其次，關閉一個機構，到底是只針對個案，還是意在打擊一大片，不准這一類教學活動繼續進行，行政部門未及早說清，以至傳言揣測紛紛。

如今教育部才明確說是反對所有的全日制私塾形態的教育。理由是此類教育違背了〈義務教育法〉嚴格保障九年義務教育之精神。

爲什麼？教育部云：在外國，孩童可以在家裡讀完義務教育課程，可是在中國就不行，必須進合法的學校。若想讀四書五經、傳統文化，只能在假日去補習。家長集合起來自己教小孩，就是「私塾」。私塾太封閉，學生學不到學校裡那樣的與人相處能力、自立精神，而且學不到許多愛國主義教育內容及軍訓活動等。

話倒也說得明白，教育乃國家權力，豈容你私人來分杯羹？在外國可以，在中國可不行。所

以不要談愛迪生，或古代千千萬萬由私塾培養出來，有自主能力又能與人善處的文豪與賢哲。中華傳統文化重要，愛國主義教育才更重要哩！

我並不想譏嘲大陸的教育部，只想指明這是一個過程。現在的所謂全日制私塾，其實就是台灣從前的「森林小學」。森林小學成爲一種社會運動，發展爲如今的社區大學，已漫漫二十年，迄今亦仍在與教育國家化的既有體制角力中，又妥協又抗爭。大陸顯然也已走上了這條路。「孟母堂」的辦學方式，例如家長高度參與投入、收費較高、學生人數較少、自編教材等，均與森林小學不謀而合。如今雖遭取締，但不準備屈服，擬提出行政申訴。這一種抗爭態度，也彷彿森林小學當年之作爲。他們顯然會有很長的路要走，但這個起步十分重要。

當然，孟母堂畢竟不同於森林小學。主要不同，在於孟母堂或大陸這類新興民間具有改革意義的自辦學校，大抵都強調國學，甚或以國學爲主。台灣則較強調森林、自主學習、溝通互動等。這是兩岸不同社會文化環境使然。大陸社會目前有文化斷層後急欲接上傳統的渴求，所以不只小孩子希望他能濡養一些傳統文化教養，就是大人也普遍有此需求。北大清華復旦，到處都在開國學班，企業家學國學，竟成時髦。清華的國學班都開到上海了，上海人送小孩去上孟母堂之類私塾，又有何可怪的呢？

何況，每個時代的復古都不是真要恢復古法，而是對當代的批判與反抗。談國學、讀四書五經，其實就是對現行教科書的不滿；辦私塾，就是對現在的中小學不滿；家長自己教，其實就是嫌老師教得爛。因此，教育部取締孟母堂，倒不如注視這老百姓對教育不滿的心情，好好改造改造自己。

文學散步簡體字版

（2006.08.28）

謝正一與劉國威、沈享民、姚玉霜率一團人經廈門來北京。正一乃工黨主席，來此當然別有應酬，故我日昨自領其餘諸人去吃了狗肉。除狗肉外，台灣較罕得吃到的，只有驢肉，是以今天就去吃驢。吳興元等適亦來訪，遂邀共餐。

興元出版我的《文學散步》，甫印出，便攜來給我看了。印得很簡素。此雖舊作，今日出版，或不爲無益。只可惜黎湘萍兄一序，因稍長，刪成現在這個樣子的跋文，很對不住老友。故借此一角，代刊其文。其中因緣，諸君看了文章就會明白了。文章如下：

「狐狸」文論

黎湘萍

英國當代哲學家以賽亞．伯林論托爾斯泰時，借用古希臘詩人阿基洛科斯關於「狐狸多知，而刺蝟有一大知」的說法，以「刺蝟」和「狐狸」指代兩種思想方式，稱「刺蝟」型喜歡凡事歸納爲某種中心識見，傾向於構建一個完備的體系，以其一般的原理、原則來詮釋、理解他的世界；「狐狸」型則往往追逐許多目標，這些目標彼此之間並無一定關聯，甚至是相互矛盾的，思想散漫無統系，捕捉各種不同的經驗，而不是依靠原則來理解生活。伯林列舉了許多代表人物，說明這兩種類別的特徵，例如，但丁屬於刺蝟，莎士比亞屬於狐狸；柏拉圖屬於刺蝟，亞里斯多德屬於狐狸；杜思妥也夫斯基屬於刺蝟，巴爾扎克屬於狐狸，而托爾斯泰則是想做刺蝟的狐狸，等等。伯林所描述的兩種思想方式，雖然未必涇渭分明，卻的確常常見諸不同性格的思想家、哲學家、作家、詩人、學者，因而此喻一出，每爲人所樂道。

若以伯林之說衡諸中國思想家，則孔孟荀爲代表的儒家，傾向於講求仁義禮智信諸原則的「刺蝟」，其中「理學」爲刺蝟中的刺蝟，「心學」是刺蝟中的狐狸；老莊列子爲發端的道家，更樂於當標榜「齊物」、崇尚「逍遙」的「狐狸」；而佛家學說，以破執爲功，無相無住爲德，是刺蝟中的狐狸，其中密宗或近刺蝟，禪宗或近狐狸；史家中，左丘明、司馬遷爲狐狸，班固、司馬光爲刺蝟；詩家中，李白爲狐狸，杜甫爲刺蝟；小說家中，羅貫中、吳承恩是刺蝟，蘭陵笑笑生、曹雪芹是狐狸，茅盾是刺蝟，魯迅是狐狸等等——這些自然是「戲說」。不過，以「戲說」評陟人物的好處，是不必太一本正經，而換一種有趣的角度去觀察。如是，談到當代學人，也可用「刺蝟」爲縱坐標，「狐狸」爲橫坐標，兩者構成的空間，或可一一定位活躍於思想人文領域的知識者。我這麼說，乃是因爲想到了一位不容易定位的當代學人——龔鵬程先生。

我大概是龔鵬程著作的較早的讀者之一。那是一九八五年在北京讀研究生時，在北京圖書館找到那一年剛出版的《文學散步》（台北，漢光出版公司），一下子喚起了八十年代初在廣西小鎮閱讀宗白華《美學散步》時的愉悅的感覺。

一九八二年六月，我在廣西一個邊遠小城的新華書店裏買到了宗白華的《美學散步》。這本書的初版本由上海人民出版社於一九八一年五月出版，定價僅人民幣九角，印數卻達到兩萬五千冊！在這本有趣而重要的著作中，宗先生特意解釋了「散步」的意思，他說：

> 散步是自由自在、無拘無束的行動，它的弱點是沒有計劃，沒有系統。看重邏輯統一性的人會輕視它，討厭它，但是西方建立邏輯學的大師亞里斯多德的學派卻被喚做「散步學派」，可見散步和邏輯並不是絕對不相容的。中國古代一位影響不小的哲學家——莊子，他好像整天是在山野裏散步，觀看著鵬鳥、小蟲、蝴蝶、遊魚，又在人間世裏凝視一些奇形怪狀的人：駝背、跛腳、四肢不全、心靈不正常的人，很像義大利文藝復興時大天才達文西在米蘭街頭散步時速

寫下來的一些「戲畫」，現在竟成爲「畫院的奇葩」。莊子文章裏所寫的那些奇特人物大概都是後來唐、宋畫家畫羅漢時心目中的範本。（宗白華：《美學散步》「小言」，上海人民出版社一九八一年版，第三頁）

這段話，看起來平淡無奇，但在動輒講究規律、邏輯、科學與完整的功利性計劃的年代，宗先生卻來談其自由自在、無拘無束的「散步」理論，真有別開生面、令人耳目一新的效果。他實際上在倡導一種審美態度，這種審美態度也許與一個政治掛帥或追求經濟功利的社會格格不入，然而，它卻是人所不可或缺的生活情趣。宗先生所謂「散步和邏輯並不是絕對不相容」的看法，是試圖把「沒有計劃，沒有系統」的「散步」也「合法化」，爲此，他特別提到被稱作「散步學派」的亞里斯多德，恰是在西方建立邏輯學的大師。他更暗示了人其實是在逍遙自在的散步和觀照中，才會獲得真正的自由，並呈現出更爲豐富完整的人性。而生活裏，過於堅持和看重「邏輯統一性」的人，也許太偏向某種機械的「工具理性」了，反而可能都是些「四肢不全、心靈不正常的」。

《美學散步》收入了宗白華先生從二三十年代開始至七十年代末撰寫的有關中西美學、藝術的文章。這些文章，雖然不像康德、黑格爾的美學著作那樣有嚴密的體系和架構，但卻如高山流水，清越自然，山間漫步，飄逸隨意。它們有的是短製，談文論藝，點到即止，說東道西，深得奧旨，如〈新詩略談〉（一九二〇）、〈美學散步〉（一九五九）、〈形與影——羅丹作品學習札記〉（一九六三）；有的則是長篇，縱橫古今，融會中西，抽絲剝繭，舉重若輕，如

〈康德美學思想述評〉（一九六〇）、〈中國美學史中重要問題的初步探索〉（一九七九）；有的雖寫於內憂外患、戰火紛飛的年代，而不失其莊敬、從容和自信，如〈論《世說新語》和晉人的美〉（一九四〇）、〈中國藝術意境之誕生〉（一九四三）；而在看似最「政治化」的冷戰年代裏，他依然懷有靜穆純淨的審美情懷，討論最迷人的藝術問題，如〈中國古代的音樂寓言與音樂思想〉（一九六二）、〈中國書法裏的美學思想〉（一九六二）。

《美學散步》結集出版於一九八一年，應該說，是時勢使然，它的怡然超脫的審美態度，知性而抒情的論藝風格，讓剛從文革的疲憊、空虛和恐懼中逃脫出來的讀者，重新發現了中國古典藝術（詩、書、畫、樂等）和西方藝術哲學（雕刻、美學思想）的美和力量。當然，此書收入的文章，寫於從二十年代初到七十年代末將近六十年間，這六十年的內憂外患，風雲變幻，也把讀者帶入一個既熟悉又陌生的歷史時空——六十年前的青年宗白華所處的年代，反而因爲曾經成爲某種禁忌而讓塵封之後的思想，變得陌生而親切，這也是宗先生跨越時代的「美學散步」之魅力所在。期間的人世滄桑之感，人們大概也都能從文裏文外感受得到。宗先生一方面似乎不經意間標舉「散步學派」，另一方面，把寫於不同時空的長篇短制都收羅結集，領著讀者重拾歷史記憶，穿越時空滄桑，從中國古代和西方世界的藝術和美學裏，重新找到文學藝術之美和性靈之光，這是八十年代初《美學散步》出版時帶來的驚喜，也是這個時期被賦予「新文藝復興」之意義的原因之一。

《美學散步》的出版並非個案。從上世紀七十年代末開始到八十年代中期，中國大陸掀起了一場從文學、文學理論、美學出發的思想解放運動或「新文藝復興」，這場思想解放運動有

一個特色，是借助重讀經典來批判甚至顛覆教條主義化的意識形態。這些被重新解讀的「經典」，主要是馬克思、恩格斯的原著，尤其是青年馬克思的充滿了人道主義批判精神和活力的著作。此外就是商務印書館、人民文學出版社、三聯書店、中華書局等重要出版部門重印出來的中西哲學、美學、文學作品與文學理論經典，當然，也包括一九四九年以後至一九六五年文革前的文學作品和著述。一九六六年至一九七六年十年文革期間，它們都曾被當作中外「資產階級」的或「修正主義」的「毒草」被封殺禁讀。

文革十年的革命清教主義運動，不僅清掃了它所目爲異類的一切「封、資、修」精神產品，而且也否定了它在革命中建立起來的一套新文化意識形態，這些「新文化意識形態」在一九四九年至一九六五年已初具雛形，其中包括馬克思主義的政治經濟學和美學、社會主義現實主義文藝理論和文藝經典，然而，這些東西到了文革期間，也一概受到批判和反省。因此，文革結束後的思想解放運動，就是從重新反省這些被批判的新文化意識形態開始，繼而也漸漸恢復「新文化意識形態」之外的中外文化經典著作的整理和出版。以此爲契機，推翻文革期間走向極端的反智、反文化的「革命清教主義」做法。

正是在這個大背景下，我從八十年代中期讀研究生時開始系統閱讀美學和文藝理論著作。也是從那個時候開始，大陸的文學理論界意識到，在我們向古代和西方尋找思想的資源時，竟然忽略了海峽那邊的文學理論和美學。如果說，台灣的文學作品從七十年代末開始輾轉繞道美國進入大陸讀者的視野並引起讀者濃厚的興趣；那麼，戰後在台灣特殊的歷史脈絡中發展起來的文學理論和美學，卻沒有受到應有的關注。根據我的閱讀所及，一直要到八十年代，才有零星的論文介紹台灣和海外發展出來的文論和美學。其中最早的，是北京大學的教授胡經之先生，一九八二年，他撰寫的《文藝美學及其他》，率先呼籲建立「文藝美學」學科，他運用王夢鷗先生的「文藝美學」概念，在中國大陸的認識論美學傳統中，重新建構了以「審美」爲核心的藝術理論，從而開啓另外一條新穎而異質的路子。此後，關於「文學美學」的論著陸續問世於八十年代中後期，成爲一門最具有中國特色的、融合了「文藝學」與「美學」的新興學科①。

但僅靠一九七六年版的王夢鷗《文藝美學》②，是不能全面瞭解台灣戰後文論與美學的發展趨勢的。我們需要追問和探索的是，一九四九年以後的台灣文學理論和美學，究竟是何形態？爲何和如何形塑了這樣的形態？它們與台灣文學與社會發展有何互動關係？

爲了回答這些問題，我曾有一個時期，泡在北京圖書館的台港閱覽室，從一本書追到另一本書，盡可能搜集相關的資料。就在這樣的追問和搜尋當中，我發現，在以張道藩、李辰冬、王集叢等人符合「官方」主流意識形態的「三民主義」文學論述之外，還存在另外一條由學院的知識分子開闢出來的文論和美學路線，從五六十年代的王夢鷗、夏濟安、姚一葦、劉文潭，到七八十年代的劉若愚、高友工、顏元叔、葉維廉、柯慶明，最後聚焦於一九八五年剛剛出版《文學散步》的龔鵬程。他們具體方法和觀念容或不同，但似乎都在不約而同地趨向一個共同點，那就是強調文學的「語言美學」特徵，我因此借用庫恩的「範式」更替的理論和方法，把這些不同世代的學院派「有意」或「無意」的論述，描述爲一個逐漸被構建起來的新的理論範式或理論共同體，他們逐步地取代「文以載道」的教化傳統，而試圖建立一個具有現代意義、更能解釋文學本性、特徵、功能和文學發展史的以生命美學爲基礎的中國式文論。這些論述，

後來都收入拙作《文學台灣》裏了。

當然，用「語言美學」去描述和概括這些知識背景、美學觀念相當不同的學者，並試圖把他們硬生生放在一個所謂「理論共同體」中，是受了當時哲學和美學所謂「語言轉向」的影響；而強調這種語言美學骨子裏的生命情調，也正是為了呼應人道主義、人類學本體論、主體性哲學等八十年代在大陸熱烈討論的議題。現在看來，被我放在「語言美學」共同體中加以描述的台灣理論家、美學家或批評家，每個人其實都有不同於他者的特異的觀念和立場，若強以某種共名去描述，也許勉強可以挪用「散步學派」來形容，因為台灣的大部分理論家和美學家，都不太在意去建構邏輯嚴密的美學體系。王夢鷗的《文藝美學》和劉文潭的《現代美學》，基本上都是在介紹詮釋不同流派的西方美學中建構其理論的；姚一葦《藝術的奧秘》深受亞里斯多德《詩學》的影響，但也未必算得上有嚴密的「邏輯體系」，而「散步」的特徵比較明顯。其中最典型的，我以為，就是龔鵬程先生。

寫於一九八三年、結集於一九八五年的《文學散步》，與其說是龔鵬程試圖解決文學理論問題的少作之一（**寫這本書時龔先生二十七歲，此書出版時他二十九歲**），毋寧說是表達其生命情調與美學的一種方式，也是他攪亂台灣中文系一潭春水的「戲作」。他不熱衷於建構邏輯嚴密不透風的文論體系，不去探討和追求看似「科學」的文學發展的「規律」，而是以相當自覺的方法論意識，去挖掘和發現作為生命之美的文學的獨特魅力與獨特價值。這部書問世於八十年代初的台灣時，因了其中兩個特色而引起重視和爭議。第一，它是台灣中文系年輕學人中最有意識地運用中外美學方法來討論「文學內在」的「知識論規律」與「方法學基礎」問題的，這對向來重視傳統經學的台灣中文系不啻是一大躍進。在他之前，當然也早已出現過很有影響力的文論著作，例如王夢鷗的《文學概論》（一九六四）、《文藝美學》（一九七一），姚一葦的《藝術的奧秘》（一九六七），柯慶明的《文學美綜論》（一九八三），這些著作也都來自中文系資深學者，他們也涉及中西美學，卻因側重知識論本身的建構，而缺乏對這種文學知識論所賴以建立的基礎的批判性的反省。因此，這些著作試圖給人以科學的、邏輯的系統知識「表像」，卻似乎缺乏方法論的自覺；第二，它是最具有生命意識的文論。在這一點上，龔先生的文論，有意識地吸納了中國哲學（特別是新儒學）中強調生命、心性的思想，由此而上接中國傳統的精神史，使他的文論雖然看似具有非本質主義的特性，實際上卻奠定在生命美學的基礎上，而在表層上，則是回歸文學本身最基本的語言層面進行分析。

這是一部比較典型的、有趣的「狐狸」文論，它曾以其別具一格的論述方式吸引過我。其中原因，也大致有二：其一是它與《美學散步》的淵源關係。上海版《美學散步》一九八一年問世，台北的洪範書店同年也出版了宗先生的《美學的散步》。在蔡英俊爲《文學散步》做的序言裏，曾提到他們這幾個朋友相聚在一起閱讀哲學、美學的一段時光，閱讀《美學的散步》也應是那個時候的事情。《文學散步》的自序提到，由於李瑞騰的介紹，他於一九八三年間爲俞允平主編的《文藝月刊》撰寫文學理論專欄文章，「瑞騰遂建議我仿宗白華《美學的散步》，來一趟文學的散步。因爲散步雖有起訖，卻無規矩；雖有章法，卻不期於嚴謹精密；偶然適志，更不須如舞蹈之必博人欣賞讚歎。」此論與宗先生關於「散步」之道的說法，精神相通，因此，把龔鵬程歸入「散步學派」，似乎也有理。而從《美學的散步》到《文學散步》，

也可見兩岸的思想文化交流，即使在一九八七年之前尚未正式開放的年代，也早就通過民間進行了。其二是《文學散步》談論文學的方式，不但與大陸讀者常見的方式（**如當時坊間流行的蔡儀、以群等人編著的各種《文學概論》**）不一樣，與台灣島內理論家王夢鷗、姚一葦、劉文潭、劉若愚、高友工、柯慶明等人的論述方式也有差別。對龔先生個人而言，前此雖然出版過關於孔穎達周易正義的碩論（一九七九）、關於江西詩社宗派研究的博論（一九八三）、《歷史中的一盞燈》（一九八四）和《中國小說史論叢》（一九八四）以及一些古典詩文的鑒賞論著，但比較系統地思考文學理論的問題，這還是第一次。對以傳統經學爲根基的中文系而言，其年輕學人打破長久以來在文學理論和美學探討和思考上的沈默，在外文系佔據主導位置的文學理論方面「初試啼聲」，而且一出手，就毫不留情地批判此前台灣坊間《文學概論》之陳詞濫調，沈溺於假問題裏卻不能自省自拔，狠批其要麼「盲人摸象」，要麼「指鹿爲馬」，文不對題，陳陳相因，且指名道姓，毫不隱諱，雖有「同室操戈」之嫌，卻的確輕車熟路，擊中要害。爲中文系在文學理論領域的真正發聲，並與其他學者展開有效對話，開闢出一條生路。

閱讀《文學散步》時，恰逢八十年代初中國大陸美學與文論蓬勃復興的浪潮。一九八八年，當文學所理論室決定在福州舉行文學理論的研討會時，何西來、杜書瀛先生讓我開出一份台灣學者的名單，我寫上了王夢鷗、姚一葦和龔鵬程的名字，把龔鵬程看作八十年代台灣文論出現新的氣象和轉折的代表。後來，王、姚兩位先生不知何故未能與會，而龔先生卻抱著猛龍過江的心情單刀赴會。這是他第一次正式登陸，在一個想像裏很熟悉、實際上卻相當陌生的文化環境中，他懷著文化遺民般的孤憤、憂傷，激越地「舌戰群儒」，不料卻從此開啓了他遍遊神州，廣交天下英雄的萬里鵬程之旅，成爲兩岸文化交流最活躍的人物之一。

想當初，唯讀其書，不識其人，雖欲以意逆志，終究書上得來，少不了齟齬隔膜。如今讀其書漸多，方知知人論世之難，遂不免前後左右再三斟酌。這一斟酌，深感難以爲龔先生定位。譬如，他究竟是自由主義者，還是文化保守主義者？是新儒家，還是新道家，抑或禪道儒兼修？是傳統意義上的「儒」，還是「墨」，或者是「儒墨兼之」？是在朝的「官」，還是在野的「士」？是朝廷的「謀臣」，還是民間的「遊俠」？是政治的「異端」，還是文化的「辯士」？……實在難以界定。最後，我想到「漫遊者」這個詞兒。是的，他是漫遊者，從民間漫遊到上層，從教育漫遊到政界，又從政界游離到民間，從「儒」漫遊到「佛」「道」，從經學漫遊到文學、史學、文化學，也許只有用「漫遊者」這個名詞才好描述龔鵬程，而他的名字裏恰好有一「鵬」字，似乎也注定了他的一生要與「漫遊」或「飛翔」結緣。這是跨越了各種有形與無形之邊界的漫遊與飛翔，是一種流動不拘的長途冒險和遊戲。恐怕只有從「漫遊者」的身分去想像而不是定位龔鵬程，才能稍微看得清或理解他的文字和理念的世界。

但「漫遊者」也只是描述龔鵬程治學越界的特徵，還是無法說明他思想的特徵。也許，要形容龔鵬程儒道佛並重，文史哲兼修的「雜學」的思想特質，還得借用「刺蝟」與「狐狸」之喻，蓋龔先生論學，雖不拘疆域，卻每以養心爲指歸，他是刺蝟中的狐狸，狐狸裏的刺蝟。當然，剿襲西人「狐狸」之喻來比擬龔鵬程，他或者也不太自在。他治學雖然並不排斥西學，但骨子裏，還是服膺中國自家的傳統。那麼，如何形容這種兼具狐狸與刺蝟特徵的思想方式？我想到了中國式的「猴」，以「猴氣」來描述龔先生的治學特色，也很爲恰切，這自然因爲龔先

生生肖屬猴，猴固非林中之王，山中之尊，卻是使林中有靈氣、山中有活力的智者；更因爲龔鵬程治學喜歡越界，舉凡文、史、哲、宗教、教育都均有涉獵，且每立新說，不拘成規，雖未必有意自創門派，但其綜合諸家，不避俗雜，仍自有其脈絡理路，可謂學界之「迷蹤拳」。龔先生性喜臧丕，卻鮮見虎狼之氣，而處處彌漫著往還駁詰的猴氣。這也許是另類之王，如美猴王一般，不受拘束，而精於解構——流行的成說，刻板的論述，僵化的體制，不論來自哪位權威，在龔先生那裏，從來都是質疑、瓦解、破壞的對象。《文學散步》（一九八五）即是最早展現龔先生之猴氣的典型論著。

《文學散步》簡體版在大陸問世，龔先生囑我作序，惶愧之餘，花了不少時間重讀，並再檢索這二十餘年來的文論。突然發現，在《文學散步》之後，台灣似還都未能出現超越龔著的文論著作。而大陸文論。曾職掌文界重權，這些年來，雖然拜制式教育之賜，因學科建設而著述成風，實已難免邊緣化的命運，因而不少人轉向文化研究，以各種「後」西洋新說，重讀擴大化的「文本」——包括影視、廣告、建築、園林、社會諸「文本」，雖然新穎可喜，畢竟離文學已遠。而龔先生這數十年年來，又早已沿著其「狐狸」式的思維方式，在美學、文學、宗教、思想史等各方面，建樹更豐，令人產生瞻之在前，忽焉在後的感覺。此時來重讀《文學散步》，竟如荒江野老劫後重逢，靜夜裏煮酒重論文，有恍若隔世之感了。

此書於一九八五年問世之後，雖在台灣已出十來版，但一直未在中國大陸出簡體版。這次「登陸」，比初版本晚了二十一年，而一本書於初版二十一年之後仍能再版問世，已足見其魅力和價值。回想當年，不論是作者，還是讀者，都正當少年氣盛，而今已步入中年，人世滄桑，事如棋局，曾經相信文學哲學美學能救世契道立身淑世的人，不知如今是否還有？曾經相信語言文字之可形塑世界和人的意識之力量的人，不知如今還在否？不管相信與否，試讀一下這部《文學散步》，或可循著龔先生少年論文、發揚踔厲的蹤跡，以漫遊者的姿態，重新認識如今已面目模糊的文學的風景吧。

我原無資格爲此書作序，然而龔先生再三囑我略述書緣，只好以此書最早的讀者之一的身分，談談它問世伊始大陸文論的生態和我被它吸引的故事。這大概也是人與人、人與書的一點際遇緣分吧。

①胡經之《文藝美學及其他》（一九八二）收入《美學嚮導》一書（北京大學出版社一九八二年版）；周來祥《文學藝術的審美特徵和美學規律》（貴州人民出版社一九八四年版）；王世德《文藝美學論集》（重慶出版社一九八五年版）；杜書瀛《文藝創作美學綱要》（遼寧大學出版社一九八五年版）；胡經之《文藝美學》（北京大學出版社一九八九年版）；杜書瀛、黎湘萍、應雄合著《文藝美學原理》（社科文獻出版社一九九二年版）。

②王夢鷗《文藝美學》初版於一九七一年，但大陸學者看到的版本是一九七六年的版本。

流浪校長

（2006.09.04）

楊宗翰寫了一篇〈流浪校長〉，我聽劉國威說起，遂託古明芳找得，傳來看了哈哈笑。漫遊者以浪遊為事功，初未料及別人會有如斯感慨也。但他說一人也可化身學校，意思很好，正符吾意，故轉錄如下：

K教授再度返回久違的台灣校園，這次不是來上課，而是辦理離職。之前他請假赴大陸講學，一講就是兩年，硬是把最近才決定大膽西進的醫學、財經教授們給比了下去。

聚散本無常，在年年都得送舊和迎新的校園內更是如此；不過K走得太乾淨、學生反應太平靜，校方則一貫保持安靜，未免有些奇怪——尤其這所大學當年還是由K所創辦的。台灣的政治早就不講求什麼真情實義，難道校園也是如此？還是說一位好校長非得專心募款蓋樓搞關係，不行支持烤羊烹狗作學問？

往好的方面想：既留無可留，自無須再留。反正已經耗費十年精力辦學，不辦學也很適合辦報，不辦報則何妨改搞美食評鑑或文化導遊。最快意者莫過於當個終生以筆爲劍的遊俠，敢於逆俗、爲爭是非而不惜跟整個時代單挑。古怪自大、略帶邪氣的K，比誰都適合隻身強闖道德及倫理的言論禁區，或者勇破卡夫卡筆下的神祕城堡。

不論K是自願流浪抑或被迫放逐，寫作與求知素來皆爲絕對的個人事業，離開學院體制又有何傷？管他身在神州還是寶島，孤獨若能自成風暴，一人亦可化身學校。

2006/08/15聯合報

文化復興小氣象

（2006.09.04）

上周我曾在隨筆中談到上海取締「孟母堂」的事。在這次事件中，我以爲最有意思的，乃是它與台灣森林小學的類似性。可是本文發在新浪網上，讀者卻沒有人關心這一點，或來詢問森林小學的教育人本化運動過程。可見台灣經驗對大陸人來說仍甚陌生，也不太會覺得有何需要借鑑之處。大家所關心的，主要是打破教育被國家壟斷和發展國學這兩方面。而這些，或許也是台灣讀者所不甚能瞭解的。

據網上朋友提供給我的消息，現代私塾式教育早在一九九八年二月湖南婁底縣的私塾就開始對兒童講國學了。同年北京聖陶實驗學校，也在義務教育課程之外開設了瑜伽、圍棋、古詩文吟誦、傳統蒙學讀物如三字經、百家姓、千字文、四書、五經、京劇、崑曲、古琴、古箏、二胡、壎、鼓、書法、國畫、篆刻、中醫等課程。二〇〇〇年山東樂平縣小巨人經典學校創立，據說是大陸第一所專門讀經學校，幼兒班以讀經爲主。二〇〇五年上海的中小學生讀經班，在上海圖書館開班，十分轟動。同年十月，蘇州菊齋私塾也正式開課了。

凡此等等，我相信類似的例子還多得是，雖然總體上數量仍然不大，個體規模也都很小，但足以顯示某種訊息或趨向了。

其訊息之一，是我已談到的，對現有教育體制和內容的不滿。二是對傳統文化的斷層與失落感到憂心，亟思補救。三，方法上，其實深受台灣影響，參酌台灣的兒童讀經，特別是王財貴先生倡導的只誦讀不講解之辦法。

對兒童教育的態度，其實也就是社會一般人的態度，社會上目前也同樣有接續傳統文化的渴求。但對大人說經典、講傳統文化，就不能只誦讀而不講解了，此即央視「百家講堂」一類節目應運而生的原因。

在那兒講清史、講紅樓夢、講三國，都熱火得很，近亦準備開講孔子。若在台灣，此等節目誰會看呢？可是大陸上最熱門的正是這些講壇。主講者閻崇年、劉心武、易中天等均勝似大明星，形成某某「現象」，需要文化評論者如張頤武兄等來分析該現象，這是台灣讀者所難以想像的。

或謂此乃講者個人魅力使然，恐怕也未必。像「孺童講《論語》」，每次一則，簡單注釋，白話串講一番，平實簡要，也幾乎每則都被推薦到新浪網首頁上。新浪網還有個國學的博客圈，又定期還會推薦一些所謂國學大師，網站管理者不會無故這麼做的，如此處理，必是因社會供需之原則而來。此即可見在社會心理及意識上，正處在一個努力想消弭文化斷層的階段。若非如此，各大學辦的企業家國學班，又怎麼能如此熱門呢？一個小規模的中華文化復興運

動，似乎即形成於此一氣氛中，雖然頗沾了些資本主義的氣味。

閩台文化如何交流？

（2006.09.11）

五日由北京飛去廈門。北京涼飆已至，廈門雖仍炎熱，亦已漸見秋意了。

自廈門又轉到漳州的漳浦，去看趙家堡。南宋滅亡時，王族一支輾轉逃至此地，改姓黃以避人耳目。至明朝才逐漸恢復趙姓，並修造大型城堡，以聚族禦侮。目前留下來的塢堡，廣數百畝，城長千米，內有府第、園林、寺院、碑刻等，樓中則有密室與暗道，爲閩南土樓較具規模者，現已列爲大陸重點文物。這一支，在金門和台灣桃園也有分派，足徵閩南人士由中原南來，又逐漸分流至金門台灣之跡。

漳浦另有國家地質公園。前此曾提出願與台灣澎湖縣共同向聯合國教科文組織申請爲自然世界遺產，因兩邊目前的玄武岩火山地質地貌原本就是連爲一體的。

閩南與台灣這種關係密切的人文與自然淵源，在我這趟去參加的第十屆國際貿易投資洽談會和首屆海峽西岸經濟區論壇中，當然多所反映，我主持的一場閩台文化交流研討會，更是以此

爲主題。

近年閩省總結閩台關係，提出「五緣」之說，廈門便有五緣灣、五緣大橋，其他各處提及五緣者，亦洋洋乎盈耳。謂地緣相近、血緣相親、神緣相同等等。雖然五緣的閩南語發音恰恰好就是無緣，但閩地確乎以彼此關係特殊而自覺地發展閩台交流，農業與商貿合作均較他省熱絡，文化互動也較多。

但因關係如此緊密，不免又會因彼此文化同源，近年且漸漸形成了文化共同體或生活共同圈（在廈門可以看台灣電視、讀台灣報紙，小三通尤便於往來，一日間可往返好幾趟），而對未來之統一有更大於他處的期望。

可是此種期待視野未必合乎現實。世上同文同種之民族本來也頗有分爲不同國家之例，猶如一家兄弟，亦常有因現實因素而分家者。故要不要統一，不因是否有共同之淵源與文化爲條件，須在現實上有可合之機及統合之利，才可能合得起來。

其次，兩岸間文化經貿交流了二十年，越來越熱乎，然而政治僵局不但未打破，反而更僵了。足見以文化交流爲手段，想達成政治統合之目的，成效不彰。過去兩岸間以文化交流、經濟互動爲工具的作爲，事實上也頗傷文化之主體性。未來似不應再讓文化扮演這樣的角色，文化就是文化，在兩岸交流的格局中，我們更應該注重文化本身的價值與發展。

從文化的角度看，太強調閩南文化淵源，恐也非最佳之策略。一方面顯得老氣；二又助長了台灣內部閩南沙文主義之勢力，忽略了台灣內部非閩南之多元文化體系；三則未能汲引台灣文化管理、人文藝術發展經驗、文化創意產業之成果，不免可惜了。

秋日雜記

（2006．09．12）

在廈門，與舒婷、劉登翰、汪毅夫、呂振南、陳守舉諸老友見了面，甚慰懷抱。徐學又陪了我幾趟，介紹了認得不少俊彥，令我於重溫金廈自然風光之外，又頗見人文之勝。

歸來，劉夢溪先生約，金秋小聚，王蒙、湯一介、李澤厚、沈昌文、孫長江、嚴家炎、董秀玉諸先生併至。談諧頗雜掌故。別的不說了，只記一事：

劉夫人陳祖芬言，曾遊杭州，忽接劉再復電話，說人也在杭州，約見面。陳驚喜，便趕去。劉未尚至，另一友人先到了，遂坐寒暄。忽又接劉電話，云出車禍，不能來了，但住院緊急要用錢，請陳先設法張羅。陳即匆忙調借了幾千元，交來人帶走，隨後再給劉夢溪先生電話，告知此事。恰巧香港潘耀明正在北京，與劉先生一道。大奇，說：「哪有此事？劉再復，我昨天才在香港送他上飛機回美國呀！」原來，世界之大，無奇不有，居然有人打著劉再復的旗號行騙的！

其他好玩的事，打字費神，就不多談了，貼溫儒敏先生爲我《文學散步》（世界圖書出版公司）寫的序，以饗讀者：

龔鵬程先生的《文學散步》著意探討有關文學的一些基本理論，他是用「散步」的方式來談論，舉重若輕，突破了一般「概論」的樊籬，富於才情的新鮮見解處處呈現，成就了一本很有學術含量、卻又相當「好玩」的書。該書擺脫了一般文學概論從理論到理論的套路，採取的不是高頭講章，而是問題討論，從讀者關心又有興趣的一個個問題入手，一步步深入梳理文學的知識系統。

龔先生顯然對當下許多文學概論寫法不滿，他認爲文學知識系統的呈現必須貼近文學生活，應當重在討論「文學內在知識規律以及方法學基礎的問題」，而不是那些永遠爭吵不休、而又在學界反覆運轉的「假問題」。比如，關於文學的本質、文學的起源之類問題，一般文學概論都是必然要專論的，本書卻避開這些論題。龔先生認爲這些問題眾說紛紜，講不清楚，還不如把精力放到討論文學的功能以及文學欣賞中所引發的許多現象，其實這也都是在接近對文學基本規律的認識。該書所論涉的基本命題有文學的欣賞、形式、意義、功能，以及文學與社會、道德、歷史、哲學諸方面的關聯等問題，談論領域很集中，綱舉目張，簡明扼要，把有關文學理論最基礎的問題都拎起來了。因爲龔鵬程先生有一種理論的自覺，他給這本書的定位是向讀者簡單鋪陳解說文學的基本知識，並希望讀者有基本的瞭解之後，能夠引發他們自己的思索，進一步去處理這些問題。該書的理論闡述系統不但簡明清晰，而且是開放的，對一般讀者來說這「很夠用」，也很容易進入狀態。這是學術普及其實不容易，深入淺出有時比放手做自己的文章要難得多。

據說台灣有不少大學已經選用這本書作爲文學理論教材，不過這是很有學術個性的教材，用流行的說法，又是理論「本土化」比較出色的專著。大概與龔鵬程先生的學術背景有關，他是從古代文學研究進入學界的，後來涉獵深廣，但底子還在傳統文學這邊。該書雖然也目光開闊，學貫中西，不過更多的還是從中國古代文學與文論中吸取理論資源。全書各章節引證的材料，大多數都和傳統文學有關。龔先生認爲中國傳統文論對許多基本的文學理論問題都綽有深思，自成系統，有些非後來所能及。龔先生處理和運用古代文學理論資源時，態度是非常虔誠而審慎的，他不會採取常見的那種將傳統文論材料生硬塞入西方理論框架的做法，更多的是讓中西文論互相觀照，而重心顯然落在中國文論這一邊。在西方文學理論大舉湧入的現在，人們不是擔心中國文論「失語」嗎？這本書用它的實踐做了出色的回答：傳統文學理論資源可以和西方文論構成積極有效的對話。在我所接觸的有關文學概論的專著中，就中西文論系統的觀照而言，除了劉若愚的《中國文學理論》，龔先生這本書也是比較成功的一種。

當然，這本注重理論「本土化」的概論在格外關注傳統文論的同時，如果能適當吸納現代中國文論的資源，那可能就更加豐滿，也更加能切入當下文學現象。無論如何，近百年來的文學現代化探求已經形成一種不可或缺的「小傳統」。

龔先生寫作喜歡獨闢蹊徑，而不太願意照章辦事，陳陳相因，因此總有許多新鮮的創見。比如關於小說的空間，一般容易理解爲小說描寫的地理方位或者背景等等，而龔先生認爲主要就是人物與事件所依持的那個氛圍，人物和事件就是從這種特別的氛圍中「生長」出來的。

這種看法顯然更加貼切。又如，探討詩歌評價問題時，碰到許多複雜紛繁的矛盾，該書重點糾正那種認爲作品有永恒或不可磨滅價值的客觀論者，及認爲評價只是見仁見智的主觀論者，試圖從趣味、悟性與理性等方面探究詩評過程的某些共性，提出詩評活動的主客觀交融的問題。這些角度與觀點也都別開生面。

該書雖然屬於概論一類，但問題意識很強，不少章節觀點的提出都有現實針對性，有意針砭學界一些比較混亂的現象或者有爭議的課題，讀來很是「解渴」。比如討論文學史的研究對象與範疇，就指出文學史不是一般社會歷史的文獻史，也不等於是思想史。這種看法我很有同感。現今搞文學史研究的朝思想史「越位」的趨向比較明顯。文學史是大學中文系的基礎課，其功能除了培養「思想」，還應當有「審美」，有文學的感覺與眼光。在這個日益平面化和物質化的時代裏，審美感覺與能力的培養更顯重要。但許多學中文的大學生研究生學會了「做」文章，卻消泯了自己原有的藝術感覺，中文系也越來越不見「文氣」了。對文學研究過分注重操作性，而輕視藝術審美經驗性分析的這種傾向，的確應該引起警惕。

思想史與文學史有交叉，但又還是有分工的。思想史主要是敍述各時期思想、知識和信仰的歷史，而文學史主要應該是文學創作及相關的文學思潮的歷史。一爲「思想」，一爲「文學」，兩者可以互爲背景，或互相詮釋，但各自的領域大致還是比較清楚的。一般而言，思想史處理的是較能代表時代特色或較有創造力與影響力的思想資源，文學史則要面對那些最能體現時代審美趨向，或最有精神創造特色的作家作品。搞文學史的自然要瞭解思想史的背景，甚至也難免做跨學科的一些題目。就個人的學術選擇而言，這無可厚非。但現在的情形是「越位」中有些混亂，甚至有些本末倒置。所以龔先生的提醒是有意義的。幾年前我也寫過一篇《思想史能取替文學史嗎》，談到上述觀點，曾引起學界討論。現在讀到龔先生的觀點，深有同感，不免又多說幾句。

我和龔鵬程先生交往多年，深感他是學界的性情中人，他的才情、學識加上批判眼光，常常能引發學術振動，引起思考和探究的衝動。兩年前我們聘請他任北大中文系客座教授，主講中國文化史研究課程，大受學生歡迎。他的講課稿已經列入北大版的「名家通識講座書系」（**十五講系列**），即將出版。現在他的《文學散步》也即將在大陸問世，相信也一定會受到讀者的歡迎，並給文學理論的學科建樹提供重要的參照。

評南懷瑾先生書

（2006.09.17）

《中國傳統文化十五講》今天已印出，艾英通知我去取。印得很雅潔。晚上初安民、李黎、蘇偉貞、駱以軍、紀蔚然、藍博洲等一票人來北京，吳興文把我和高信疆約了出來一道喝酒，故亦順便帶了二冊給興文和安民。

計我在大陸已出版九本書了，這些書大多爲舊作新刊，略有修訂而已，只有北大出的兩本是新著，而且均是講記。《文化符號學導論》是由北大蔡元培、湯用彤講座的講稿擴充而成。《中國傳統文化十五講》也是在北大教中國文化史的產物。雖然原有文字稿，並不真是講課紀錄，但講記畢竟不同於著作。我原先也想採用同學們的錄音紀錄，因爲他們記得用心，頗爲翔實；卻終因我太忙，無暇修訂核校而作罷，有點可惜了學生們的勤敏勞動。

當然，不敢逕用錄音整理稿之另一原因，是口談總不如筆述嚴謹。課堂上因機、趁勢、隨興之語，聽者會心。變成文字記錄以後，讀者便常不解所謂，或竟嫌其拖遝、疏略。

隨口之談，尤多踳誤，此雖大家亦不免。兩岸講學，以南懷瑾先生爲最著，友人杜忠誥嘗言：講學者，「魯實先生以氣勝，牟宗三先生以理勝，南先生則理氣俱勝！」可見其於聽者之感受！近年南先生講記十餘種流行海內外，暢銷千萬冊，影響之大，莫可比肩。我在盜版書市觀察，已到了十冊不分售的地步，可見他受歡迎的程度。但即使像南先生這般，講記中之疏漏與錯誤也是觸目即是的。

姑以其《原本大學微言》爲例。該書以《禮記．大學》爲講述對象，書名微言，便不甚通。蓋先生另有《楞嚴大義今釋》，故將本書名爲微言，以相配合。但這是套用「微言大義」之成語，不知微言乃大義之相反辭，指不能正面大力揭揚，故僅能曲折委轉迂迴地說。《公羊傳》定公元年云：「定哀多微辭」即指此。桓西元年，何注：「所見之世，臣子思其君父尤厚，故多微辭」，說明孔子之所以著書不得不用微辭，乃是因爲要對君上有所批評；而在一個當權者勢力尚未消失的時代，如果正面說，大干時諱，必令身危而言不行；可是又不能不說，遂只好隱微迂曲地說，讀者也只好由其書法中去推測、體會其所譏刺批評者爲何。南先生的演講，乃對《大學》大力闡發之作，當然絕非微言，只能是大義。把講稿命名爲微言，恰好就弄擰了「微言」的意思。

書中闡發大學之道，自然十分精采。旁沛周匝，渾身是口，足資啓發。但口說失檢之處，頗不少見。

如廿七講，說到孔子贊佩管仲：「微管仲，吾其被髮左衽矣」。左衽，南先生的解釋是：「披頭散髮，穿光著右邊臂膀的番服」。這是把印度西藏那種穿袈裟式的服制拿到春秋時期去

說了。衽字，乃是衣襟的意思，故《說文》云：「衽，衣衿也。衿，交衽也」。衿，就是襟，衣服從脖子上披下來，兩邊左右襟交錯，束在身前，故叫襟。既是交襟，怎麼會袒右臂？

卅七講，又說鄭莊公出生時，因其母「正在昏迷睡夢中，被驚醒痛醒了，所以在心理上有了主觀的成見，壓根就對這個兒子有反感」，也是誤解了《左傳》中「寤生」之義，鄭莊公出生時，是頭上腳下地生出來的，與一般嬰兒頭部先出產門不同，所以令母親驚嚇到了。寤生者，忤生也，指其逆生，不是醒著生小孩的意思。

四八講，說達摩之所以要東渡中國，是因「震旦有大乘氣象」。何謂大乘氣象？南先生解釋道：「所謂大乘氣象，就正如佛說的娑婆世界中的中國，確然具有慈悲（仁義）的精神。娑婆是梵音，它的意義是說難忍能忍的堪忍精神」。這不是亂了套嗎？

一、慈悲不是仁義，兩者南轅北轍，否則當年熊十力與支那內學院諸君就不必苦苦爭辯了。

二、中國有大乘氣象，是贊語；娑婆世界卻是劣詞，《大寶積經》卷五八：「何故名爲娑婆世界？佛言彼界堪忍貪恚愚癡及諸苦惱，是故名爲娑婆世界。……又彼界中，亦有眾生，具足眾惡，少能悔過，其心粗猛而無愧恥，不敬佛、不重法、不愛僧，當墮地獄畜生惡鬼。彼釋迦如來，於此下劣眾生中，悉能忍受辱罵嫌恨誹謗惱亂惡言恐脅，……是故彼界名爲娑婆」。經典講的很明白：娑婆世界是一群堪忍能忍貪嗔癡的人住著的地方，佛陀來到此間，亦只能忍受其辱罵嫌恨。這樣的世界何嘗有大乘氣象？豈能確有仁義精神？達摩豈曾如此詬罵中國？

其實，這個問題根本就不需要如此費勁地說解，因爲娑婆世界乃是學佛人的基本常識。佛教義理，主要就是要教人如何從娑婆世界解脫度化到彼岸清涼世界的，沒想到南先生以佛學大德名家，卻把這個基本常識全講倒了。

這類基本常識之錯誤，著實不少。如六一講，說雍正「對禪宗佛學方面的編著，比起他所批奏摺公文的分量還要多」。五六講，說畢昇發明了活字板印刷，從此書本更爲流通，且流傳至西洋，知道採用活板印書。都近於信口開河。畢昇發明活字板是事實，但讀舊書的人都知道，中國書主要是木刻板而非活字板，尤其罕見畢昇那種膠泥活字。活字板印書，千不一見。至於是否影響了西方，更是難說，證據恐怕甚少。雍正之佛學著作，不過就是《御編語錄》，大陸有排印本兩冊，廿五開，五百頁。可是他批的公文有多少呢？光是滿文的朱批，漢譯本由黃山書社出版，大十四開，達到二千六百多頁。漢文朱批，更是在二千萬字以上。誰多誰少，還用說嗎？南先生豔稱康雍乾三世以佛治國，故有如此離譜之誇飾。

四十講又說「蒙古族缺乏文化水平，特別信奉邊疆少數民族所崇奉的喇嘛教，使元朝八十年間的政治，完全是喇嘛和番胡等人共治中國，使唐宋以來的儒道佛三家文化的基礎，幾乎完全爲之傷殘殆盡」。四十八講，則說魏晉南北朝到唐，三百多年間儒家五經之學非常沈寂，只是用來做爲普通教育課本而已，不像宋明以後，不講孔孟之教，在士林社會中就爲人所輕。這些論斷，也都是錯的。魏晉以迄隋唐，士族社會的標準，陳寅恪說得很清楚：經學禮法傳家及累代官宦。經學正是士族憑藉之重要條件。而元朝的問題，南先生那樣的說法，恐怕元史專家泰半難以苟同。例如以朱熹《四書集注》科舉取士，便是金元確定的。因信喇嘛教，遂使儒道佛之文化基礎盪然云云，更是離奇。喇嘛教不就是佛教嗎？藏傳佛教，原先也頗受唐密影響，中土密教影響亦不可小覷，怎麼講得好像密宗喇嘛跟中原毫無關係，密宗又不是佛教那樣？

卅六講還說傳統的家，本身就是社會，所以中國過去無「社會」這一名詞，亦無關於社會之思想。這也荒唐。《論語．八佾》篇不就記：「哀公問社於宰我」嗎？家之外，自有鄉社、里社，以至各種職業、遊藝之社與會，如《武林舊事》《夢粱錄》等書社會條所載者，史不絕書。

諸如此類錯誤，我不便再舉下去。且我本來也就沒有譏誚南先生的意思，偶思講說之難，以此爲證而已。我也有些書，本是講錄，其疏誤恐怕比南先生還甚呢！

台灣加油

（2006.09.18）

北京之秋，乍暖還寒，但只要未起風，秋氣便自怡人。在此秋聲中，學校皆已開學了。

大陸學校開學較台灣早，教師節又訂在九月十日，因此甫開學就要過教師節。其實老師與學生才剛見面，沒真正建立師生情誼，想慶祝也無從慶祝起，故教師節之喜氣，倒是儀式性多些。近年頗有些人建言：把孔子誕辰確定爲九月二十八日，然後將教師節移到那時。如此便既可紀念孔子，又能讓教師節過得更符實際，也更有意義。此意固善，但當局能聽受嗎？

我今年在北師大開始招研究生了。十日舉行師生見面會。教書多年，指導博碩士生多矣，但在大陸招學生可還是新鮮事。因彼此制度極爲不同，感覺我才更像新生，對其制度及儀式，無不感到「新奇」。

十三日去北大上課。今年仍講文化史。但因前此所講已由北大出版社出版爲《中國傳統文化十五講》，故今年另以文化美學爲線索，談中國文化之性質與流變。教室安排太小，一些老聽眾來，便塞不下了，只好協調教務處去換教室。

課畢，沈昌文先生約了遼寧教育出版社貝塔斯曼集團的柳青松與萬聖書園劉蘇里共飯。除聊到北大附近號稱世界最大書店「第三極」開張以來的業界攻防戰之外，頗語及兩岸大學風氣之異同，令我很有些感觸。

大陸學生比台灣用功，是不消說的。具體指標之一，是無論酷暑冱寒，大清早校園內必然書聲琅琅，一大堆人在背英文誦國文。台灣則學生晚睡晏起，連爬起來運動的都很少。二是起了床以後去不去上課。台灣學生蹺課，幾近天賦人權；能到半數，教師便可自豪。就是去上課了，也往往零零散散落座，或飲啖、聊天、睡覺以消磨之。大陸之聽課風氣當然遠勝於此。旁系或外校去找課聽的風氣也很普遍。抄筆記、做錄音，更較台灣學生勤快。指標三，就是辦演講時，台灣一般也是小貓三兩隻，大陸則聽講蔚爲風氣，冷熱懸殊。

跟沈先生等人分析時，我當然發表了一通議論，解釋台灣學生不必如此用功也能讀得不錯，因爲社會提供的機會與養分遠勝於大陸云云。但此處我不想再講這一套，因這個優勢台灣也正在消褪中。

舉例來說，北大除了有像我這樣暫居北京的學者來教書外，還有許多資源與機會。如香港的許子東，每個月來講六小時。北大當然不會有錢請他，是他要來北京鳳凰衛視錄影，所以讓北大揀了個便宜。這類例子太多了，一位朋友就告訴我：在美國某名校讀書多年，碰到的名人名師還不如在北大一年所見。這樣的資源與機會，台灣漸漸要不如大陸了，能不努力乎？

傳統文化的詮釋

（2006.09.19）

在大陸開網誌，真是有趣的經驗。我說：大陸學生比較用功，台灣學生還渾渾噩噩，不知警惕。居然就有人上網批評，說我瞧不起大陸人。還有人要糾正我的文字。看得我哈哈大笑。此等閱讀現象，只能說：有趣、有趣。

但我相信有思想的讀者一定不在少數，清夜無事，且將《中國傳統文化十五講》的後記貼上來，或有知音，亦未可知。文如下：

三四十年前，初讀柳詒徵的《中國文化史》《國史要義》，便萌發了也要寫本中國文化史的念頭。即或寫不成，也準備以文化史爲此後治學之領域。這當然是少年輕狂時的呆想，但未嘗沒有些俠義心腸。古詩〈獨漉篇〉云：「雄劍掛壁，時時龍吟。不斷犀象，羞澀苔生」。在我看，中國文化現今就彷彿這柄原是神兵利器，可以斬犀剸象的寶劍，無端遭了冷落，瑟縮在牆角裏生苔長蘚。美人落難、明珠蒙塵，皆是世上大不堪之事，非由我出來搭救不可。

懷此呆想，遊於上庠者亦數十載矣。解人頗不易得，而我自己對文化史的創獲竟也有限，年光飄忽，不免神傷。曾於一九八三年試講此課於台灣淡江大學，並動手寫了一部講稿。對於文化史之範疇與研究方法，粗有釐析；對中國文化之分期與變遷，略有衡定。後卻不能終篇，殘稿輯入業強版《思想與文化》中。當時主要氣力，用於探討文化變遷。專就周秦之際、漢魏之際、唐宋之際、明清之際、晚清民初等幾個關鍵的變革期抉微闡幽，欲通古今之變，並爲五四運動以來之文化變遷找到些對比勘照的模型，以經世濟民。所以文化史雖未寫成，對那幾個變革期的研究，卻令我辦了不少會議、寫了不少相關論文。近年遂漸輯刊的《漢代思潮》《唐代思潮》《晚明思潮》《清代思潮》，大抵就代表了這一階段的產物。

一九九一年以後，我涉世歷事越來越雜，又是公職，又是辦學，又是社會活動，文化史的寫作遂越來越不可能了。但任公職、辦學校等經歷，對我的文化認知卻也不無助益。因爲我早期所論，其實只是思想文化之史，於文化之制度與器用層面，研究不免粗略。正因爲有此一段涉世歷事的經驗，才能深入瞭解典章制度及人倫日用是怎麼回事。一九九七年我出版的《文化美學綜論》，即可以顯示這個新的方向，欲由生活世界重開禮樂文明。

可惜辦學實在太忙了，辦了南華大學之後又辦佛光。到二〇〇三年，我校長任期屆滿。爲了選新校長，董事會的行事，引起了一些非議。董事會以爲是我從中作梗，竟以我爲目標，誹謗攻訐，不遺餘力，甚至還發了律師函來，作勢要告我。每天更有許多匕首與投槍，從暗處射來，進行人格謀殺。加上媒體報導之炒作渲染，旁觀者都覺得我已焦頭爛額，疲於應付了。實則我絲毫不爲所擾，在爭鬧中開始寫《中國思想史》。事情鬧了幾個月，我也就草成了幾十萬字。在胡適、馮友蘭、勞思光、牟宗三諸前輩之外，另闢蹊徑，由上古黃帝開始講起，寫到了周公。此下因爲要寫老子孔子，有些畏難，才暫時先擱下了。

適巧當時北大湯一介先生主辦蔡元培、湯用彤兩講座，邀我赴講。於是就把稿子的前四章（言、象、教、字）拿來講了。合併舊作論文化符號學者數篇，輯爲《文化符號學導論》，由北大出版社出版。

北大的講會，聽講者甚爲熱切，不覺竟感染了我的情緒，所以就趁勢請了長假，住到北大，以避囂塵。溫儒敏先生怕我太閒了，即邀我爲學生講中國文化史一課。一切都是如此當機、都是如此順緣，實出乎意料之外，所以就把其餘的稿子略作修整，一一宣講之。如此講了兩趟，並在珠海聯合國際學院也講了一次。學生反應甚佳，以爲前所未聞。溫先生說：那就出書吧。本擬以學生錄音整理爲之。因我事忙，一直無暇核校，所以最終還是用了舊稿。原稿本是思想史，改名文化史，不盡妥切，故僅稱爲中國傳統文化十五講。

爲什麼本來是思想史而居然可稱爲「傳統文化十五講」呢?

我有一妄見：謂邇來講中國哲學的先生們，重點只在心性論與存有論，其餘各種思想，多不注意。論思想，又只注重一些關於道、氣、性、理、仁、心等的抽象概念，對這些觀念是在什麼樣的人文生活場域中浮顯出來，卻欠缺具體的瞭解，也不明白這些觀念和具體的人文活動有何關聯。以致哲學研究常只是抹去時空的概念編織，用沒有時空性的知識框架去討論活生生的歷史人文思想活動。而且他們往往是概念太多而常識太少，對整個文化的基本性格捉搦不住，

只能孤立而抽象地談天道性命等觀念，所以這種危險就更爲顯著。我寫思想史，前面本來就爲了力矯此弊，所以做了許多類似文化導讀的鋪墊，希望讀者能明白中國哲學是在一種什麼樣的文化中生長起來的。這一部份，抽出改稱爲「傳統文化十五講」，豈不是因緣巧合嗎？

以上是說緣起，具體談到此書的內容，則另詳序論。本書在寫作時，綜攝了許多前輩與時賢的見解，但因起草時已處在風波紛擾之中，此後數年又浪跡禹域各地，無法檢書核查，故亦不及一一註明。而綜攝之後，形成的我的見解，又不免有許多疏漏，這些，都是要請讀者見諒的。從前《碧巖錄》曾說道：「大凡扶持宗教，須是英靈底漢。有殺人不眨眼的手腳，方可立地成佛。所以照用同時、卷舒齊唱、理事不二、權實並行。放過一著，建立第二義門，直下截斷葛藤」。我確有殺人不眨眼的手腳，此書卻未能立地成佛，並且只是權說。意在接引，故未極理趣，識者鑒之。最後，要謝謝溫儒敏先生和艾英，他們通讀數過，且提示了許多修改意見。

二〇〇六年處暑，記於北京小西天如來藏

尊孔的年代

（2006．10．02）

本周大陸之要事，厥惟祭孔。天津、曲阜、雲南、衢州各地孔廟都舉行了相關儀式。有些西裝革履，鞠躬而退；有些端冕袍服，獻牲獻爵。有些說是遵古禮，有的宣稱仿乾隆，還有兩岸聯線，實況直播，好不熱鬧。在大陸中央電視台看到台北、台南莊嚴肅穆的祭孔，更覺親切。

大陸自去年開始，與聯合國教科文組織合辦全球聯合祭孔。除在上海、武威、日本、韓國、新加坡、美國舊金山、德國科隆等三十幾處孔廟進行祭祀外，中央電視台直播了三小時的曲阜祭孔。這是中共官方五十多年來規模最大、範圍最廣的祭孔活動。同時，北大、川大、人民大學都在編《儒藏》，人大還成立了孔子研究院和國學院，中國社會科學院更設了儒教研究中心。這些事例，均予人一種儒學復興之感，今年之祭孔，在此基礎上往前推展，似乎更顯得理所當然。

祭孔只是一種文化儀式，但這樣的儀式正反映著主流政治勢力與社會意識之內涵。

官方主導的尊孔祭孔，大部分原因是爲著呼應領導人所倡言的「以人爲本」「和諧社會」「和平崛起」等理念，並強化國族意識。民間配合著官方尊孔祭孔，則別有懷抱。一方面也確實覺得過去講矛盾講鬥爭，如今應回過頭來講以人爲本、和諧社會，故借彼之矛，陷彼之盾，大聲應和。另一方面，地方政府對政治之考量不若發展經濟急迫，如何以孔子爲品牌，招商引資，才是關注焦點。儒學如何能促進經濟、強化商業倫理，遂成了某些人關心之議題。

還有一方面則是學界。學界對此大勢，各有思路。或主張儒教國教化，將孔孟之道寫入憲法，並建立新科舉及教育制度，形成儒教國家。或主張儒學儒教只能走非政治化的重建之路。或云儒學更應世俗化、大眾化，讓民眾產生內在情感之認同和價值的歸依。或以爲儒學應該地方化、區域化，與地方史、社會史相結合。或謂近年儒學復興顯示過去把儒學納入哲學中去研究是錯的，應恢復儒學本身之獨立性。

凡此等等，大家對尊孔祭孔是各取所需、各有解讀的。不過正因它集合了各式不同的意識內涵和現實需要，所以才會成爲當今主流思想及儀式行爲之一。

在這樣的儀式行爲及文化符號底下，自然還存在著許多問題。例如祭孔雖然熱鬧，內中多是胡搞亂整，這就需要再做釐清、再做研究，再多些討論。但方向總究是好的，至少以人爲本或和諧云云，就比以官爲本、以黨爲本，或以階級鬥爭爲綱好些吧?!假戲不妨真做，未來也許可以弄假成真，亦未可知。

龔鵬程學・思・俠・遊特輯

九州心影之 遊必有方

作者：龔鵬程
發行人：陳曉林
出版所：風雲時代出版股份有限公司
地址：10576台北市民生東路五段178號7樓之3
電話：(02) 2756-0949
傳真：(02) 2765-3799
執行主編：劉宇青
美術設計：吳宗潔
行銷企劃：林安莉
業務總監：張瑋鳳

初版日期：2023年3月
版權授權：龔鵬程
ISBN：978-626-7025-89-5

風雲書網：http://www.eastbooks.com.tw
官方部落格：http://eastbooks.pixnet.net/blog
Facebook：http://www.facebook.com/h7560949
E-mail：h7560949@ms15.hinet.net
劃撥帳號：12043291
戶名：風雲時代出版股份有限公司

風雲發行所：33373桃園市龜山區公西村2鄰復興街304巷96號
電話：(03) 318-1378
傳真：(03) 318-1378
法律顧問：永然法律事務所 李永然律師
　　　　　北辰著作權事務所 蕭雄淋律師

行政院新聞局局版台業字第3595號 營利事業統一編號22759935

定價：400元

國家圖書館出版品預行編目資料

龔鵬程學.思.俠.遊特輯. 8, 九州心影錄：遊必有方 / 龔鵬程著. -- 臺北市：風雲時代出版股份有限公司, 2022.05　面；　公分

ISBN 978-626-7025-89-5（平裝）

1. CST: 言論集

078　　111004658